한국어의 문화 전통

한국어의 문화 전통

초판인쇄 · 2011년 2월 15일
초판발행 · 2011년 2월 24일
초판 2쇄 · 2011년 11월 15일

지은이 · 천소영
펴낸이 · 김남석
발행처 · ㈜대원사
등록 · 제3-191호

주소 · 서울시 강남구 일원동 640-2
전화 · 02-757-6711
전송 · 02-775-8043

홈페이지 · http//www.daewonsa.co.kr

값 15,000원

ISBN 978-89-369-0804-1 03710

한국어의 문화 전통

천소영 지음

대원사

　　1970년 7월 1일부터 2011년 2월 말까지, 나는 42년여의 교직생활을 마무리 짓는 기념으로 이 책을 출간하게 되었다. 그 동안 펴낸 열한 권의 졸저에서는 고대국어 어휘와 연관되는 전문적인 내용을 다루었으나 이 책에서는 교단에서 활용해 왔던 강의록을 중심으로 그 동안 신문잡지 등에 게재되었던 글을 모아 수정을 가한 뒤 재수록하였다.

　　본저의 중심이 되는 「우리말과 우리문화」는 ‘교양과 행복사(株)’에서 인터넷 강의로 제작되었던 <한국어와 한국문화>(www.iamhappy.tv)의 내용을 재구성하여 실었다. 이는 강의실과 강연장 등지에서 다루었던 주제로서, 우리말의 배경에 대한 나름의 해석을 시도해 본 것이다. 주된 대상이 국어학 비전공의 일반인이라 언어학·국어학 특유의 딱딱함을 벗어나 보다 쉽고 재미있게 꾸미는 데 주안을 두었다. 후반부의 「우리말의 고유 이름」과 「언어생활의 반성」은 최근 국내 언론매체에 발표되었던 글이다. 시론적(時論的) 성격을 띤 글들이라 엮는 과정에서 새로이 수정·보완하지 않을 수 없었다.

　　최근, 국력 신장에 힘입어 한국어의 위상 역시 날로 높아지는 추세다. 그런 가운데 아시아 지역을 중심으로 맹위를 떨치는 한류 열풍에 편승하여 한국어 및 한국문화를 접하고자 하는 외국인이 날로 증가하고 있다. 학습 수요가 늘어나는 만큼 이를 뒷받침할 수 있는 전문가 육성이나 해당 지역민에 적합한 교재 계발 역시 시급한 과제로 대두된다.

　　이처럼 한국어의 위상이 향상되고 학습 수요가 늘어나는 만큼 우리말에 대한 전문적인 연구가 뒤따르고 있는지에 대해서도 한번쯤 뒤돌아볼 시점이다. 오늘의 지구촌은 세계화·정보화라는 시대 조류에 맞게 국어학도 연구 영역의 확대와 선진 이론의 수용 등 다양하고 깊이 있는 접근이 요구되고 있다.

외국인에게 우리말을 가르침에 있어 언어만이 아닌 문화 전반을 동시에 이해시킬 필요가 있다. 한국어에 담긴 언어 배경, 곧 자연주의와 인본주의 그리고 감성주의를 바탕으로 하는, 한국어의 문화 전통을 올바로 알려줌으로써 소정의 효과를 거둘 수 있을 것이다. 이런 점에서 이 책이 필요한 참고자료가 될 수 있기를 기대한다.

이와 같은 한국어의 고유 특성은 우리말의 고유명사에서 단연 두드러진다. 우리말 고유명사의 어원을 밝혀 봄으로 해서 이런 고유성은 더욱 분명해질 것이므로 고유명사 중에서도 몇몇의 지명에 대해서 살펴보았다. 나아가 우리말이 특유의 아름다움을 지녔다고 해도 사용자가 이를 지킬 의지가 없다면 그것은 쉽사리 훼손되고 만다. 이런 점에서 현 우리의 잘못된 언어생활을 되돌아보고 반성하는 의미에서 마지막 제4편을 마련해 보았다.

돌을 갈아 옥이 되지 못함을 알면서도 우직하게 돌 가는 일은 멈추지 않으려 한다. 정년을 기념하여 펴내는 이 책도 그런 작업의 일환으로 퇴임 후 중국의 대학에서도 계속 이어질 것이다. 우리말 연구에 뜻을 둔 여러분의 충고와 질책을 기꺼이 받아들이고자 한다. 출간에 애써 준 대원사의 김남석 사장께 고마움의 뜻을 표한다.

2011년 2월 24일
분당, 두메서재에서, 潤雨 천소영 씀.

1장
언어와 문화

현대를 두고 '문화의 시대'라 이른다. 문화 (文化)란 최근 들어 쓰기 시작한 용어지만 지금은 통용되지 않는 분야가 없을 정도로, 그야말로 '문화' 용어의 전성시대를 맞았다. **문화**(Kultur 獨, culture)란 인류가 지구 상에 삶을 이어온 이래 학습에 의해서 성취해 놓은 모든 정신적·물질적인 성과를 총칭한다. 부연하면 의식주 전반을 위시하여 기술·학문·예술·도덕·종교 따위의 물심양면에 걸친 생활 형성의 양식과 내용을 포함하여 문화라 일컫는 것이다. 문화는 인간 삶의 총체라 할 만큼 그 개념이 광범위하여 이를 어떻게 정의하든 잘못이랄 수 없으며, 반면 아무리 잘 정의하여도 완벽하다고 할 수가 없다.

문화라는 개념 속에 언어 분야가 차지하는 비중은 지대하다. 언어는 두말할 나위 없이 문화에서 가장 기본이 되는, 제 일위적 요소다. 언어를 빼놓고는 문화를 운위할 수 없을 정도로 한 언어 속에는 그 언어를 만들어 낸 사람들의 생각과 느낌은 말할 것도 없고 그들의 정서나 사고방식, 의식구조 등이 용해되어 있다. 언어가 문화에서 차지하는 비중이 큰 만큼 한민족이 쓰는 한국어에는 한국문화가 고스란히 담겨 있다고 해도 과언은 아니다.

그런 이유로 한국어 탐구는 바로 한국문화 탐구로 이어지고, 우리말 사랑은 그대로 한국 문화 사랑으로 이어진다. 한국인은 평소 한국어로 언어생활을 영위하면서도 말(언어)에 대해서, 특히 우리말(한국어)에 대해서 그다지 관심이나 애착을 갖지 않는다. 문화를 얘기하면서도 우리말 속에 담긴 우리 문화를 별로 의식하지 못하는 것이다. 이제 우리 사회는 하루가 다르게 변화한다. 1988년 올림픽을 개최한 이래 눈부신 경제 성장과 함께 날로 국력이 향상되고 있다. 최근에는 한류(韓流)라 하여 우리 문화가 외국에까지 널리 전파되고 우리 사회도 다문화사회로 접어들었다.

지구촌에는 약 6~7,000 종류의 언어가 사용된다고 한다. 이들 언어 중 한국어의 위상은 어떠한가? 조사 결과에 따르면 한국어를 모국어로 하는 인구(이를 릠口라고 함.)가 8천만 명에 이르러 지금은 세계 12위권의 언어대국으로 부상하였다고 한다. 이 중에서 중국에는 80여 개 대학, 일본에는 45개 대학에 한국어과가 개설되어 있고, 미국에는 주말 한국어 학교만도 1천 곳이 넘으며, 특히 미국 대학 입시(SAT Ⅱ)에 한국어가 채택되었다. 이제 한국어와 한글은 더는 한반도에만 갇혀 있는 말과 글이 아니라 알파벳처럼 국제화를 꿈꾸는 위치에 이르게 되었다.

세계어 속의 한국어, 이 같은 우리말 속에 담겨 있는 우리 문화는 구체적으로 어떤 모습일까? 다른 외국어와의 비교를 통해 필자는 **자연주의, 인본주의, 감성주의**란 세 가지 속성에서 우리말의 특성을 내세우고자 한다. 한국어는 생성 과정에서부터 인위적 요소보다는 자연에 순응하는, 자연 친화적인 요소가 바탕에 깔려 있다. 다음으로는 언어 주체의 세계관이나 인식체계는 논리성·합리성보다는 인간 중심의 인간성, 곧 인정을 중시한다는 면에서 인본주의 내지는 감성주의란 속성을 지적하고 싶다.

인본·감성주의를 내세우게 된 데는 우리말이 인간의 양대 속성에서 이성보다는 감성에 치우치는 우리 민족성의 반영으로 보기 때문이다. 우리말의 3대 속성으로 제시한 자연·인본·감성의 실례에 대해서는 본문에서 구체적으로 다루어지게 될 것이다. 이 글에서 말하는 '말'은 단순히 언어라는 보편적 개념이요, 우리말이라면 일반적인 한국어, 그 중에서도 우리 조상이 직접 만들어 써온 고유어를 지칭한다.

1 말은 곧 그릇

흔히 사람 사는 일을 달리 말할 때 '먹고 산다'라 한다. 사람이 살기 위해서는 먹는 일이 그만큼 중요한 것인데 그러나 중요하기로 말하면 '말하는 일' 또한 그만 못지않다. 그래서 '먹고 산다'는 표현 말고도 '말하고 산다'는 말도 있을 법하다. 사람 사는 일을 생존과 생활의 두 면에서 본다면 생존을 위한 필수 요건이 먹는 일이라면 말하는 일, 곧 언어 구사는 생활을 위한 필수 요건이라 할 수 있다.

사람은 세상에 태어나 말을 하기 시작한 이래 일상을 '언어의 바다'에서 살면서도 정작 말이 무엇이냐고 물으면 선뜻 대답하지는 못한다. 언어학 입문서에는 "언어란 사회 구성원들이 서로 교류하고 협력하기 위해서 사용하는 자의적(恣意的) 음성 기호의 체계"라 정의하고 있다. 오로지 인간 사회에서만 존재하는 언어 행위는 개인적으로는 사고(思

考)의 도구가 되며, 사회적으로는 인간 상호간 의사소통의 수단이 된다. 의사소통을 뜻하는 영어 커뮤니케이션은 '공유(公有)하다'라는 라틴어 동사 '커뮤니카레(communicare)'에서 유래한다. 언어라는 수단을 통하여 대중이 공유하는 과정을 통해 자신의 존재를 알리고, 생각을 전달하고, 대상 세계를 받아들이면서 그 세계와의 관계를 유지해 나간다.

말[言語]은 인간의 생각을 담는 **그릇**이요, 느낌과 기분을 가시적으로 그려 내는 **그림**이다. 언어에 대한 학술적 접근보다는 이 같은 현실적 정의가 더 피부에 와 닿는다. 화가가 백지 위에 자신이 구상하는 형상을 선과 색채로 그려내듯 대중은 언어라 불리는 말소리와 글자를 통해 그들 자신의 생각과 느낌을 표출하게 된다. 따라서 이런 정의도 가능할 것이다. 말은 사상의 **집**이요, **옷**이며 그로 인해 사회 문화의 척도가 되며, 그것을 재는 **저울**이라는.

그러나 무엇보다 '말은 곧 그릇'이라는 정의가 더 현실감을 주게 된다. 언어는 사고(思考)를 담는 그릇이요, 정서(情緖)를 담는 그릇일 뿐 아니라 더 크게 보아 문화를 담아 전하는 그릇이기도 하다. 인간의 생각을 담는 그릇을 **말**(음성언어, spoken language)이라 한다면, 그 말을 담아내는 그릇을 **글**(문자언어, written language)이라 할 수 있다. 인류 문명사에서 '생각의 소리화'를 제1의 혁명이라 하고, '소리의 시각화' 곧 문자의 발생을 제2의 혁명이라 규정짓기도 한다. 이런 점에서 우리 한국인은 생각을 담는 그릇인 고유의 말이 있을 뿐 아니라 그 말을 담아낼 수 있는 그릇, 곧 고유문자로서의 한글이 있다는 사실이 얼마나 고맙고 다행스러운지 모른다.

작가들이 내리는 언어 정의는 이보다 더 현실적이다. 말은 '정신의 지문(指紋)'이요, 정(情)의 표출이란 정의가 바로 그런 것이다. 사람이 마음속에 갈무리하고 있는 게 정이라면 이를 밖으로 드러낸 형태가 말이라는 것이다. 부연한다면 인간은 천지의 정기를 받아 이 땅에 태어난 존재들인데 몸을 맡아 다스리는 형체가 마음이라면, 그 마음이 밖으로 표출되어 나온 게 언어라는 얘기다.

말은 소통의 도구이자 수단일 뿐 아니라 말하는 이가 자신이 누구인가를 스스로 밝히는 일종의 '동일인 증명'이기도 하다. 교양 있는 사람이라면 그가 하는 말도 품위가 있을 터이고, 경박한 사람의 언행이라면 이보다 더 가벼울 수밖에 없을 것이다. 참으로 한 사람의 사람됨은 생김새나 옷차림에서가 아니라 그가 내뱉는 언행에서 더욱 분명해지게 된다.

인간을 두고 '말하는 동물(tolking-anmimol)'이라 규정짓기도 한다. 이를 학명(學名)으로 '호모 사피엔스(Homo-sapiens)'라 칭하는데, 이는 '언어적 인간'이란 '호모 로쿠엔스(Homo-loquens)'와 상통하는 용어다. 앞서 언어구사가 생활을 위한 필수 요건이라면서 인간은 '언어의 바다'에서 헤엄치며 노니는 물고기라 비유하였다. 물고기가 물을 떠나서 살 수 없듯이 인간은 언어라는 바다를 떠나서는 단 하루도 정상적인 삶을 영위할 수가 없다.

2 우리말의 뿌리

언어의 기원은 대개 해당 민족의 기원과도 일치한다. 이런 점에서 한국어의 뿌리를 찾는 일은 바로 한민족의 뿌리를 찾는 일과 직결된다.

한민족의 기원에 대해서 지금까지 많은 학설이 제기되어 왔다. 그 중에서도 최근 '사이언스' 지에 실린 기원설이 가장 과학적 접근이라는 점에서 관심을 끌고 있다. 이 기사는 아시아 10개국 과학자들이 2004년부터 최근까지 아시아 73개 민족의 유전자 분석을 통하여 한민족의 기원을 추적한 것이다.

이 기사에 의하면 한민족의 시원(始原)을 지금으로부터 6만~7만 년 전 멀리 동부 아프리카까지 거슬러 올라간다. 아프리카에서 출발한 한 무리가 인도 북부를 거쳐 동남아에 정착하였는데 그들 중 일부가 다시 남북으로 갈라지고, 북쪽으로 이동한 한 갈래가 만주를 거쳐 한반도로 들어왔다는 것이다. 아울러 몽골을 비롯한 북방민족들도 기원적으로 동남아시아에서 유래했다는 것이다.

지금으로부터 4~5만 년 전에 동남아시아에서 아시아 각지로 퍼져나간 그들의 조상이 훗날 다시 진화해 북방 기마민족과 남방 농경민족 등으로 갈라지게 되었다. 남북으로 나뉜 종족의 비율은 대략 4 대 6 정도로 북방계보다 남방계 혈통이 더 많다고 한다. 이런 비율은 5000년 전쯤 중국에서 한반도로 벼농사가 전래된 사실과 관련이 있는 것으로 본다.

우리 세대는 불과 얼마 전까지 교과서에도 실린 바 있는, 한민족은 배달이란 이름의 단일 민족설을 굳건히 믿고 있었다. 그뿐만 아니라 이 민족의 어떤 피도 섞이지 않았다는 순수성을 대단한 자랑거리로 삼았다. 그런데 북방민족과 남방민족이 한반도에 들어와 서로 피가 섞였다면 지금까지 믿어 왔던 배달민족, 백의민족, 기마민족이란 단일 민족설은 한낱 허구가 되고 만다.

이런 단일 고유민족설은 동조동근(同祖同根)을 외치던 일제 식민 치

하에서 자생한 민족주의의 산물이었다. 사실 우리가 사는 땅이 삼면이 바다로 둘러싸인 반도라는 지정학적 특성을 고려한다면 이 같은 순혈(純血)의 단일 인종설이 성립될 수 없음은 상식에 속한다. 오랜 세월 우리 조상은 늘 외부 세계와의 인종적·문화적 접촉과 교류 속에서 상호 영향을 주고받으며 살아왔을 것이기 때문이다.

비근한 예로 한국인의 286개 전통 성씨(姓氏) 가운데 무려 130여 성씨가 귀화인의 성씨, 곧 도래성(渡來姓)으로 알려졌다. 이들 씨족은 이른 시기부터 가까운 중국이나 일본, 또는 몽골, 베트남, 위구르, 아랍, 여진 등지에서 한반도로 들어왔으며, 지금도 또 다른 혈족의 유입이 지속되고 있다. 한반도로 들어온 이들은 오랜 세월 한민족이라는 하나의 커다란 용광로 속에 용해되었을 것이다. 오늘날 한국인 가운데 그 생김새나 체형만으로 남방계냐 북방계냐를 구분 지으려 한다면 이는 부질없는 짓이다. 한국인이라면 그가 제주도 출신이건 평안도 출신이건 간에 세월의 흐름에 따라 피가 거듭 섞이는 변화 속에 유전자가 동질화된 것으로 보아야 한다.

한민족이 사용하는 한국어도 운명적으로 민족의 계통과 같은 길을 걸어왔다. 한국어의 계통에 관해 일찍이 터키어, 몽골어, 퉁구스 만주어와 함께 '알타이계어(Altaic-family)'에 속한다는 설이 제기된 바 있다. 북방계의 알타이설 이외에도 간간이 길약어나 고아시아 계통설, 또는 남방계의 드라비다어 계통설 등이 제기되었다. 그러나 최근에 와서는 우리말 계통에 관한 논의가 중지되고 말았다. 새로운 자료의 발굴이나 새로운 설의 제기 없이 종래의 가설이나 증명 단계를 넘어설 수 없는 한계성 때문이다.

알타이계어로 대표되는 북방계 유입설이나 드라비다계어로 대표되는 남방계 유입설은 지금까지도 여전히 불확실한 상태로 남아 있다. 현 단계에서는 한민족의 계통처럼 여러 요소가 섞였다는, 소위 '다층적 혼효설(混淆說)'에 기대는 수밖에 없을 듯하다. 정도의 차이는 있겠지만 우리말은 여러 계통의 언어 요소가 뒤섞여진 채로 긴 세월에 걸쳐 변화를 거듭한 결과 오늘날과 같은 한국어를 형성하게 되었다고 본다.

이처럼 기원은 불확실하다고 해도 한국어는 한국인이 가진 유일한 언어로서 선조로부터 물려받은 고귀한 문화유산이다. 언어라는 큰 틀에서 보면 개별 언어인 **한국어**(Korean language)는 그 자체로 **국어**(national language)이자 **표준어**(standard language)가 된다. 나아가 한민족의 **민족어**(folk language)이자 우리 모두의 **모어**(母語, mother tongue)가 되기도 한다. 이처럼 '한국어-국어-공용어-표준어-민족어-모어'가 오직 한 줄로 연결되는 예는 지구상 어느 곳에서도 찾아보기 어려우니 이는 천혜(天惠)라 아니할 수 없다.

3 고유어는 연어의 모천(母川)

인간 상호간 의사소통에는 기본적인 의미 단위인 어휘가 그 중심에 놓인다. 언어는 생명이 있어 생성과 변화, 그리고 사멸을 반복하는데 언어의 변화에는 음운이나 문법보다는 어휘 면에서의 변화가 단연 두드러진다. 시대에 따라 세태에 따라 생겨나 발전하고, 혹은 소멸을 반복하는 어휘의 변천 과정은 그것이 곧 언어의 역사라 해도 무방하다.

한 언어 안에서의 어휘 체계는 크게 고유어와 외래어로 나누어진다.

고유어는 말 그대로 한 언어권에서 자생한 토박이말이요, **외래어**는 타 언어권에서 유입된 어휘를 통칭한다. 외래어 속에는 순수 외국어와 함께 그 말에서 빌려다 쓰는 **차용어**, 그리고 고유어처럼 굳어진 귀화한 어휘까지 포함한다. 다시 말하면 계통이 다른 언어가 유입되어 자국어와 동화되어 사용되는 외국어를 통틀어 외래어 또는 차용어라 일컫는 것이다.

외래어와 차용어는 두 용어에서 차이가 있다면 유입의 필요성이나 자국어와의 동화 정도에 따라 구분될 수 있다. 자국민이 원하든 원치 않든 외국어로써 특정 언어권에 들어가 자연스럽게 동화되었다면 이는 외래어가 된다. 외래어 중에서도 예컨대 잉크, 펜, 라디오, 버스 등과 같이 자국어에는 없는 말이라 어쩔 수 없이 빌려 쓰는 언어를 차용어라 한다. 차용어 중에는 차용된 이후에 그 말에 적절한 자국어가 생기면 스스로 도태되기도 한다. 그러나 대부분의 외래어는 고유어와 공존하기도 하고, 때로 대중성을 확보하여 기존의 고유어까지 몰아내고 안방 차지를 할 수도 있다.

지구촌의 언어 교류에서 종족의 혼합과 교류, 문화의 교류 및 교역 관계에서 차용어(외래어)가 생기는 요인을 제공한다. 이 중에서도 종족 간의 혼합은 정복과 피정복의 관계로 맺어지기도 하고, 평화적인 이주에 의해서 자연스럽게 혼합되기도 한다. 문화 교류는 대체로 문화 수준이 높은 데서 낮은 데로 흐르기 마련이다. 낮은 문화의 소유자는 높은 문화 소유자의 언어로부터 그 자료를 차용하게 된다. 우리나라는 지정학적으로 중국에 접해 있어 일찍부터 한자·한문 및 중국어를 받아들여 한자문화권의 일원이 되었다. 따라서 우리말 어휘에서 차지하는 한자어의 비중이 지대한 만큼 이를 외래어가 아닌 귀화어로 보고 이를 별도로 취급할 수도 있다.

한자어라면 말 그대로 한자를 직접 구성 요소로 하는 낱말을 지칭한다. 이 중에는 중국어 일부로서 직접 유입된 것도 있고, 한자를 이용하여 우리가 만든 한국식 한자어도 존재한다. 그러나 직수입한 것이든 자생한 것이든 모든 한자어는 중국식이 아닌 우리식으로 발음하기 때문에 이를 '한국식 한자어(Sino-Korean)'라 부르기도 한다. 그런데 일부 한자어는 이른 시기에 이 땅에 들어와 흡사 고유어처럼 인식되는 어휘들도 있다. 말하자면 이 땅에 시집와서 긴 세월의 풍화 작용으로 우리 식구가 되어버린, 이른바 한국식 한자어다. 이런 어휘는 **귀화어(歸化語)**라고도 불리는데 이들은 어쩔 수 없이 넓은 범위의 고유어 속에 포함한다.

고유어(固有語)라면 조상에 의해 만들어져 대대로 써 온 말이기에 거기에는 우리 한민족의 정신문화가 깃들어 있다. 여기에 대해 저명한 언어학자 촘스키(Noem Chomsky)는 "언어는 인간의 고유한 능력이며, 그 능력은 보편문법과 함께 인간 유전자(遺傳子)에 내장되어 있다."고 말한다.

고유어는 자생적이라는 이유로 외래어나 한자어보다는 좀 더 각별한 의미가 부여된다. 언어 세계를 물고기가 노니는 바다로 본다면 고유어의 세계는 연어가 태어난 고향 냇물에 비유될 수 있다. 한평생 넓은 바다에서 헤엄치던 연어는 종말에 이르러 자신이 태어난 모천(母川)으로 되돌아오게 된다.

연어가 어떻게 모천으로 회귀하는가에 대해서는 아직도 잘 모른다. 연어 스스로 모천의 냄새를 맡는 능력이 있다고도 하고, 항해 기록이 아가미에 자동 입력된다고도 한다. 심지어 연어가 지구의 자기(磁氣)를 감지하여 그 방향을 알아낸다는 설이 있을 정도다. 어떻든 목숨을 걸고 찾아오는 연어의 모천(母川)은 인간 사회의 언어로 말하면 고유어의 세계라 할 것이다. 조상이 만들어 써 온 고유어는 연어가 알에서 깨어나 어린 시절을 보냈던 바로 그 고향 냇물인 셈이다.

사람마다 유전인자가 다르듯 세계인들이 쓰는 말에도 그 민족만이 가진 독특한 언어 유전자가 존재한다. 유전자 감식을 통하여 헤어진 생부(生父)를 찾아내듯 고유어의 어원 탐구는 바로 모천의 성분을 알아내고, 그 민족 유전자의 고유 특성을 밝혀낸다. "체질을 알면 건강이 보인다"는 의학서의 제목처럼, 특정 어휘의 뿌리를 캐보면 그 말을 만들어 써 온 선인들의 생각과 정서를 찾아낼 수 있다. 말은 곧 문화를 담아 전하는 그릇이기에 우리는 조상이 물려준 언어 유산을 통하여 한민족의 문화와 역사, 곧 조상의 삶의 모습을 엿볼 수 있다. 저명한 언어학자 '사피어'도 그의 저서에서 이 같은 사실을 지적한다.

"언어의 배후에는 어떤 것이 존재하고 있을 뿐만 아니라, 언어는 문화를 떠나서는 존재할 수가 없다. 문화란 것은 바로 그 사회에서 전해져 내려오는 관습과 신화의 총화를 일컫는 것으로 그것에 의해 우리의 생활 조직이 결정된다."(E. Sapir. 「Language」, 1921)

4 말 속에 담긴 것

비 갠 뒤 하늘에 펼쳐지는 광경을 보고 우리 조상은 '물이 만든 문'이라 하여 무지개라 불렀다. 무지개란 말을 분석하면 '믈[水]+지게[門]>

므지게>무지게>무지개'의 변화이다. 무지개란 한 고유어 예를 통하여 그 본래의 의미와 명명(命名)의 배경에 대해서 생각해 본다. 언어의 본질에는 자의성(恣意性)이란 속성이 있어서 같은 정경을 보고도 언어마다 각기 다르게 표현된다. 무지개도 예외가 아니므로 자연 현상을 보는 눈이 민족마다 언어마다 다름을 알 수 있다.

무지개는 보는 사람에 따라 색깔의 가짓수부터 다르다. 역사적으로 문명의 발전도에 따라 그 가짓수가 늘어났다고 한다. 그리스 고전에 나오는 크세노폰에서는 3색으로, 아리스토텔레스는 4색으로, 로마의 세네카에서는 5색으로 보았다. 이후 서양인의 통념으로 6색으로 늘어났으나 뉴턴에 이르러 7색으로 늘어나 고정되었다.

무지개를 보고 그 색깔의 수를 진지하게 세워본 사람은 없을 것이다. 시간은 연속적이고 무한인 것처럼 무지개의 빛깔도 무한에 가까워서 사람의 눈으로 셀 수가 없다. 정확히 셀 수도 없는 색깔을 두고 사람들은 굳이 숫자로 표시하려는 것은 색깔을 나타내는 해당 언어의 어휘와 관련되지 않을 수 없다. 무지개의 색깔 수를 아프리카 어떤 부족은 3색이라 하고, 프랑스 어린이들은 8색이라 답한다고 한다. 여기에 대해 우리나라 어린이들이 7색이라 답하는데 이는 어려서부터 '빨, 주, 노, 초, 파, 남, 보'로 배워서 그렇게 인식해 왔기 때문이다.

무지개는 언제 어디서 누가 보아도 아름답다. 이 오묘한 자연현상을 지구촌 사람들은 어떤 눈으로 보고 있는지를 그 명칭을 통해 엿보기로 한다. 영어권의 서구인들은 무지개를 '비의 활'이란 뜻으로 '레인보우(rain-bow)', 곧 비가 갠 후 물방울이 만들어낸 커다란 화살로 보았다. 아름다운 자연 현상을 대형 화살이란 무기로 본 것은 다분히 모험적이요 공격적인 발상이다. 같은 서구어라도 프랑스 어에서는 다분히 예술적인 상상력이 동원된다. '아르켄시엘(arcenciel)'이라 하여, 하늘에 걸린 '아치[門]'로 본 것이다. 여기에 대해 중국인은 대국인답게 무지개를 커다란 벌레로 보고 '虹'이란 한자로 표현하였다. 물이 대지를 꿰뚫고 흐르면 강으로 변하듯 용만큼이나 큰 벌레가 하늘을 꿰뚫어 뻗친 게 무지개라는 것이다.

우리말 무지개는 앞서 말한 대로 빗물이 만들어낸 '물의 문(門)'이다. 그러나 이 문은 단순히 빗물이 만들어낸 문의 형태가 아니라 실은 용궁(龍宮)으로 들어가는 상상의 문이다. 같은 자연 현상을 두고도 우리 조상은 이처럼 높은 이상과 무한의 상상력을 발휘한 것이다. 세상은 꿈꾸는 대로 그 빛과 색채가 달라진다는 사실을 무지개는 우리에게 일깨워 주는 듯하다.

색깔이 몇 개든 외양이 무엇을 닮았든 간에 무지개는 우선 보기에 아름다운 자연 현상의 일부이다. 그러나 우리 조상은 이런 아름다움을 느끼기 이전에 먼저 고달픈 현실에 대한 반발로 이런 이상형을 그리지 않았나 생각된다. 그렇다면 한국인은 정작 무엇을 보고 아름답다고 느꼈을까? 아름다움을 보는 눈, 곧 한국인의 미의식(美意識)을 아름다움을 나타내는 고유어를 통해 알아보기로 한다.

아름다움을 뜻하는 한자 '美'를 파자(破字)해 보면 '양羊' 자에 '큰大' 자의 합성, 곧 크고 살찐 양을 나타낸다. 한자의 발생지와 관련지어 생각해 보면 소나 양을 치는 유목민에게는 크고 살찐 양만큼 보기 좋은 것은 없었을 터이다. 게다가 큰 것이라면 무조건 선호하는 대국인(大國人)의 취향도 고려해 볼 수 있겠다.

여기에 대해 'beauty'나 'pretty', 'dandy' 따위의 멋지고 아름다움을 나타내는 영어 단어들은 어원상 대다수가 '두드러지다, 유별나다, 개성적이'라는 의미가 있다. 큰 것이나 개성적인 것을 뜻하는 다른 언어에 비해 우리말 '아름답다'의 본의는 무엇일까? 이 말의 핵심이 되는 '**아름 -**'의 본뜻만 알아낸다면 한국인의 미(美) 의식을 쉽게 밝힐 수 있으련만 아쉽게도 그 어원은 영 불확실하다. 대신 이와 유사한 어휘 '예쁘다'나 '곱다'를 통해 그 의미를 유추해 볼 수는 있을 것 같다.

중세어로 '어엿브다'였던 **예쁘다**는 본시 '가련하다, 불쌍하다'는 뜻을 가졌다. '어엿브다>예쁘다'는 기원적으로 가엾다는, 일종의 가련미(可憐美)를 나타낸다. 가련미라 하면 배려를 받는 수동적인 아름다움이요, 인정 베풀기를 지그시 기다리는 연약한 아름다움이다. 어떻든 가엾다는 말이 아름답다는 의미로 전이되는 과정이 적이나 한국적이며, 그것은 약자를 자처하며 그편에 서서 약자에 공감하는 의식 구조의 소산이다.

곱다 역시 본래 곡선, 곧 '굽(곱)은 것[曲]'을 지칭하던 말이 지금은 아름다움의 뜻으로 전이되었다. 기와의 처마, 한복의 소매 깃, 버선코의 선과 같이 직선이 아닌 곡선에서 아름다움을 느낄 수 있다. 이는 고속도로보다는 꼬불꼬불 꼬부라진 오솔길에서 더한 아름다움을 맛보는 것과 같다. 그렇다면 아름답다의 '아름-'도 작은 것, 연약한 것을 뜻할 수도 있겠다. 아름답다와 유사한 '아리땁다'의 '아리-'도, 병아리의 '-아리'나 송아지, 망아지의 '-아지'와 같이 작은 것, 어린 것을 나타내기 때문이다. 작고 어리고 약하다 보니 불쌍하고 가련하여 뭇사람으로부터 측은지심(惻隱之心)을 불러일으킨다. 널리 알고 있는 "작은 것이 아름답다"라는 명언도 바로 그런 상황을 두고 이름이다.

흔히 말하길 "계통(系統)은 밝히고 어원(語源)은 캐낸다."고 한다. 어원 탐구란 특정 낱말을 대상으로 그 말의 본뜻과 함께 구조 및 변화 과정을 밝히는 작업이다. 보물을 캐듯 산삼을 캐듯, 어원 연구는 말 그대로 말 뿌리를 통하여 선조의 사상이나 감정, 정서, 사고방식, 의식구조 등 제반 요소를 캐내는 일이다. 다시 말하면 우리말 고유어를 통해 민족문화의 저변을 탐구하는 작업이 되는 것이다.

2장
우리말의 아름다움

1 가장 한국적인 언어

다른 외국어에 비해 우리말은 어떤 면에서 아름다움을 가졌을까? 여기서 말하는 아름다움이란 타 언어와의 비교에서 구분되는, 한국어만이 가진 특성이다. 한 마디로 우리말의 특성을 지적한다면 '가장 한국적인 언어'라 할 수 있다. 다소 이상하게 들릴지 모르겠으나 그만큼 우리말에는 한국적인 요소나 특징을 고루 갖추고 있다는 의미에서다. 한두 가지 외국어를 구사할 수 있는 사람도 이 땅에 태어나 한국어를 모어(母語)로 한다면 그 어떤 언어보다도 한국어를 가장 잘 구사할 수 있다. 그러나 한국인으로서 자신의 모어를 능숙하게 말할 수 있다는 그것만으로는 부족하다. 한 걸음 더 나아가 그 모어가 가진 아름다움을 느끼며, 자신이 느끼는 바를 남에게 설명해 줄 수 있어야 한다.

한국인은 단일 민족이 단일 영토에서 단일 역사를 배경으로 단일 언어를 쓰면서 단일 문화와 관습을 지닌, 희귀한 나라에 살고 있다. 그런데 이 다섯 단일 요소가 한 세트를 이루고 있는, 이런 천혜(天惠)를 당사자인 우리는 정작 실감하지 못한다. 이런 현상을 미루어 보더라도 우리말의 소중함이나 우리말의 아름다움을 알거나 깨닫지 못함이 어쩌면 당연한 일일지도 모른다.

오늘날은 영어가 세계의 공용어 노릇을 하고 있다. 이런 시류에 부응이라도 하듯 한국 어린이들은 젖떼기가 무섭게 영어 학습에 매달린다. 우리 아이들에게 모국어의 뿌리가 내리기도 전에 전혀 이질적인 외래어부터 배우게 하는 것이다. 영어의 공용화와 조기 교육을 주창하는 이들은 필요 이상으로 영어의 우수성을 강조하기에 침이 마른다. 이런 와중에 우리 아이들에게 영어야말로 가장 우수한 언어라는 인식을 심어주게 되어 은연중에 모국어를 깔보게 되는 풍조를 조장하게 되지 않을까 우려된다.

어떤 언어든 개별언어 간의 우월성이나 그 수준은 논할 수가 없다. 영어 교육의 필요성은 인정하지만 그 언어의 우월성에 대해서만은 전혀 동의할 수가 없다. 흔히 말하길 개별언어의 다양성이나 추상성은 해당 언어권의 문화의 발전도와는 무관한 것으로 알려졌다. 다만 개별언어는 해당 지역의 기후나 풍토 등과 같은 생활 환경이나 그 민족이 살아가는 삶의 방식이나 습성 등에 의해 언어의 특성만이 존재할 뿐이다. 말하자면 삶의 형태가 그들 언어에 반영되어 하나의 특징으로 드러나는 것이다. 따라서 우리문화를 온전히 담고 있는 한국어도 영어 못지않게 우수하고 아름다운 언어라 자부할 수 있다.

"가장 한국적인 것이 가장 세계적"이라는 명언 그대로, 우리말의 아름다움과 특성은 앞서 말한 바처럼 그것이 가장 한국적이라는 데 있다.

우리말의 저변에서 한국인 요소를 찾아내려면 자연 타 언어와의 비교를 통해야 한다. 한국어의 특징이라 해도 좋을, 우리말의 아름다움은 언어 자체가 갖는 특성으로서의 아름다움과 개별적 낱말로서의 아름다움으로 나누어 살필 수 있다.

언어적 특성으로서의 아름다움은 무엇보다 한국어가 감성적이라는 점이다. 아름다움, 곧 미적 감각은 인간의 감각·감성에 그 바탕을 둔다. 논리성·합리성보다는 느낌이나 기분을 중시하는 감성적인 데서 아름다움을 느끼는 것이다. 우리말의 이런 특성은 우리 고유의 민족성과도 절대 무관하지 않다. 이런 특성은 인간의 대뇌(大腦)를 비교 분석한 전문가들의 주장에서 충분히 뒷받침된다. 곧 서양인은 논리적이며 과학적인 사고를 관장하는 좌측 뇌[左腦]가 발달했지만, 동양인은 감성적이고 신비로운 사고를 관장하는 우측 뇌[右腦]가 발달했다고 지적한다.

이 주장을 믿는다면 동양인 중에서도 유독 한민족의 우뇌가 더 발달하지 않았나 싶다. 확실히 우리 민족의 감성적인 기질은 유별난 데가 있다. 감동·감탄을 잘하는 성격은 의식 구조가 이성적인 데보다는 감성적인 데 가깝고, 상황 변화에 따른 동화력이나 융화력이 강하기 마련이다. 우리말 속에는 육감을 통해 받아들인 자극을 나타내는 감각적 표현과 함께, 소리·동작·형태를 흉내 내어 이를 구체적으로 드러내는 상징어가 발달하여 있다. 언어의 감각성이나 상징성으로 말하면 우리말의 감성은 단연 타의 추종을 불허한다.

우리말의 감성은 먼저 '소리' 부분에서도 두드러진다. 한국어는 소리면[音韻]에서 풍부한 '말소리'[音素]를 보유한다. 다양한 말소리 덕분에 자연계에서 흘러나오는 어떤 소리의 흉내도 육성으로 가능하다. 바람 소리 물소리, 개나 닭의 울음에서 학의 울음소리에 이르기까지 어떤 소리도 우리의 말소리로 비슷하게 흉내를 낼 수가 있다.

자연계의 소리는 말소리 흉내뿐만 아니라 이를 문자로도 거의 완벽하게 적어낼 수 있다. 가까운 나라 일본어나 중국어의 문자 표기와 비교해 보면 우리 말소리의 다양성과 그 표기의 우수성을 알 수 있을 것이다. 우리말 상징어에 국한해 보더라도 우리말 소리는 음운적 유연성에 의해 모음에서 양성·음성 간의 교체를 비롯하여 자음에서의 평음·경음·격음 간의 교체는 어감(음상)을 달리하여 표현의 다양성을 보여주기에 충분하다.

한국어 자음 체계는 서구어계에 비해 마찰음이 적은 대신 파열음이 많으며, 그 기능 역시 다양하여 앞에서 언급한 평음과 경음, 격음이 분리되어 각기 독립 음소로 제 역할을 다하고 있다. 이를테면 첫소리 자음 ㄷ/ㄸ/ㅌ은 영어에서는 /-t/의 변이음(變異音)에 불과하지만 우리말에서는 달[月], 딸[女], 탈[假面]의 예에서 보듯 뜻을 구별하는 독립적인 음소가 된다.

이처럼 우리말 자음은 유·무성음의 변별은 불가능할지라도 평·경·격음의 변별 때문에 더 많은 음소를 보유하게 하며, 모음에서도 기본 7(10) 모음 이외에 12개에 이르는 중모음을 보유한다. 이처럼 우리말은 감성 언어답게 이런 다양한 음소를 활용하여 느낌에 따라 어떤 미묘한 소리라도 자유롭게 표현할 수 있는 것이다.

2 형태 · 어휘상의 특성

새 낱말을 만드는 기술

우리말은 조어법(造語法)이 발달하여 단어 형성이 용이하다는 점이
어휘 면에서의 특징이다. 조어법이란 한 낱말에서 기본적 형태소나 낱
말이 본래의 의미를 유지한 채 다른 요소와 결합하여 새로운 복합어나
파생어를 만들어내는 기능이다. 이는 형태상 첨가어(교착어)에 속하는
한국어의 특성을 반영한 것으로 어휘의 생산성을 높이는 장점이 있다.

우리말 어휘 면의 또 다른 특징은 육감을 통해 받아들인 자극을 표현
하는 감각어와 의성·의태의 시늉말(상징어)이 발달하였다는 점이다. 특
히 상징어는 음운론적 유연성(有緣性)을 지녀 구체성을 띠는가 하면,
모음의 음양(陰陽)과 자음의 평(平)· 경(硬)· 격(激)음의 대조로 어감을
달리함으로써 표현의 다양성을 확보한다.

우리말 어휘는 한자어가 70% 정도를 차지한다. 앞서 한자말은 오랜
세월 우리말 어휘 속에서 숙성·동화되었기 때문에 우리 고유어에 포함
할 수 있다고 했다. 표의성(表意性)을 띤 한자는 그 자체로, 또는 복합
어 형성에서 많은 장점을 발휘한다. 처음 대하는 단어라도 대충 그 뜻을
알아차릴 수 있을 뿐 아니라 새로운 말을 만들어 내는 생산성 역시 탁월
하다. 예컨대 '학(學)'이란 한 한자가 만들어 낼 수 있는 한자어 어휘를
들어보면 한자가 지닌 생산력을 짐작할 수 있다.

한자어의 고유어화

언어 구조가 전혀 다른 상황에서 우리 민족이 최초로 접한 문자가 한자·한문이었음은 우리로서는 불행이라 하지 않을 수 없다. 그러나 운명적이라고 할까, 문자 출현을 갈망하던 우리로서는 당시 유일한 문명국의 문자인 한자를 외면할 수는 없었다. 이런 사정은 우리만이 아닌, 주변 한자문화권에 속하는 여러 민족국가들의 공동 운명이었다.

한자·한문이 중국 고유의 문자이긴 하나 인근 지역으로 전파됨과 동시에 해당 지역의 언어에 동화되어 독자적인 변화를 가져왔다. 유입 초기에는 형태나 의미가 어느 정도 공통성을 유지했을 터이다. 그러나 오늘날에 와서는 한자가 더는 한자문명권의 공통문자가 아니라고 할 만큼 고유의 특색을 지니게 되었다.

발음상으로 보면 우리식 한자말 '한국인(韓國人)'을 중국인은 '항귀런'으로 부르고, 일본인은 '강고쿠징'이라 부른다. 의미상으로 보면 중국어의 '東西'는 동·서쪽의 방위가 아닌 단순히 '물건'을 지칭하고, '兄弟'는 형과 아우가 아닌 동생만을 가리킨다. 일본어 '馬鹿'은 말과 사슴이 아니라 '바보 자식'이란 뜻의 욕설이며, '大丈夫'는 지체 높은 남성의 호칭이 아니라 '괜찮아요.'라는 의사 표현에 지나지 않는다. 게다가 한·중·일 동양 3국은 일부 글자체도 달라졌으며, 설사 자체(字體)는 같다 해도 의미만은 나름대로 독자성을 유지한다.

우리말 어휘 중 70%를 차지하는 한자어는 그 비중만큼이나 형성의 역사가 멀고도 깊다. 삼국 초기 한자·한문이 유입되던 당시에는 단순한 차용어였으나 세월의 흐름에 따라 점차 귀화어(歸化語)로 정착하게 되었다. 예컨대 붓[筆], 먹[墨], 베[布], 대[竹], 되[斗], 쟝>자[尺], 그[其], 띠[帶], 살[矢], 절[邸], 무늬[紋], 적-[誌], 닿-[達], 뛰-[跳] 등은 일견 고유어로 보기 쉬우나 기실은 [ ] 속의 중국 한자음의 변형이다. 여기다 현재도 고유어처럼 쓰이는, '싱싱하다[新新], 쟁쟁하다[錚錚], 생생하다[生生], 평평하다[平平], 빡빡하다[薄薄], 쓸쓸하다[瑟瑟], 시시하다[細細]' 따위의 시늉말도 그 기원은 한자어에 두고 있다.

우리말 어휘사에서 초기 한어(漢語) 또는 한자음을 그대로 수용하던 단계를 지나면 뒤이어 한자어의 '고유어화'의 과정을 밟는다. 다음의 예는 한자의 수용 과정에서 한자어가 우리말에 한 걸음 더 나아간 형태를 보여 준다.

"무명[木棉], 다홍[大紅], 보배[寶貝], 숭늉[熟冷], 모과[木瓜], 상투[上頭], 가난[艱難], 고함[高喊], 대추[大棗], 사발[沙鉢], 사탕[砂糖], 설탕[雪糖], ……."

상기 예는 어휘의 생성 기반은 한자어지만 형태상으로는 우리말의 음운 변화에 맞게 변질한 어형이다. 마찬가지로 '김치[沈菜], 배추[白菜], 상추[生菜]' 등도 같은 유형이다. 또한 '정(情), 한(恨), 기(氣), 신(神), 사랑[思量]' 등도 같은 예에 속하는데, 이들은 음은 그대로 유지하고 있으나 사용 빈도나 선호도에서는 본 고장의 그것을 능가하고 있다. 이들은 한자의 '고유어화'의 절정을 보여 주는 예로 한자말이라 하기보다는 고유어에 한자를 끌어 쓴 것 같은 인상까지 주는 한자말이다.

한자의 고유어화는 여기서 한 걸음 더 나아가 우리가 직접 만들어 낸 한자어까지 발전한다. '감기(感氣), 구경(求景), 고생(苦生), 수고(受苦), 생각(生覺), 병정(兵丁), 편지(片紙), 변소(便所), 서방(書房), 도령(道令), 동냥(動鈴), 복덕방(福德房)' 등등의 예는 한국 한자어 또는 국산 한자말이라 해도 무방하다.

한자어의 범람은 '驛前앞, 外家집, 石橋다리' 등과 같은 고유어와 겹쳐 쓰이는 겹침말[重複語, 疊語]을 만들어 내기도 한다. 이런 현상은 복합어뿐 아니라 '拍手를 치다'나 '食事를 들다'와 같은 구나 절 단위에서도 적용된다. 여기서 '-치다, -들다'라는 서술어가 '박수-, 식사-'란 목적어와 의미상 중복되는 것이다. 의미상의 중복을 피하려면 '박수하다, 식사하다'가 되어야 맞는 말이다. 이런 겹침의 예는 낱말 단위에서 시작해 아래 용례와 같이 구절 단위까지도 확산한다.

"이름 있는 유명(有名) 메이커, 할 수 있는 가능성(可能性), 다시 재발(再發)하다, 일견(一見)하여 보기에는, 어려운 난국(難局), 스스로 자각(自覺)하다, 깨끗이 청산(淸算)하다, 다함께 동참(同參)하다, 승전보(勝戰譜) 소식, 이런 시점(視點)에서 볼 때, 명문가(名文家) 집안, 진짜 순(純) 참기름" 등등.

이들 예문 중 '진짜 순 참기름'의 경우는 진짜 재미있다. 가짜 참기름이 오죽 많았으면 이런 표현까지 나왔을까 마는, 참기름의 '참-'도 眞의 뜻으로 보면 이 말은 분명 의미의 3중 복합이다. 이런 중복 현상은 반복 강조나 상호 보완의 관계라기보다는 고유어와 한자어가 동의어의 형태로 경쟁의 관계, 곧 서로 힘겨루기를 한다고 말할 수 있다.

일상에서 쉽게 쓰일 수 있는, 극단적인 겹침 현상의 예를 들어보기로 한다.

"두 양(兩)팀이 득점(得點) 없이 0 대 0으로 비겼습니다."

"여러분, 라인 선(線) 줄 안으로 들어오세요."

이런 식 말투에 대해 누군가가 이런 핀잔을 주었다고 한다.

"아따 그 사람, 말 중복(重複)되게 겹쳐 쓰는 표준(標準) 견본(見本) 샘플이네 그려!"

세 어휘군의 위상

앞서 언어의 변화에는 음운이나 문법 면에 비해 어휘 면에서의 그것이 더 현저하다고 했다. 반만년 한국어의 역사에서 어휘의 흐름만을 놓고 본다면 세 번에 걸친 큰 변화를 겪었다. 이 세 번의 큰 흐름을 '바람, 바람, 바람'이란 제목으로 비유해 볼 수 있겠다.

이 땅을 휩쓸고 간 바람 중 첫 번째 바람은 중국에서 불어온 황사(黃砂) 바람이었다. 황사라 하면 누구나 다 짐작하듯이 **한자 · 한자어**의 유입과 우리 어휘로의 수용이다. 두 번째 바람은 개화기를 전후하여 섬나라 일본에서 불어온 동해 바람으로 **일본어**의 침투를 말한다. 동해 바람은 강압에 의한 식민통치로 40여 년의 기간이었지만 지금까지도 그 잔재(殘滓)를 떨쳐내지 못할 만큼 큰 영향을 미쳤다.

마지막 세 번째 바람은 멀리 태평양에서 불어오는 오렌지 바람, 곧 **서구어**의 유입이다. 영어를 비롯한 서구계 외국어가 세계화라는 시대 조류에 편승하여 한반도에서 요란스럽게 회오리치고 있다. '바람, 바람, 바람'에서 앞선 두 바람은 이제 잔풍 정도의 미미한 세력을 남기고 있다면 마지막의 바람이야말로 현재진행형의 강풍이다. 우리말 어휘에서 고유어와 한자어, 그리고 외래어 간의 위상적 대립은 이 세 번에 걸친 바람 사태가 몰고 온 필연적 결과이다.

"쇠젖-우유(牛乳)-밀크(milk)"

소의 젖을 지칭하는 낱말에서 보듯 우리말 어휘는 이처럼 삼중 구조를 가졌다. 가장 널리 쓰이는 한자말 **우유**는 새로운 맛은 없는 대신 점잖고 고상한 느낌이 든다. 반면 영어 **밀크**는 참신하고 세련미가 있어 사용자가 현대적이고 유식하다는 인상까지 풍긴다. 여기에 대해 고유어 **쇠**

젖의 이미지는 어떠한가? 이 말은 호텔과 같은 고급스러운 장소에서는 도저히 어울릴 것 같지는 않다. 쇠젖의 예에서만이 아니라 대체로 우리 고유어는 촌스럽고 고리타분하다는 인식을 하는. 고상함이나 참신함과는 거리가 멀어 보이는, 이와 같은 인식은 '엉덩이-둔부(臀部)-히프'를 비롯하여 '계집-부인(婦人)-마담', '덤삯-상여금(賞與金)-보너스' 등에 이르기까지 비슷하게 적용된다.

어휘의 삼중 구조는 낱말에서만이 아니라 구(句)나 문장 단위까지 파급된다. 다음의 예문을 보기로 하자.

"어린이 잡화(雜貨) 바겐세일(bargain sale)",

"아침 TV 방영(放映)"

이들은 고유어와 한자어, 그리고 외래어가 뒤섞어 쓰이는 예문이다. 이런 예는 너무나 흔하여 굳이 예를 들 필요조차도 없다. 그렇다고 보면 외래어를 받아들이는 우리의 자세가 지나칠 정도로 관대해 보인다. 물론 이런 식 표현법이 유행하게 된 데는 국제화의 바람이나 상업주의에 편승한 언론매체, 특히 방송의 영향 때문이기도 할 것이다. 특히 상품명이나 광고 문안에서 더욱 그러한데, 이런 풍조의 저변에는 세 종류 어휘를 대하는 우리의 인식이 작용하고 있다.

이런 경향을 놓고 필자는 언어에서의 신 사대주의라 규정하고자 한다. 우리 것을 소중히 여기는 마음을 가져서라도 토박이말에 대한 우리의 그릇된 인식을 바꾸어야 한다. 우리말 어휘를 아름답게 가꾸기 위해서라도 이 같은 고유어에 대한 편견부터 없애야 한다. 일상 쓰는 말이라도 사용하는 주체가 애정을 갖고 가꾸지 않으면 그 말은 우리의 마음을 떠나 천시를 당하게 된다. 우리말에 대해서 우리 스스로 귀하게 여기지 않을 때 아무도 우리말을 존중하고 제대로 대접해 주지 않을 것이다.

고유어의 감각성

" '아' 해 다르고 '어' 해 다르다."는 말이 있다. 언어 표현에서 한국인 고유의 감성이 음운과 같은 소리 단위에서도 작용한 결과이다. 일례로 **맛[味]**과 **멋[風味, 魅力]**의 경우를 보도록 하자. 모음 하나를 슬쩍 바꿔 쳐도 이처럼 의미상의 차이를 나타낸다. 말하자면 말소리에서 모음 하나, 자음 하나만 어떤 규칙 아래 바꾸어 놓음으로 해서 이처럼 의미나 어감을 자유자재로 변화시킨다. 이는 우리의 의식 속에 개개음의 발음[音相]과 표현 의미 사이에 밀접하면서도 체계적인 관계가 작용하고 있음을 보여주는 것이다.

거짓말과 **가짓말**이란 말의 예도 마찬가지다. 맛/멋의 경우와 같이 '아'와 '어'의 모음 하나 차이인데도 그 의미나 쓰임은 사뭇 다르다. "거짓말 마!"라고 하면 말하는 이가 불만에 가득찬 표정일 테지만 '에이 가짓말!'이라고 하면 얄밉다는 듯이 입가에 웃음이 번지는 표정일 것이다. 이러한 모음 교체는 단순히 어감 수준이 아니라 의미가 다른 낱말로 전이시키기도 한다. **늙다[老]**와 **낡다[朽]**, **살[歲]**과 **설[元旦]**, **맑다[淸]**와 **묽다[淡]**, **쓰레기**와 **시래기** 등도 그런 예에 속한다.

쓰레기는 내버려야 할 물건이지만 시래기는 구하지 못해 안달하는 귀한 물건이 된다. 시들어버린 무청이나 배춧잎 같은 쓰레기를 그냥 버리지 않고 말려 두면 요즘 유행하는 '웰빙' 음식의 좋은 재료가 되기 때문이다. **고소하다**와 **구수하다**도 음운상 모음교체(母音交替)에 의해 그 쓰임이나 맛이 달라진 예다. 평소 미워하던 친구가 어려운 처지에 놓이면 '고소해'하지만, 걸쭉한 입담으로 좌중을 즐겁게 해주는 친구를 가리켜 '구수한 사람'이라 치켜세우게 된다.

자음의 교체에 의해서도 예외없이 어감이 달라진다. 예컨대 회전하는 형상을 묘사하는 의태어 **빙빙**과 **삥삥** 그리고 **핑핑**은 그 돌아가는 정도나 느낌은 사뭇 다르다. 비만의 정도를 나타내는 **뚱뚱, 뚱뚱, 통통, 퉁퉁**의 경우도 매한가지다. 어두운 정도를 나타내는 '**감감하다〉깜깜하다〉캄캄하다**'에서 보듯 보통의 경우 예사소리[平音]보다는 된소리[硬音]나 거센소리[激音]가 더 짙고 강한 느낌을 준다. 자음 교체는 어감의 수준을 넘어 의미상의 변질을 초래할 수도 있다. **덜다**[減]와 **털다**[拂], **뛰다**[躍]와 **튀다**[彈], **뜨다**[隙]와 **트다**[裂]의 예가 그러하다.

우리말의 감각성은 시각, 청각, 미각, 후각, 촉각 등에 두루 걸치는, 말 그대로 공감각적(共感覺的)이다. 청각의 경우, 코 고는 소리는 **쌕쌕, 쌔근쌔근, 콜콜, 쿨쿨, 드르릉드르릉** 등으로 묘사된다. 잠자는 사람의 나이나 자는 모습에 따라 각기 달리 묘사되어 'Z z z…….'의 한 기호로만 표시되는 영어와는 섬세함에서 비교가 되지 않는다. 어디가 아플 경우, 그 증세를 설명하는 데도 신체의 부위나 아픈 정도에 따라 **살살, 사르르, 옥신옥신, 욱신욱신, 지끈지끈, 묵지끈, 뻐근, 뻑쩌끈, 쿡쿡, 콕콕** 등 다양하기 그지없다. 이런 미묘한 증세를 다른 언어로는 어떻게 옮길 수 있을까?

눈가에 눈물이 넘칠 듯 그득 고이는 형상을 일러 **글썽글썽, 그렁그렁, 가랑가랑** 따위의 감각어로 묘사된다. 때로 '글썽글썽'보다 눈물이 적고 '그렁그렁'보다는 눈물의 양이 많을 때는 **갈쌍갈쌍**이라고 말한다. 나아가 눈물이 밖으로 흘러내리는 모양새를 **꿀쩍꿀쩍**이라 하는데, 이는 흔히 쓰는 **훌쩍훌쩍**과는 그 어감부터 차이가 난다. 감정이 복잡하게 맺히고 얽혔을 때면 **서리서리, 사리사리**라 표현한다. 또 정신이 흐려서 무슨 생각이 날 듯 말 듯한 장면을 **옹송옹송, 옹송망송**이라 하고, 잠이 드는 둥 마는 둥하여 흐리멍덩한 상태를 일러 **어리마리**라 한다. 우리가 미처 챙겨보지 못해서 그렇지 우리 고유어의 감각성은 이처럼 스스로 놀랄 정도로 다양하고도 풍부하다.

미각어의 감칠맛

우리말의 감성은 인간이 느끼는 5감의 표현에 두루 미친다. 다섯 감각 중에서도 맛의 표현에 관한 한 우리말을 따를 언어는 없을 듯하다. 예컨대 미각 용어 중에서도 **시큼달큼, 달콤새콤, 달착지근, 삼삼하다**와 같은 말은 어떤 외국어로도 옮기기 어렵다. 우리말에서 미각 표현에 대한 고유어 어휘 목록은 '달다, 쓰다, 맵다, 싱겁다, 짜다, 시다, 떫다, 밍밍하다, 텁텁하다, 느끼하다, 고소하다, 부드럽다, 깔깔하다, 껄쭉하다' 등 정도가 고작이나 그 맛의 그 정도를 나타내는 표현법은 무한대에 가까울 정도다.

단맛의 예를 보기로 하자. 아주 달면 **달디달다**요, 알맞게 달면 **달콤**, 약간 달다면 **달짝지근**, 달콤하면서도 신맛이 곁들이면 **달콤새콤**이라 한다. 신맛의 경우도 이와 유사하다. **시디시다**에서 **시금, 시큼, 시쿰, 새쿰**으로 변용되고, 다시 **시금털털, 시그무레, 새그랍고, 새곰새곰**을 거쳐, 약간 싱거운 듯하면서 맛깔이 있다는 **심심하다**나 **삼삼하다**에 이르면 그 뉘앙스는 절정에 달한 느낌이다.

'삼삼하다'의 사전적 의미는 약간 싱거운 듯하면서 맛깔이 있는 그런 맛이라 하였다. 이런 오묘한 맛은 비단 미각 표현에만 국한되지 않는다. 때로 잊혀지지 않고 눈에 어린다는 뜻으로도 쓰여 군대에 간 아들 얼굴이 어머니의 눈에 삼삼하고, 떠난 임의 목소리가 연인의 귓가에 삼삼하다. 뿐인가, 늘씬한 몸매를 자랑하는 아가씨를 볼 적이면 뭇 남성들은 "참, 삼삼한데……."라는 탄성을 연발한다. 의미 영역이 미각뿐 아니라 청각에서 시각까지 확대되는 순간이다.

'삼삼한 아가씨'와 같은 전방위 감각어는 이뿐이 아니다. '싱거운 사람, 짠돌이, 달콤한 여인, 질긴 여자' 등에서와 같이 사람의 성격을 곧잘 음식 맛에 빗대기도 한다. 음식 맛뿐이 아니라 '쓰디쓴 과거, 매운 날씨, 떫은 표정, 떫은 소리, 신소리, 짠 점수' 등에서와 같이 사물에 대한 묘사나 추상어의 영역까지 드나든다. 그런가 하면 좋은 상태를 일러 **꿀맛**이라고 하고, 그렇지 못한 상태를 일러 **밥맛**이나 **죽을 맛**이라 하여 얼굴을 찌푸린다.

식초나 묵은 김치에서 느낄 수 있는 맛, 곧 **시다**의 쓰임도 다채롭다. 삐끗하여 삔 발목이 시고, 아니꼬운 장면을 볼작시면 눈꼴이 시다. 한물 간 유행어이긴 하나, 신세대가 기성세대를 가리켜 '쉰(신) 세대'라 불렀다. 연로한 세대로서는 결코 달갑지 않은 말이지만, 하여튼 묵은 김치처럼 맛이 가버린, 그야말로 **시어 버린** 세대이자 **쉬고 있는** 세대임은 분명하다.

용법의 다양성이란 점에서 쓴맛의 **쓰다**도 이에 뒤지지 않는다. 쓴 잔을 마시면 기분이 씁쓸하지만 쓴맛이라고 다 부정적이지만은 않다. 쓴 소리나 쓴 약은 처신이나 환자에게 좋은 양약이 되기도 하고, 쓴 맛에서 우러나온 **쌉쌀**하고 **쌉싸래**한 기운은 오히려 선호하는 음료수가 되기도 한다. 짠 맛도 매한가지, 뒷맛이 개운치 않을 때는 **찝찔**하다며 눈살을 찌푸리지만, 일이 잘 풀려 쏠쏠히 돈이 들어올 때면 수입이 **짭짤**하다면서 만면에 미소를 짓는다.

미각 형용사가 그대로 명사로 굳어진 예도 발견된다. 산삼 캐는 심마니들은 고추를 **맵사리**라고 말한다. 맵고 싸한 맛을 **맵싸하다**라 하고, 맵고도 차가운 맛을 **맵차하다**고 하는데, '맵사리'는 여기서 유추되었다. 다시 말하면 맛을 나타내는 형용사가 고추를 지칭하는 명사로 전성된 것이다. 또한 '맵다'는 고추처럼 모질고 독하다는 의미로 쓰여 '매운 날씨'와 같이 추위를 나타내기도 하고, '손끝이 맵다'라 하여 옹골차고 야무진 성격을 묘사하는 데도 쓰인다.

여물다란 말도 매운 손끝과 유사한 의미다. '여물다'는 본래 속이 꽉 찼다는 뜻인데 형용사 어간 '여물/야물-'에 표준어는 아니지만 '-딱지다'라는 꼬리가 붙어 **야물딱지다**란 말을 만들어 낸다. 실없는 사람을 가리켜 **싱겁이**라 하고, 구두쇠를 일러 **짠돌이**라 하듯 알뜰한 살림꾼을 일러 '야물딱이'라고 하면 어떨까 한다. 요즘처럼 살림살이가 어려울 때면 씀씀이가 헤픈 '푼수댁'보다 이런 손끝이 매운 야물딱이 주부가 더 바람직하기 때문이다.

지금은 잘 쓰이지 않는, 맛에 관한 표현을 더 들어 본다. 구수한 맛에 그런대로 먹을 만하다는 **구뜰하다**나, 생선이 신선한 맛이 적고 조금 타분하다는 **모름하다**, 국물이 바특하면서 맛이 난다는 **바따라지다**, 약간 배릿하고 감칠맛이 있다는 **배틀하다**, 매우면서도 단맛이 있다는 **얼근덜근하다**, 조금 구수한 맛이 느껴진다는 **엇구뜰하다**, 아무 맛없이 찝찝하다는 **짐짐하다**, 텁텁하고 개운치 못하다는 **텁지근하다** 등등이 있다.

맛있는 음식을 일러 '맛깔스럽다'고 하고 그렇지 않으면 '맛대가리 없다'고 한다. 맛깔에서 나온 '손맛 깔'이란 말로써 만드는 이의 맛 차이를 구분할 수 있다. 똑 같은 재료를 써서 요리하더라도 요리한 사람의 손끝에 따라 그 맛은 천차만별이다. 사람 손가락 사이에서 배어나오는, 나름대로의 손맛이 서로 다르기에 그것이 좋은 사람의 손을 일러 **맛깔**

손이라 이르는 것이다.

그렇다면 **감칠맛**이란 어떤 맛일까? 사전에서 감칠맛은 사람의 입에 당기는 맛, 또는 일이나 물건이 사람의 마음을 끌어당기는 힘이라 풀이 하였다. 동사 '감치다'는 본래 옷 가장자리나 솔기를 안으로 접어 용수 철 모양으로 꿰매나가는 모습으로, '감칠 질'이라 하면 단을 접어 넣어 감아 꿰매는 바느질이며, 치마는 한국 여인을 감치고 한국의 미를 감치 는 기술이다. 음식 맛에서 비롯된 미각어의 맛은 사람의 혀끝에만 머물 지 않고 시각 표현인 **멋**을 거쳐 의상 용어인 감칠맛까지 그 의미 영역을 넓힌다. 그리하여 이 맛은 다시 언어의 맛으로 우리말 어휘를 아름답고 풍부하게 만든다.

상징어의 세계

우리 민족의 고유한 감각성은 많은 의성·의태의 시늉말에서부터 한 단계 차원 높은 상징어를 양산하기에 이른다. 그렇다고 보면 우리말은 눈으로 보는 '로고스'적 언어가 아니라 귀로 듣는 '파토스'적 언어라 할 수 있다. '눈의 문화'라 일컫는 시각적인 면보다 '귀의 문화'라 일컫 는 청각적인 면이 더 발달했기 때문이다. 일반적으로, 보는 것이 '로고 스'적이라면 듣는 것은 '파토스'적이다. 눈의 문화의 특성을 지성적·이 성적·논리적·능동적이라 하면 귀의 문화는 정적(情的)·감정적·직감적이 며, 또한 수동적이 된다.

상징어는 이러한 감정적·수동적인 문화 기반에서 발달한다. 의성어 (擬聲語)와 의태어(擬態語)를 포함하는 상징어는 육감을 통해서 받아 들인 자극을 그대로 표현하는 낱말밭이다. 우리말 상징어는 개개 낱말의 의미를 구분해 내기보다는 어디까지나 감정을 동반한 표현의 다양성을 추구한다. 상징어는 언어 기호의 음성 형식과 그 기호의 대상이 되는 사상(事象)과의 사이에 필연적인 상징관계가 있다고 생각되는 일련의 어휘들이다.

'기러기, 개구리, 깍두기, 떠버리, 뻐꾸기, 얼룩이, 누더기'와 같은 어휘가 대표적인 예이며, 우리 전통 악기인 **징**[銅鑼]도 그것이 내는 소리 자체가 그 이름이 되었다. 물 위를 떠다니는 배도 그것이 내는 소리에 따라 **통통배**가 되기도 하고 **똑딱배**가 되기도 한다. 조류나 곤충의 이름도 맴맴 울기에 **매미**이며, 개골개골 울기에 개구리, 딱따구리, 부엉이, 뻐꾸기, 뜸부기, 꾀꼬리, 쓰르라미 등등 그 울음소리에서 나온 이름들이다. 다음의 예는 현대어에서는 잘 쓰이지 않지만 재사용을 고려해 볼만한 시늉말들이다.

"겅중겅중, 고시랑고시랑, 깝신깝신, 남실남실, 담상담상, 담쑥담쑥, 뭉그적뭉그적, 시부랑삽작, 새들새들, 숭얼숭얼, 알금솜솜, 알쫑달쫑, 여짓여짓, 오롱조롱, 왱그랑댕그랑, 저춤저춤, 진둥한둥, 호슬부슬, 홍글항글, ……."

우리말의 감각성은 사람의 5감 중 청각과 더불어 촉각의 촉감 표현에서도 그 능력을 발휘한다. 어떤 이는 한국인은 서구인보다 육체나 감정 등 촉각으로 사물을 파악하는 데 길들어 있다고 한다. 흔히 쓰는 말 가운데 신체적인 기능 비유가 많은 것도 이런 촉각적 성향에 기인한다. 이를테면 욕망을 억제하는 불안정한 상태를 **근질근질**하다는 말로 표현하고, 자극적인 상황을 **따끔**하다면서 피부 감촉에 빗대는가 하면, 사리

분별이 무딘 사람을 일러 **눈이 멀었다**면서 나무라기까지 한다.

그뿐만이 아니다. '머리털(새털) 같이 많은 날'이며, '머릿수를 맞추는 것'이며, '배알이 꼴린다'는 말도 촉감 표현의 또 다른 양상이다. 서로 사랑하게 된 상태를 일러 **눈이 맞는다**라 하고, 사랑으로 인한 줄행랑을 **배 맞아 간다**고 표현한다. 친한 정도를 과장하여 **간도 빼준다**라 하면서, 증오를 강조할 때면 **간에 옴이 옮아 긁지 못하는** 상황으로도 비유한다. 줏대가 없는 사람은 **쓸개가 없는** 사람이요, 쓸개 없는 사람이 실없이 웃을 때는 **허파에 바람 들었다**고 한다. 이처럼 우리말 표현은 인간의 신체 전반의 촉각을 동원하여 추상적 상황 묘사를 피부감각으로 구체화시킨다.

판소리 가사에서 남녀 간의 사랑놀이를 **업고 논다**라 표현한다. 할아버지·할머니의 정겨운 모습은 서로 **등을 긁어 주는** 장면에서 확인된다. 가까운 사람과 피부를 접촉시켜 서로의 체온을 나눌 때 사람들은 안도감과 함께 동류의식을 느끼게 된다. 친구 사이의 껴안기와 어깨동무, 부모 자식 간의 업기와 팔베개 등, 살을 부비는 일체의 신체 접촉이 등온(等溫) 유지에 좋은 수단이 되기 때문이다.

3 문장·담화에서의 특성

서술어 중심의 문장

잘 알고 있는 것처럼 한국어의 어순(語順)은 '주어+목적어+서술어'

의 소위 말하는 'SOV'형이다. 곧 주어 다음에 목적어나 보어가 연결되고 서술어는 맨 뒤에 놓인다. 이런 어순은 영어나 중국어처럼 주어와 서술어가 직접 연결되고 그 뒤에 목적어나 보어가 놓이는, 'SVO'형과는 비교된다. 이처럼 서술어가 맨 뒤에 놓이는 어순은 의미 전달에 있어 어떤 요소보다도 서술어의 역할이 커진다. 우리말을 서술어 중심의 문장이라 하는 것은 바로 그 때문이다.

이를테면 "나는 너를 사랑한다."는 말에서 주어 '나'나 목적어 '너'보다는 '사랑한다'는 서술어가 더 중요한 것이다. 사실 두 사람만의 은밀한 대화라면 그도 저도 필요 없이 그저 '사랑해'라는 한 마디 서술 동사로 족하다. 여기서 '누가', '누구'를 굳이 밝히지 않더라도 애정 표현에는 별로 지장을 받지 않는다.

영어나 중국어 같은 SVO형 어순은 대상과 그 판단을 미리 듣고 나머지 내용을 추가로 듣는 서술 형식이다. 반면 SOV형 어순은 SO에 대한 정보를 아무리 많이 듣는다 해도 결국 V를 듣게 될 때까지는 그 대상이 가지는 판단은 일단 유보되어야 한다. 따라서 SVO 언어는 청자가 비판적으로 들을 수 있다는 장점이 있는 반면 청자를 끝까지 붙들어 두는 긴장감이 부족하다는 단점도 있다.

"나는 너를 사랑한다."는 표현에서 "나는 사랑한다."거나 "너를 사랑한다."고 해도 의사 전달에는 별다른 문제가 없다. 호젓한 곳에서의 둘만의 은밀한 대화라면 더더욱 그럴 터이다. 이렇게 문장의 주요 성분이 생략되는 표현법이 별 문제 없이 사용되는 것은 우리말이 상대 중심의 언어이자 상황 중심의 언어이기에 가능하다. 여기다 우리말이 감성언어라는 점도 추가될 수 있다.

이런 우리 식의 표현법은 간단한 형식의 대화에서는 별반 문제가 되지 않는다. 그러나 보다 공식적이고 복합적인 상황에 이르면 논리성과 합리성의 결여란 단점이 부각된다. 감성의 바탕 위에서 상대나 상황 중심의 대화가 지속되다 보면 아무래도 표현상의 모호성을 드러내지 않을 수 없다. 이런 모호성, 불투명성은 때나 장소의 상황에 따라 심각한 오해를 불러올 수도 있다. 표현의 불투명성은 정확한 의사 전달에는 분명 장애가 된다.

상대 중심의 상황 의존형

글로 쓰는 문장도 그렇지만 담화면에서의 우리말 특징은 앞서 말한 대로 상대 중심의 상황 의존형이라는 점이다. 대화 장면(담화)에서는 시간과 장소, 주변 환경이나 분위기, 화자와 청자 간의 친소관계, 당시의 화제, 당사자들의 견해나 기분 등등이 전제되어야 한다. 따라서 대화 내용(문장)을 정확히 파악하기 위해서는 이 같은 제반 상황이 충분히 고려되어야 한다. 서술어가 큰 비중을 차지하는, 우리말의 어순도 우리 고유의 생활양식이나 사고방식이 반영된 결과일 것이다.

장면(상황) 및 상대 중심의 담화에서는 문장의 주요 성분이 되는 주어나 목적어가 생략될 수 있다. '주객(主客)'이 모두 빠지는 상황에서도 동사나 형용사의 서술어만으로도 의사전달이 가능한 것이다. 이는 마주한 상대방을 중심으로 대화가 진행되기에 당사자가 얼굴을 서로 맞댄 상태에서 '나'나 '너, 당신' 따위의 인칭 대명사의 필요를 느끼지 못할 수도 있다.

상대 중심의 언어에서 특징적인 현상은 상대가 누구냐에 따라 존비법(尊卑法)이 달라진다는 점이다. 우리말을 '동방예의지국의 언어'라 할 만큼 상대에 따른 존대법이 발달한 언어도 드물 것이다. 그러나 예절 바른 언어라는 칭찬은 좋지만 표현상에서의 이런 격식 차리기가 한국어 학습을 어렵게 하는 요인이 되는 것 또한 사실이다.

"안녕> 안녕하세요.> 안녕하십니까."

" 앉아> 앉아라.> 앉아요.> 앉으세요.> 앉으십시오> 좌정하십시오."

영어의 "How are you"나 "Good morning", 혹은 "Sit down"에 해당하는, 우리말은 이처럼 몇 단계를 밟아야 한다. 영어라면 본 말에다 'Please'나 'Sir' 정도만 추가하면 족할 터이다. 그러나 동방예의지국 언어는 상대의 연령이나 지위 서열에 따라 상기 어형 중에서 적절한 것 하나를 선택하여야 한다. 한국인의 서열 의식이 언어 표현에 반영된 결과라 할 수 있다.

말을 높이는 방법도 주체 존대, 객체 존대에서 상대 존대에 이르기까지 매우 복잡하다. 나아가 압존법(壓尊法)이란 존대법도 존재한다. 높이려는 대상보다 더 높은 대상 앞에서 억지로 존대를 자제하는 어법인 것이다. 이를테면 손자가 할아버지 앞에서 자신의 아버지를 언급할 때 쓰이는 말투다. 과거 대가족제도의 가정에서 아랫사람이 윗사람에게 제대로 된 존대법 쓰기를 어렵게 하는 요인이기도 했다.

문장도 그렇지만 존비(尊卑)에 따라 어휘의 선택도 달라져야 한다. 식사도 보통 '밥'이라 하지만 손위 사람 앞에서는 '식사'나 '진지'가 되어야 하고, 그 옛날 임금님이 드신다면 '수라'로 격상된다. 또 돌아가신 분이 드신다면 '메'라고 불러 주어야 하니, 메는 제사 때 신위(神位) 앞에 올리는 밥을 지칭하는 옛말이다.

상황 중심이라면 앞서 말한 대로 장소나 시간, 당사자 간의 친소 관계 및 당시의 분위기 등 여러 요소가 고려된다. 공식적으로 엄숙한 자리이거나 이와 반대로 술자리와 같은 정분을 나누는 자리라면 여기에 맞추어 대화 당사자들의 표현 양상이 달라진다. 평소 대화에서 공사(公私)를 잘 구분하지 못하여 실언이나 망발로 인해 낭패를 보기도 한다. 한국인들이 글로는 자신의 의사를 잘 표현하면서도 말로 하라면 잘 못하는 이유가 바로 여기에 있다.

주관적 간접화법

우리의 담화에서 또 하나의 특징은 직설법보다는 간접화법, 또는 완곡어법을 자주 사용한다는 점이다. 상대에게 질문을 던지거나 무슨 일을 부탁할 때 주로 쓰이는 화법이다. 대개는 하고 싶은 부탁과는 상관없는 말부터 한참 늘어놓은 뒤에 자리를 뜰 무렵에야 비로소 본론을 꺼내놓는다. 먼저 용건부터 밝히는 서구인들의 대화 관습과는 분명한 차이가 있다. 서구어가 논리적·객관적인데 반해 우리말은 우회적·주관적이라 규정하는 또 다른 이유이기도 하다.

우리말에 쓰이는 시제(時制)도 서구어의 그것처럼 명확하게 드러나지 않는다. 시제라면 과거·현재·미래의 3시제를 말하는데, 우리말에는 그것의 표현이 서구어만큼 분명하지 않다. 이런 점을 두고 한국어는 시제가 없는 언어라 단언하는 이도 있다. 그러나 우리말에는 시제의 표시보다는 시간을 나타내는 어휘와 함께 일의 진행 상태를 나타내는 상(相), 그리고 사실에 대한 화자의 진술 태도를 보이는 서법(敍法) 등으로 이를 보완한다. 우리말이 단순히 '현재-과거-미래'라는 시간상의 흐름보다는 일이 되어가는 양태(樣態)를 중심으로 현실을 인식한다는 것은 시간 그 자체보다는 '일'이나 '사람'을 더 중요시하는 우리 심성의 발로이기도 하다.

형식과 논리성을 추구하는 서구어의 관점으로는 한국어와 같이 불명확한 시제 표현은 수용되기 어려울 것이다. 그러나 상대와 상황(장면)이 중시되는 우리의 대화 현장에서는 오히려 정서적 분위기 조성에 적합할 수 있다. 아울러 문장 성분의 생략은 표현의 간결성과 더불어 대화에서 덤으로 여운을 남길 수도 있다. '여백의 미'라고나 할까, 문어(文語)에서는 이를 "행간(行間)을 읽는다."고 말하기도 한다. 또한 이를 두고 우리말을 '무언(無言)의 언어'라 규정하기도 하고, 좀 더 멋지게 '눈빛과 기침의 언어'라 규정하기도 한다.

완곡어법

"고기는 씹어야 맛이고 말은 해야 맛"인 것처럼 세상사에서 할 말은 하고 살아야 한다. 경쟁 사회에서 무언(無言)의 언어만으로는 남들에게 뒤지지 않을 수 없다. 그러나 할 말은 하되 있는 그대로의 하고픈 말을 다 토해낼 수는 없다. 공동체 사회에서 이웃과의 화합을 염두에 두어야만 한다. 상대를 부정하거나 좋지 않은 상황이라면 '나쁘다, 틀렸다'는 직설적인 표현은 되도록 삼가야 한다. 그래서 속마음은 감춘 채 애써 밝은 낯빛으로 대하고 속내를 드러내기보다는 넌지시 우회하는 화법을 쓰게 된다. 직설적이 아닌, 우회적이고 부드러운 화법(어법)을 완곡어법이라 이름한다.

비근한 예로, 좋은 상황에서 '재미 좋다'는 발언이 나오지 않을 것이라 예감하면서도 "그래, 재미 좋은가?"라고 물어준다. 속으로는 잘못된 만남을 후회하면서도 "그래, 참 반가워."라며 만면에 웃음을 지어준다.

불과 엊그제 만났던 사람도 "오래간만이야."라면서 반겨 주고, 다시는 만나지 않기를 바라면서도 "일간 만나 한잔 하세."라는 인사말을 잊지 않는다. 대화 도중 상대의 의사에 반한 경우라면 '…마는'이라는 말꼬리를 단다든지, '글쎄요…….'라고 하는 편리한 보류형 언사로 상호 충돌을 피하려 한다. 상대의 제의에 대한 부정이나 거절에서 "저도 그렇게 생각합니다마는……."이라든가 "그 말씀도 일리가 있습니다마는……."이란 전주곡은 우리의 화법에서 상식으로 되어 있다.

대화란 마주보는 당사자가 서로 눈길을 맞추며 의견을 교환하는 소통 행위다. 상대와의 사이에서 자신의 주장을 정면으로 내세우는 사회에서는 명실공이 일 대 일의 정상적 대화가 성립한다. 그러나 우리 사회처럼 '나'보다는 '우리'를 앞세우고 신분상의 등급이 문제되는 풍토에서는 필연적으로 대화 형식의 변형이 불가피하다. 직접 맞서기를 피하는 일종의 **간접대화** 같은 형식이다.

전에는 남의 집을 방문할 때 대문 앞에서 **"이리 오너라,** 주인어른 계시냐고 여쭈어라."며 큰 소리로 외치곤 했다. 이런 형식은 방문하는 집의 하인이 제3자로 개입해 있다는 가정 하에 이루어진다. 상대와의 말싸움에서도 이런 형식이 적용된다. 길거리에서 언쟁이 벌어졌을 때 "길을 막고 물어봅시다, 누가 옳은가?"라면서 주변 사람들의 호응을 유도한다. 싸움판에서 자신의 정당성을 제3자인 구경꾼들에게 호소·확인시키려는 대화법의 한 변형인 것이다.

간접대화란 이처럼 상대를 돌려세우거나 제3자를 끌어들이면서 정작자신은 숨어버린다. 이런 대화 형식에는 어느 누구의 잘잘못을 가릴 수도 없으며 타협이란 것도 있을 수가 없다. 그러다 보니 한국인의 대화법에서 애매모호함과 '안개대화'라는 또 하나의 특성이 있다. 안개대화는 본 의도를 명확히 드러내기보다는 모호한 상태로 연막을 치는 듯한 대화법이다. 이런 화법은 자신의 입장이나 주장을 분명히 밝힘으로써 상대와의 관계가 불편해짐을 염려하는 일종의 예방주사라 할 수 있다.

평소 달갑게 여기지 않던 이가 다행히도 어디론가 떠난다고 할 때 우리는 흔히 **시원섭섭하다**고 말한다. 시원섭섭함의 본뜻이 앞의 시원함에 있는지 뒤의 섭섭함에 있는지는 화자 본인만이 알고 있다. 이런 개념의 불투명성이 이웃과의 관계에서 뒤탈을 없애는 방편이 될 것이다. '시큼달콤'이나 '붉으락푸르락'이란 시늉말처럼 그 본뜻은 앞뒤 어느 말에도 없을 수 있고, 양쪽 다 내지는 그 이상의 의미까지 나타낼 수도 있다. 우리 음식에서 비빔밥이 유명하게 된 연유를 알 만한 대목이다.

한 문장 안에서 주요 성분인 주어나 목적어가 빠져도 의미 전달에는 큰 지장이 없는 것처럼 우리말의 불투명성은 이 같은 여건의 소산이다. 수량 표시에서 단수복수가 뒤섞인 채로 쓰이고, 긍정과 부정이 혼용되는 서술문도 모두 이런 의식의 반영이다. 그 결과 나의 마누라가 '**우리 마누라**' (우리들 공동의 마누라?)로 둔갑하고, '어디 갈래?'나 '어디 안 갈래?'란 물음이 둘 다 '가자'는 강한 권유가 된다. 뿐만 아니라 '웃긴다'와 '웃기지도 않는다'는 긍정 및 부정 표현이 웃기고 안 웃기고를 떠나 둘 다 그 사람의 태도가 마땅치 않다는 뜻이니, 참으로 웃기는 일이다.

우리말의 불투명성은 위급한 상황에서 외치는 "**사람 살려!**"라는 외마디 비명에서도 잘 드러난다. 숨이 넘어가는 마지막 순간에서도 '나를 도와 달라 (Help me!)'면서 자신을 내세우는 서양인에 비해, 우리 한국인은 자기는 없고 그저 죽어가는 사람만 있을 뿐이다. 당신이 없으면 나는 영락없이 죽은 목숨이라는, 이런 언어 형태를 두고 한국어는 주어가 없고 주체성이 없다는 평가를 받기도 한다.

우리말의 정확성이나 구체성의 결여는 숫자를 셀 때 확연히 드러난다. 한국인은 '하나, 둘, 셋, 넷' 등과 같은 구체적인 수보다는 '한두 개, 두서너 개, 너더댓 개' 등과 같은 식의 몇 개를 뭉뚱그린 부정수(不定數)로 나타내는데 더 익숙하다. 식사 중 옆 사람에게 밥을 들어줄 때도 '한 숟갈'만 준다고 하면서 실제로 한두 숟갈을 더 들어 준다. 이 때 추가되는 한두 숟갈이 소위 말하는 **덤**이요, 고유의 **정**이라 할 수 있다. 어떤 이는 김소월 시 '산유화'에 나오는 '**저만치**'란 말을 우리의 전통적 수치라고 하면서, 이것이 바로 한국인만의 인정치(人情値)라 말하기도 한다.

3장
우리말과 우리 문화

언어와 문화
한국인의 정서 용어

1. 자연주의 언어
2. 인본주의 언어
3. 감성주의 언어

언어와 문화

한국인이 무심코 내뱉는 일상어 가운데 이런 표현에 대해 한 번쯤 생각해 보자. "아, 시원하다!"면서 맵고도 뜨거운 찌개 국물을 훌훌 들이킬 때, '우리 마누라'라면서 자신의 아내를 태연히 남에게 소개할 때, '좋아 죽겠다'면서 아주 기분 좋은 상태의 말미에 죽음을 덧붙일 때, '미운 정 고운 정'이라 하여 미움도 정인 양 고운 정보다 앞세울 때, 전혀 죽음을 두려워하지 않는 듯 '죽기 아니면 살기'라 하든지 생사(生死)를 '죽살이'라 하여 죽음을 앞세우는 말투 등등.

우리로서는 지극히 자연스러운 표현이 한국 언어문화에 서툰 이방인으로서는 생소하면서도 때로 황당하게 느낄지도 모른다. 어느 정도 우리말을 할 줄 아는 외국인이라도 이런 상황에서는 아무래도 어색하게 받아들여질 것이다. 그런가 하면 우리로서도 쉽게 수용되지 않는 일상적 외래어가 있다. 서구인들이 상투적으로 쓰는 '사랑한다, 행복하다, 고맙다'는 말도 그런 범주에 속한다. '아이 러브 유, 아엠 해피, 댕큐'는 영어권에서는 하루에도 몇 번씩이나 들을 수 있는 말이다. 이런 서양풍 인사말에 우리가 익숙해진 것은 극히 최근의 일이다. 얼마 전까지만 해도 우리의 전통적 정서로는 이런 표현이 쉽사리 받아들여지지 않았다.

'사랑'이란 말의 본뜻은 무엇이며, 언제부터 이처럼 널리 쓰이게 되었는가? 우리말에서 **사랑**이나 **행복**은 불과 얼마 전까지만 해도 '타령' 수준의 노래 가사에서나 들을 수 있는, 우리의 고유 정서에는 맞지 않는, 일종의 금기어였다. 다시 말하면 밖으로 내뱉는 말이 아니라 은근한 눈빛이나 흐뭇한 표정으로 대신할 수 있는 무언의 언어였다.

'고맙다, 감사하다'는 답례 역시 이와 다르지 않다. 은혜를 입었을 때 실지 고마움을 느끼지 않아서가 아니다. 고맙다는 말을 직접 내뱉음으로써 마음속에 있는 고마운 마음이 반감되지 않을까 하는 우려에서다. 뿐만 아니라 상대방 역시 고맙다는 말을 들으면 괜히 어색한 기분을 느낄 것만 같다. 그래서 우리는 감사의 표시로 '고맙다.'는 인사말 하기를 꺼리는 것이다. 고마워서 이 뜻을 말로 표현하면 그 고마운 마음이 달아날 것이라 생각한다. 이런 관계는 고도로 순화된 정적인 인간 사이에서만 가능한 일이다. 부모님 앞에서나 절친한 친구 사이라면 더더욱 그럴 것이다.

오늘날 사회 모든 분야에서 '문화'라는 용어가 쓰이지 않는 데가 없을 정도로 우리는 '문화의 시대'를 살고 있다. **문화**(文化, culture)란 말은 본래 경작·개발의 의미에서 훈련이나 연습·수양·교양 등으로 그 의미 영역이 확장되었다. 이 용어는 17세기 문화의 개념으로 정착되고, 19세기 말 일본이 서양 문물을 받아들이는 과정에서 'culture'를 문화(文化)란 한자말로 번역하였다. 신조어 '文化'는 일찍이 중국 문헌에서 文治 **教化**, 곧 형벌이나 위력에 의하지 않고 백성을 교화시킨다는 뜻으로 쓰였던 말이다. 일본에서는 셰익스피어의 희곡을 번역하는 과정에서 '경작(耕作)하다'란 영어의 'culture'를 文明開化로 해석하고, 이를 文化로 줄여 쓴 것이 기원이 된 것이다.

앞서 언어는 문화란 큰 범주에서 제 일위적 요소라 하였다. 한국문화는 오직 한 가지, 곧 단일(單一)이란 특수성이 전제되어야 한다. 그 중에서도 단일 언어를 사용한다는 사실이 무엇보다 중요하다. 우리말과 우리 문화의 관계에 대해서는 우리의「국어기본법」(2005. 1. 27.) 제1조에서도 분명히 밝히고 있다.

> "국어는 민족 제1의 문화유산이며, 문화 창조의 원동력임을 깊이 인식하여, 국어 발전을 도모해 민족문화의 정체성을 확립하고 국어를 잘 보존한다."

한국인의 정서용어

언어가 민족 제1의 문화유산인 만큼 지구촌 여러 언어를 비교·분석해 봄으로써 그 나라 그 민족의 고유문화를 더 깊게 이해할 수 있다. 모든 민족어에는 그 민족에게 유난히 민감하게 와 닿는 '정서용어'라는 게 있다. 그렇다면 한국인의 정서용어는 어떤 것일까? 한 조사에 따르면 **"고향, 꿈, 달, 눈물, 보리밭, 길"** 등을 한국을 대표하는 정서용어로 들었다.

유목민들에서의 '고향, 보리밭 길'이나, 태양을 섬기며 낙천적인 민족에서의 '달, 눈물' 따위는 결코 그들의 정서용어가 되지 못한다. 그러나 고향이나 보리밭, 길 같은 어휘는 우리가 농경·정착 민족이어서, 그리고 꿈이나 달, 눈물 등은 우리가 겪어 온 고난의 삶에서 비롯된 어휘들이다. 말하자면 현실의 고통에서 벗어나 이상향을 꿈꾸는 심성의 발로라 할 수 있다.

한국인에 있어 이들은 지시적 의미 이상의 개념적 외연, 이를테면 아련한 정감이 유발되고 가슴 한 구석에 여운이 남는 연상적 의미가 강하다. 정서용어에서 사실 전달을 하고 남은 여분의 정서 분량은 바로 그 민족, 그 나라의 무형의 문화재로 남는다. 또 다른 설문조사에서는 한국을 상징하는 정서용어로 다음과 같은 어휘를 들었다.

"서울, 한글, 온돌, 한강, 된장, 고추장, 김치, 한복, 태극기, 아리랑, 불고기, 태권도, 경복궁, 광화문, ……."

이들은 모두 우리의 삶과 밀접한 의·식·주의 생활용어로부터 고유문화재에 이르기까지 한국문화를 대변하는 어휘들이다. 이들은 어떤 외국어로도 번역될 수 없는, 고유명사나 고유명사에 가까운 명사다. 또 다른 조사에서 한국인이 생각하는 가장 아름다운 우리말로 다음과 같은 10여 개의 낱말을 들었다.

"사랑, 미리내, 우리, 서로, 엄마·어머니, 행복, 기쁨, 아름답다, 예쁘다, 시나브로, 가람, 하늘, 누리, 다솜, 가족, ……."

이런 어휘 말고도 언어 전체로 본 한국문화의 특성을 말할 수 있다. '한국인의 삶과 문화의 특성'이란 제하의 한 연구를 소개한다. 여기서는 한국어의 주된 특징으로 '가정 중심'과 '상대 중심'을 전제하고 다음과 같은 세부 사항을 열거하였다.

"한국인은 조상을 숭상하고 혈연과 이웃을 중시한다. 반면 여성에게 제약이 많고, 지나치게 체면과 격식을 따르는 경향이 있다. 이어 한국인의 인간관에 대해서는, 이성적인 면에서 말(언어)과 경험을 중시하고, 겸양과 자기 성찰, 건전한 생활 자세를 소중히 여기며, 인간의 한계성을 깨닫는 인간상을 강조한다. 감성적인 면에서는 자식을 소중히 여기며, 허세를 부리며, 현실 이익을 중시하고, 칭찬 받기를 좋아하며, 아는 사람이나 이웃을 불신하는 등등의 부정적인 특성도 아울러 지적한다."

앞 장에서 한국어는 그것이 '가장 한국적'라는 전제 하에 우리말의 아름다움을 운위하였다. 그러면서 소리 부분과 형태·어휘 부분, 그리고 문장 및 담화 부분으로 나누어 구체적인 특성에 대하여 언급하였다. 언어 전반에서 한국적이라면 구체적으로 어떤 특징을 말하는가? 여기 대해서 필자는 우리를 '한국인이게'하는 우리말 특성을 크게 세 요소로 나누어 살피고자 한다.

한국어의 속성 첫째 요소는 언어 자체가 자연에 순응하는 자세에서 얻는 진정한 자유인으로서의 **자연주의 언어**라는 점이다. 자연주의는 우리말이 농경사회를 기반으로 생성되어 농경문화가 그 기반을 이루기 때문이다. 두 번째 요소는 무엇보다 인간과 인정을 중시하고 소중히 여기는 인간중심의 **인본주의 언어**라는 것이다. 마지막으로는 우리 언어가 이성이나 논리보다는 느낌이나 감각 위주의 **감성주의 언어**라는 점이다. 한국어가 이 같은 속성을 지니게 된 것은 고유의 민족성과 함께 오랜 농경생활 이외에도 무속(巫俗)이라는 원시 종교의 영향이나, 외세의 침입이나 가난으로 말미암은 고난의 역사 등이 영향을 끼쳤으리라 짐작된다.

1 자연주의 언어

자연(自然)과 자유(自由)
― 대자연 속에 지은 집과 길

예로부터 우리 조상들은 공맹(孔孟)의 도(道)를 숭상하면서도 실생
활에서는 오히려 노자(老子) 풍을 따르고자 하였다. 자연의 섭리는 인
간의 힘으로는 어쩔 수 없다고 여겨 인위(人爲)나 인공(人工)보다는
'있는 그대로'의 자연주의적 방식을 취하였다. 서구인들이 자연에 도전
하고 개척하려 했다면 동양인, 특히 한국인들은 자연에 순응하고 자연
과의 조화를 꾀하려 한 것이다. 다시 말하면 우리 민족은 자연과의 조화
를 이상으로 삼은 자연주의자요, 주어진 운명을 기꺼이 수용하는 과정
에서 자유를 얻게 된 자유주의자라라 할 수 있다.

이 같은 삶의 태도나 방식은 오랜 세월 농경생활에서 체득한 경험이
밑받침이 되었다. 자연과 함께 호흡하는 농경생활은 자연스럽게 언어
형성 과정에도 영향을 주었다. 여기서 자연과 자유란 두 말의 관계에
대해서 생각해 본다. 자연(自然)은 말 그대로 '스스로 그러하다.'는 뜻
이요, 자유(自由)는 '스스로 말미암다.'는 뜻이다. 그리고 보면 이 둘은
본질적으로 통한다고 할 수 있다.

다만 이를 수용하고 인식하는 과정에서 동서양의 차이가 생겨날 수
있다. 서구인들은 자유에서 구속(법칙)을 끌어내고, 개체에서 전체를 보
며, 혼돈 속에서 질서를 찾아내려 한다. 이에 반해 동양인, 특히 한국인

들은 법칙에서 자유를 누리고, 전체에서 개체를 보며, 격식에서 파격을 희구했다고 여겨진다. 이런 연유로 우리 한 사람 한 사람 내부에 잠재되어 있는 심성의 저변과 삶의 멋을 찾아내는 일은 한국인의 자연관과 함께 자유의식(自由意識)을 확인하는 일이다.

짓는 일과 삶

인간의 삶은 자연 공간에서 유용(有用)한 그 무엇인가를 찾아 **짓는** 일에서 시작된다. 짓는 일은 살아 움직이는 인간의 삶 그 자체다. 곧 짓는 일은 살아가는 일이요 산다는 것은 곧 짓는 일이다. '짓다'에 해당하는 한자 '作'도 사람[人]이 잠시[乍]도 쉬지 않고 무엇인가를 만들어내는 행위를 나타낸다. 인간은 살아갈 집[家]만 짓는 게 아니라 먹을 밥도 짓고 입을 옷도 짓는다고 한다. 뿐만 아니라 농사도 짓고, 글도 짓고, 웃음과 미소까지 짓는다고 말한다. 의식주(衣食住) 전반을 망라하는, 인간사에서 모든 생산·창조 활동이 '짓다[作]'라는 말 한 마디에 집약되고 있음을 본다.

부부(夫婦)의 고유어 **지아비, 지어미**는 바로 창작의 주체를 일컬음이다. 동사 어간 '짓-'은 '-질'과 함께 접미어로도 전용(轉用)된다. '망치질, 쟁기질, 몸짓, 손짓' 등에서 보는 접미어 '-질/짓'은 행위나 직업, 내지는 습관적 행동을 나타낸다. 생활의 근거지가 되는 **집**도 동사 '짓-[作]'에서 파생된 명사로 '지은 것'이라는 말의 변형이다. 집의 어원을 보면 모든 것을 짜 맞추고 지어내는 창조와 생산의 중심으로서의 집의 근원적 의미가 파악된다.

생활의 필요에 의해 새로운 낱말이 만들어지고, 만들어진 말은 그 사람들이 살아가는 모습, 곧 모든 생활상을 반영한다. 의식주 세 가지 기본 생활 요소에 어떤 의미와 가치가 부여되어 있는지에 대해서는 민족마다 각기 다르다. 이런 차이점은 해당 민족의 의식 구조와 밀접하게 관련되어 있다. 의식주에 관한 지구촌 사람들의 가치 체계를 견주어 보면 한국문화의 색다른 특성을 발견하게 된다.

예전에는 며느리를 맞을 때 그 처자가 누에를 몇 해 길러보았는지 하는 양잠 경험이 혼인의 조건이 되는 시기가 있었다. 누에를 다루는 기술의 숙련도를 보려는 게 아니라 누에를 기르면서 몸에 익힌 조심성이나 세심함을 미루어 평가 기준으로 삼은 것이다. 그러기에 누에를 길러보지 못한 부잣집에서는 시집갈 딸에게 누에를 기르게 하는 일종의 과외수업이 하나의 관습이 되어 있었다.

양잠뿐만이 아니다. 우리 조상들은 먹는 한 톨의 쌀알이나, 몸에 걸치는 한 오라기의 실까지 하늘의 뜻에 따르지 않은 것이 없었다. 그 한 톨의 쌀알과 한 가닥 실오라기에 들인 정성과 노력은 요즘 사람들은 상상도 하지 못한다. 오늘날 기계에서 대량으로 쏟아져 나오는 섬유류, 화학 작용으로 뽑아낸 옷감들에 휩싸여 사는 현대인들의 옷에 대한 집념과는 비교도 되지 않는다.

헤어진 옷을 기워 입고 기운 자리가 헤어지면 다시 깁고, 그래서 아주 헤어져 입지 못할 지경에 이르면 이를 깨끗이 빨아 다른 쓸모를 찾았던 것은 우리가 반드시 가난해서만은 아니었다. 지금도 쓰레기통에 마구 버린, 먹다 남은 흰 쌀밥을 보면 어르신들은 '죄 받을 짓'이라며 분개해한다. 이런 정신이 한국인을 한국인답게 만든 의식의 저변이 아닌가 한다.

초가집과 온돌

예로부터 한국인의 전통적 가옥 형태는 **초가**의 **오두막집**이었다. 초가(草家)란 지붕을 인 재료를 지칭한 말이요, 오두막이란 집의 외형에서 따온 말이다. 지난 세월 우리 조상들이 살아온 초가 오두막이야말로 욕심이라고는 찾아볼 수가 없는, 소박하기 이를 데 없는 자연 그대로의 집이다. 사람 사는 집도 자연의 일부로서 또 하나의 자연으로 보았기에 웅장한 서양인의 돌집은 우리에게는 맞지 않았다.

자연을 닮은 초가 오두막은 지금도 우리의 향수가 머무는 집이다. 고대광실에서 나고 생애 대부분을 타국에서 살았더라도 아무 상관이 없다. 누구나 한국인이라면 고향 오두막집에 대한 향수에는 변함이 없다. 사람 키 남짓하면서, 그나마도 지붕이 아름드리 박에 짓눌려 더욱 낮아 보여도 초가집은 우리의 영원한 정신적인 안식처다. 우리의 의식으로는 먹는 일은 활동하는 데 필요한 식이적(食餌的)인 것 이상의 뜻은 부여하지 않았다. 마찬가지로 사는 집은 비나 이슬을 가리고 들어가 잠을 잘 수 있는 공간이면 족하다고 여겼다. 그래서 우리의 집은 그다지 크고 높을 필요가 없었던 것이다.

우리의 전통 초가는 방 한 칸과 마루 한 칸, 부엌 한 칸으로 세 칸이 기준이다. 방 한 칸과 마루 한 칸은 각각 누워 자는 공간과 앉아 일하는 공간으로 구분되나 양쪽 다 앉음을 위주로 한다. 온돌과 마룻바닥은 우리의 집이 앉음의 자리임을 말해 준다.

비록 세 칸짜리 초가집일지라도 우리네 고향 집은 그 경계를 나타내는 **울**이나 **담**이 쳐져 있었다. 오두막집과 함께 울타리 역시 고향에의 향수를 불러일으키는 또 하나의 요소다. 고향 생각, 고향 이야기에 빠질 수 없는 것도 울과 담에 관련된 추억들이다. 울타리 안이라면 울안이요,

울타리 밑이라면 울밑이다. 울타리를 만드는 데 쓰이는 바자는 울바자요, 섶나무를 쓰면 울섶이 된다. 또한 울대라면 울타리를 만드는 데 쓰이는 기둥 같은 대를 말하고, 울띠라면 울타리 안팎에 가로대고 잡아맨 나무다.

울, 울타리는 풀이나 나무와 같은 자연지물을 이용하여 경계를 삼는 반면 담, 담장은 흙이나 돌, 또는 벽돌 따위의 인공물을 높이 쌓아 만든다. 그러므로 초가삼간 오두막집에는 인위적인 담보다는 자연 그대로의 울이 더 잘 어울린다. 싸리나무도 좋고 탱자나무도 좋다. 본래 모습 그대로 자연스럽게 둘러쳐진 담을 일러 **산울타리**라 한다. 설사 흙이나 돌로 쌓은 담이라 해도 그 위에 참박이나 호박 넝쿨이 꾸불꾸불 길게 늘어진다. 가을이면 탐스런 박이 주렁주렁 달리는, 그런 모습이 바로 우리가 꿈속에서도 그리는 고향 마을, 고향집의 풍경이다.

한국인 가옥의 방은 예나 지금이나 **온돌방**이다. 아궁이에 불을 때어 화기가 방 밑을 통하여 방을 덥게 하는 난방 방식을 온돌이라 한다. 난방 중에서 우리의 온돌만큼 자연스러운 방식도 없을 것이다. 이런 난방법은 일찍이 한반도와 옛 고조선 및 고구려의 북방 영토에서 시작되었다고 한다. 최근 영국에서 주택의 난방 장치로 우리의 온돌 방식이 채택되었다 하여 화제가 되었다. 한국을 상징하는 온돌의 효율성을 선진국에서도 인정하게 된 것이다.

'온돌'이란 말은 방바닥을 '온통 돌[全石]'로 깐다는 데서 유래한다. 온돌은 '방구들'과도 같은 말로서 구들은 방고래 위에 깔아 방바닥을 만드는 얇고 납작한 돌이다. 따라서 구들이나 온돌은 돌을 지칭하는 것으로 그 자체로 방을 지칭하는 것은 아니다. 온돌을 한자어로 생각하여 우리말 사전에는 溫突, 혹은 溫堗로 적고 있다. 그러나 이는 고유어를 어형 그대로 적은 차음 표기에 지나지 않는다.

온돌방에는 **아랫목**이라는 최고의 상석이 있다. 아랫목은 벽에 갓[笠]이 걸리는 그 아래 방바닥으로, 부엌 아궁이에서 가장 가까운 곳이다. 이 지점은 방에서 가장 따뜻하다는 물리적 공간 이상의 또 다른 의미가 있다. 온 가족이 모이면 아랫목을 중심으로 서열 별로 앉게 된다. 아랫목의 따스함은 그대로 가족 간의 훈훈한 정으로 이어진다.

그러나 어른이 안 계실 적이면 그런 서열은 무시된다. 동기간이 모이면 반원형으로 둘러 앉아 이곳에 깔아놓은 요 밑에 발을 묻은 채 오손도손 이야기꽃을 피운다. 아랫목은 가족들을 추운 바깥 날씨로부터 따뜻하게 품어주는 공간이면서, 어지럽고 험난한 바깥세상으로부터 '우리'라는 가족을 지켜주는 정신적 요람이다.

오솔길의 자연성

지금도 한적한 시골이나 산골에 가면 정겨운 **오솔길**을 만난다. 오솔길은 저절로 생긴 '외줄기 좁은 길(외[單]+솔-[細]+길[道])'이다. 자연스럽게 만들어지는 것이 도로요, 그것이 보기에 '길게[長]' 이어져 있기에 '길'이라 부른다. 사람 사는 곳이라면 어디든 뻗어 있는 길은 '스스로 그러하다'는 자연(自然) 그대로의 본 모습이다. 저절로 생긴 길, 특히 전통적인 오솔길에서 우리는 한국인의 멋과 미의식을 발견한다.

길은 인류 문명의 상징물로서 인간 사회의 교류나 교통을 위한 인위적 통로다. 그런데 우리 민족은 길이란 인위적으로 뚫는 게 아니라는 인식을 가졌던 것 같다. 우리말 표현에 집이나 옷, 음식 같은 의식주 전반에 걸쳐 '짓는다'고 하면서 유독 길만은 '짓다' 대신 뚫거나 낸다고 표현한다. 그리고 보면 길은 억지로 만드는 게 아니라 저절로 만들어진다고 생각한 것이다.

한국의 길이 지금처럼 넓고 곧게 뚫리기 시작한 것은 일제 때 대륙 침공을 위한 신작로(新作路) 건설에서 비롯되었던 것 같다. 해방 후 조국 근대화의 기치 아래 경부선을 선두로 여러 고속도로의 건설이 뒤따르게 되었다. 물론 신작로나 고속도로를 우리의 전통적인 오솔길에 비교할 수는 없다. 그러나 자연스러운 멋이나 한가로운 운치로는 고유의 오솔길에는 결코 미치지 못한다.

멋이란 말은 인위적인 면보다는 본래의 자연스러움에서 찾아진다. 음식의 맛[味]에서 유래한 이 말은 지금은 말 그대로 '제멋대로' 쓰이는 말이 되고 말았다. 그러나 '제멋'이라고 하면 어떠한 규격이나 양식에 구애 받지 않는다는 뜻이다. 곧 자유롭고 자연스러운 가운데, 그러나 약간의 파격(破格)이 가해질 때 이를 **제멋**이라 이른다. 길은 어디서나 막힘없이 통하듯 '제멋대로'란 말은 '자연 그대로'란 말과 통할 수 있다.

"하던 짓도 멍석 깔아놓으면 하지 않는다."는 우리말 속언이 있다. 무슨 일이든 스스로 하고 싶어야지 남이 시키면 하려던 일도 그만두고 만다. 자율과 자유가 그만큼 중요하다는 뜻으로 '제멋'의 본의를 강조한 말로 해석된다. 이런 우리 민족의 기질을 알지 못하면 어느 누구도 한국인을 다스릴 수 없다. 요는 '제멋에 겨워야' 하는데, 여기서 말하는 제멋은 가슴 밑바닥에 잠재해 있는 '신'이나 '흥'일 수도 있다. **신**이나 **신명**이 난다는 건 공리적 계산이나 타인의 간섭으로부터 자유로운 상태를 말한다. 이것이 바로 자기 안에서 우러나오는 흥이며, 타인의 간섭이나 힘에 의존하지 않는 자발적 행위다. 우리는 신바람이 나거나 신명만 있으면 아무리 어려운 일도 댓바람에 해치우고 만다. 신이나 흥이야말로 '스스로[自] 말미암는[由]' 자유, 바로 그것이다.

세모시 옥색 치마

우리가 입는 옷, 한복도 자연스런 아름다움이 있다. 한국인의 의상은 한반도의 기후와 풍토에 맞게 북방의 폐쇄성과 남방의 개방성을 적절히 절충한, 우리만의 독특한 옷이다. 우리 옷의 멋은 그야말로 꾸며진 멋이 아니라 흙 속에 저 바람 속에서 자연스럽게 우러난 멋인 것이다.

우리 가곡 '그네'의 '세모시 옥색 치마에 금박 물린 댕기'로 치장한 여인이 그네 타는 모습은 우리 옷의 아름다움을 대변한다. 모시란 말은 한자말 목사(木絲)의 변형이다. 모시 중에도 '세(細)모시[細苧]'는 특별히 올이 가늘고 고운 품종이다. 옛 문헌에도 세모시의 가늘기가 매미 날개 같고, 수놓은 꽃무늬의 꽃이 마치 살아 있는 것 같다고 묘사하였다.

여름철에 입는 모시는 다른 섬유에 비해 살갗에 들러붙지 않아 송송 가는 구멍마다 솔솔 바람이 드나든다. 모시옷을 입으면 어지간히 미운 체형이라도 옷매무새가 그것을 가려주고, 또 육선이 어렴풋이 드러나기에 어느 정도의 노출미도 충족시켜 준다. '홑 모시 치마 장(場) 나들이'란 옛말은 바람난 여인을 빗대는 표현이고, "홑 모시 첨지 동네 샘가에 나타나듯"한다면 놀라 도망가는 모습을 빗대는 말이다. 우리가 섬유 옷을 입기 시작한 것은 고려 때 문익점이 중국에서 목화씨를 들여온 이후부터였다. 이 땅에 목화(木花)가 들어옴으로 해서 무명(木綿)이나 모시(木絲)는 물론 베(布), 실(絲), 물레, 씨아, 베틀 따위의 섬유와 방적(紡績) 관련 용어가 등장하게 되었다.

실이란 말은 중국 한자음 '시'로 읽히는 사(絲)와 계통상 관련이 있으며, 중국산 비단 역시 본래 '실'이었다고 한다. '실'이란 용어가 서양으로 전해져 '실크(silk)'란 영어의 기원이 되었다는 설도 제기된 바 있다.

그 옛날 '비단길', 실크로드(silk-road)를 통하여 비단은 물론 그 이름도 함께 전해졌으리라 짐작된다.

실과 베는 원산지의 명칭이라 해도 물레와 씨아만은 우리 고유어라 생각된다. 한자말 방차(紡車)에 해당하는 **물레**는 솜뭉치에 실을 자아내는 연장을 지칭한다. 물레는 가래, 고무래, 굴레, 얼레 등의 연장 명칭과 함께 '-에/애' 접미어를 취한다. '실을 잦다'는 의미로 '무르다/물르다'라는 동사가 있어서 여기에 '-레' 접미어 연결로 생긴 말이라 짐작된다.

한복 일습은 저고리와 바지로 짝을 맞추고 머리에는 갓을, 발에는 신을 맞춰 신는다. 바지란 말은 본래 남녀 혼용으로 사용되었으나 어느 시기에 남성용과 여성용으로 나뉘게 된다. 남성용 바지는 만주족을 비롯한 북방 민족[胡服系]의 그것처럼 가랑이를 달아 아랫도리에 입게 한 것인데 거기에도 형태나 용도에 따라 몇 갈래 유형으로 분류된다.

본시 이동 민족은 여름에는 더위를 피해 시원한 곳으로 옮겨버리면 그만이지만 한 지역에 정착한 민족은 그럴 수가 없다. 우리 민족은 어쩔 수 없이 제 자리에서 더위를 이겨내야만 했다. 그 결과 바람의 소통을 원활히 하는 통풍 구조에 신경을 쓰게 되었다. 이를테면 옷과 피부 사이에 느슨하게 여유를 두는 구조라든지, 갓이나 망건처럼 매미 날개와도 같은 모자를 만들어 쓰는 것도 모두 통풍을 염두에 둔 것이었다.

피서에는 의관만이 아니라 각종 도구도 이용하게 된다. 발[簾]이나 부채 같은 기구와 대[竹]로 얽은 조끼라 할 수 있는 땀받이가 그것이다. 또는 등(藤) 갈기로 얽은 등토시를 팔에 끼워 옷 옥의 통풍 층을 물리적으로 보장해 주려 한다. 이 중에서도 밤에 죽부인이라 일컫는 '바람각시'를 안고 잔다는 것이 그 무엇보다 기발하다. 시원한 바람을 안고 잔다는 사실만으로도 철학적이지만 죽부인이라는 그 이름마저도 과히 시적이라 할 수 있다.

자연에의 관조

농경문화의 언어

한국어의 본바탕은 한민족이 한반도에 정착한 이후의 농경생활에서 형성되었다. 농경시대라면 수렵기가 끝나는 기원 전 5천여 년부터 중세 봉건시대를 거쳐 산업화로 접어드는 시기다. 우리나라로 말하면 삼국 초에서 고려·조선 왕조를 거쳐 서구의 영향을 받게 되는 최근세까지가 여기 해당된다. 이 시기에 우리말의 기반이 형성된 만큼 한국어의 특성은 농경문화가 갖는 일반적 특성에서 찾아야 한다.

농경문화의 일반적 특성은 자연에 대한 순응과 조화라는 관점에서 찾아진다. 안정된 정착생활에서 오는 이같은 속성은 언어 면에서도 그대로 반영된다. 농경문화의 언어적 특징은 우선 입으로 말하는 음성언어보다 온몸으로 말하는 '비음성 언어'에 익숙하다는 점이다. **비음성 언어**를 '제3의 언어'라고도 말한다. 이는 의사 표현에 동원되는 얼굴 표정이나 눈짓, 손짓과 같은 몸짓에서 기침을 위시한 혀차기, 재치기, 입맛다심과 같은 생리적 물림음까지 포함된다. 게다가 아무 말도 하지 않는 침묵까지 의사표현의 수단으로 볼 수도 있다.

그런데 비언어적인 데서 굳이 말을 해야 할 필요가 있을 때는 직설적 표현보다는 부드러운 **간접화법**이나 **완곡어법**을 택하려 한다. 우회화법이라고도 하는, 간접화법은 전통적인 대가족제도 아래서 유용하게 쓰였다. 곧 가족 상호간 법도와 예절을 중시하고, 공동생활에서의 질서나 이웃과의 화합을 깨뜨리지 않기 위한 적절한 화법이었다. 다만 이런 몸짓언어나 완곡 표현법은 공동체의 화합에는 기여하였으나 이에 수반하는 부정적인 측면도 무시될 수는 없다. 늘 우리말의 단점으로 지적받는, 표현상에서 논리성의 부족이나 개념의 한계가 불분명하다는 점, 이에 따른 의사전달의 부정확성 등이 바로 그것이다.

무언(無言)의 언어

"웅변은 은이요, 침묵은 금이다."라는 서양 속담은 오히려 한국인에게 더 잘 어울린다. "한국인은 기침으로 백 가지 말을 할 줄 안다."는 서양 선교사의 지적 역시 이와 맥을 같이 한다. 예로부터 '점잖다, 무게 있다, 의젓하다'는 인물평은 평소 과묵한 사람에게 붙여주는 찬사다. 그런가 하면 유창하게 말 잘 하는 사람에게는 '약장수 같다'면서 '-꾼'으로 격하시킨다. 우리의 전통적인 선비상은 언제 보아도 입을 굳게 다문 채 어쩌다 잔기침이나 수염을 쓰다듬는 정도의 자기 표현이 고작이었다.

한국인에게는 수염 쓰다듬기나 콧등 만지기도 웬만한 자기 표현법으로 치부된다. 이런 간접 표현은 난처한 입장에 처하거나 직접 개입하기를 꺼려할 때 취할 수 있는 방편이다. 일종의 자제력 발휘라 할 수 있는, 이런 표현법은 무관심·무개입이란 간접 의사 표시로써 공동체의 화합을 위한 적절한 수단이 되기도 한다.

어떤 외국인은 "한국사회는 비언어적 신체 메시지로 통할 수 있는, 아주 친숙한 소집단에서 살고 있다. 이에 반해 서구사회는 언어 메시지를 통하지 않고는 살아날 수 없는, 미지의 대집단에 살고 있다."고 말한다. 참으로 우리는 자기 의사를 현명하게 은폐할 줄 아는 재주를 가진 민족이다. '왜 사느냐'고 묻는다면 그저 웃음만 지어 보여도 괜찮은 대화가 성립된다. 대꾸하기 싫을 땐 못 들은 척한다든지, 아니면 화제를 바꾸거나 애매한 답변으로 얼버무리는 방법도 있다.

그런가 하면 따스한 눈빛이나 화사한 낯빛으로도 멋진 교제가 이루어진다. 분위기에 따라서 이 같은 제3의 언어가 음성언어보다 더 효과적이다. 물론 기침이나 입맛 다심, 혀 차기와 같은 생리적 물림음도 심심찮게 동원된다. 일종의 습관음이라 할 수 있는, 이런 물림음은 대가족 제도 하의 가정에서는 더 큰 효력을 발휘한다.

자신의 속내를 드러내는 경우라면 말보다는 신체 접촉을 동반한 몸짓 언어가 단연 효과적이다. 한국인은 어머니 호칭 앞에 굳이 '사랑하는……'이란 수식어를 앞세우지 않는다. 서로 얼싸안고 입을 맞추는, 그런 노골적인 애정 표현은 더더구나 금물이다. 마주선 채 웃음을 짓거나 그냥 울먹이기만 하면 그것으로 충분하다. 촉촉하게 젖은 눈, 머뭇거리는 입술이나 손놀림…, 마치 무언극의 배우처럼 온 몸으로 감정을 전달하는 방법 말이다.

눈치와 낯빛

사람들은 대화하는 상대의 기분이 알고 싶은 때는 당사자의 얼굴에 나타난 표정부터 읽는다. '표정(表情)'이란 느낌이나 기분이 겉으로 드러난 형상, 다시 말해 속마음을 가시화하여 밖으로 내보이거나 겉으로 꾸며 보이는 외형이다. 표정에 해당하는 고유어 **낯빛**은 한자의 뜻으로는 대신할 수 없는 오묘한 속내를 감추고 있다.

"반기시는 낯빛이 예와 어이 다르신고……."는 정송강(鄭松江)의 가사 '속미인곡(續美人曲)'에 나오는 한 구절이다. 한자말인 표정, 또는 안색이 단순히 겉으로 드러난 형태라면 우리말 낯빛은 안으로 숨기려고 할 때 드러나는 모습이다. 말하자면 내색(內色)에 해당하는, 내면의 감정을 일컫는다. '늙은이'라면 낮춤말이 되고 '노인(老人)'이라면 높임말이 되는 한자어 우위의 풍토에서, 낯빛이란 말만은 안색이나 표정에 결코 위축되지 않았다. 이런 현상은 우리가 오랜 세월 특유의 '낯빛' 문화 속에서 살아왔다는 증거이기도 하다.

'노크'가 사생활의 자유를 지키고자 하는 서양인의 예법이라면 **기침**은 이를 대체하는 우리 고유의 비음성 언어라 할 수 있다. 노크가 인위적이고 의도적인 행위임에 반해 기침은 자연적 생리 현상이므로 직접 대면이 이루어진다 해도 서로 무안해 하거나 어색해 할 필요가 없다.

옛말에 "시어머니 센 집의 강아지"라든지, "콩 타작할 때 콩알이 마당에 박히는 정도에 따라 주인에 대한 머슴의 불만을 읽는다."고 한다. 집에서 기르는 강아지가 까닭 없이 캥캥거리면 그 집 며느리의 심기가 불편하다는 신호이며, 콩알이 땅 속에 박히는 정도가 심할수록 그 집 머슴의 불만이 많다는 징조다. 이럴 경우 주인이나 시어머니는 한 가정의 화목을 위해서라도 며느리나 머슴의 심기를 알아차리고 이에 대한 적절한 대응책을 마련해야 한다.

이처럼 직접적이고도 구체적인 의사 표시가 없어도 주인이 머슴의, 시어머니가 며느리의 심사를 헤아리기 위해서는 **눈치**라고 하는, 고도의 통찰력이 필요하다. 눈치란 독심술(讀心術)의 일종으로 타인의 의사나 감정을 알아차리는 힘, 또는 마음속에 품은 생각이 자연히 겉으로 드러난 태도를 말한다. 흔히 하는 '눈치코치 없다.'는 말은 독심술이 부족한 사람을 두고 하는 말이다.

눈치가 빠르면 절간에 가서도 젓갈을 얻어먹을 수 있고, 반면 그것이 무디면 출세에 지장을 초래할 수 있다. 우리의 눈치 빠르기가 도갓집

강아지 수준이 되어가는 동안 화자 역시 또 다른 표정언어나 몸짓언어를 계발하게 된다. 한국인은 눈이나 코가 입보다 더 많은 말을 할 수 있다는, 어느 선교사의 지적은 참으로 날카롭다.

농사일과 자식농사

농작물을 가꾸는 농사일이나 자식을 키우고 가르치는 교육은 본질적으로 통하는 일이다. '교육(教育)'이란 한자말의 고유어 **가르치다**(중세어 'ᄀᆞᄅ치다')는 본래 농사일인 밭갈이에서 비롯되었다. '가르치다'는 '갈다[耕, 磨]'와 '치다[育]'의 복합어, 말 그대로 원시 상태의 밭을 갈거나[耕作], 울퉁불퉁한 돌을 갈거나[錬磨], 가축을 치듯[養育] 정성껏 자식을 키우는 일이다. 가르치는 일, 곧 교육이란 사람으로 하여금 '심전(心田)의 밭을 가는 쟁기질'에 다름 아니다.

농사일이란 황폐한 땅을 파서 부드럽게 흙을 고르고, 거기에 알맞은 간격으로 씨앗을 뿌린다. 움이 돋기를 기다려 북을 돋우고, 거름을 주고 김도 매어 주고…, 이런 일련의 작업 과정이 농사일이다. 지극 정성이 요구되는 이런 농사일은 집안에서 자녀를 키우는 일에도 똑같이 적용된다. 자식을 낳아 기르면서 제대로 잘 자랄 수 있도록 가르치는 가정교육이 바로 그것이다. 농작물을 가꾸는 일이나 자식을 키우는 일이 전혀 다를 바가 없음을 두고 우리 조상들은 이를 **자식농사**라 하였다.

교육이나 수양, 교양, 문화를 뜻하는 말이 모두 이 농사일에 닿아 있음은 동서양이 다르지 않다. 농업을 영어로 'agri-culture'라 한다. 여기서 'curture'는 경작의 의미에만 머물지 않고 인간의 품성을 개발하고 고양시킨다는 수양(修養)이나 교양(教養), 나아가 문화(文化)의 뜻으로 쓰인다. 말하자면 밭을 가는 방식이 바로 세상사 살아가는 방식이자 그것이 바로 인류 문화란 뜻을 담고 있다.

한자말 재배(栽培)에 해당하는 **북돋우다**는 고유어도 역시 농사일에 닿아 있다. 초목의 뿌리를 덮고 있는 흙덩이를 '북'이라 하는데 이를 돋우어[培] 주는 일이 바로 농사일이다. 농작물의 밑동 주변에 있는 흙을 긁어모아 양분이 골고루 퍼질 수 있도록, 또는 바람에 쓰러지지 않도록 잘 지탱해주는 일 말이다. 이런 일련의 일들은 자식이 올바로 성장할 수 있도록 곁에서 뒷바라지해 주고 때로는 힘과 용기를 불어넣는, 인간 교육에서 하는 일과 전혀 다르지 않다.

농사일과 절후 · 명절

우리의 절후(節侯)나 명절도 생활의 기반이 되는 농사일과 맞닿아 있다. 정초의 새해맞이 제례와 세배 풍속, 정월 대보름의 풍년 기원제, 선농제와 풍신제를 거쳐 팔월 한가위의 풍년 감사제, 섣달 그믐의 연종제에 이르기까지 계절 민속은 어느 것 하나 농사일과 연관되지 않는 게 없다.

구전되는 민요 '농가월령가'에는 이런 우리네 농가 풍속도가 잘 그려져 있다. 우리의 절후 명절은 일상의 과격한 노동 사이사이에 행사 날이 끼어 있어 즐기는 일과 휴식이 교묘히 엮어져 생활에 리듬감을 준다. 남도 속어에 행사 날을 **치레**라 하고, 일하는 날을 **누덕**이라 이른다. 치레 날에는 누더기 옷을 벗고 새 버선, 새 짚신으로 치레(성장)를 하고 행사를 즐겼던 것이다.

농사 일정과 맞물려 돌아가는 우리네 명절은 반드시 자신의 뿌리와 일체감을 갖게 하는 제사가 그 중심에 놓인다. 한 해 중 최고의 명절은 단연 음력 정월 초하루 **설**이다. 옛 책력에 의하면 일 년 삼백육십 일은 설에서 시작하여 **설밑**(또는 세밑)으로 마무리 된다고 하였다. 설을 한자어로 '원단(元旦)', 또는 '정초(正初)'라 한다. '설'이란 고유어도 그 본뜻이 처음[初]이자 시작[始]을 뜻하는 '서리/사리'에서 말모음이 탈락된 어형이다. 나이를 세는 '-살[歲]'과는 모음교체형으로 얼마 전까지도 '설/살'이 함께 쓰였다.

예전에는 설에도 '작은설'에 해당하는 **아치설**이 있었다. 중세 문헌에 '아치설' 또는 '아찬 설(아춘 설)'로 적었던, 작은설은 본 설 이전에 맞는 동짓날을 지칭한다. 본래 작은 것을 뜻하는 '아치-'는 동요에서 말하는 '까치의 설'이 아니다. 단순히 음의 유사에서 비롯된 것으로, 아치설은 정월 초하루 큰 설 이전에 맞이하는, 일종의 전야제 성격이었다.

설 하루 전 날 밤, 곧 한 해의 마지막 날 밤을 **세밑**[歲暮]이라 부른다. '세밑'은 원래 '설밑' 또는 '설 아래'였으나 한자말 세모(歲暮)의 영향으로 그와 비슷한 음 세밑으로 정착되었다. 새해를 맞는 준비로써 이 날은 실제로 외양간을 치우고 부뚜막을 손질하며, 밭에 남겨 둔 해묵은 거름을 퍼내는 등 집안 정리에 정성을 다했다. 또한 이웃 어른들께 묵은세배를 드리고, '해 지킴이[守歲]'라 하여 집안 곳곳에 불을 밝혀 첫닭이 울 때까지 밤을 지새우곤 했다.

음력으로 5월 5일을 **수릿날**이라 한다. '수리'는 맨 위, 꼭대기를 뜻하는 고유어로 단오(端午)란 한자말과 같은 뜻이다. 이 날은 태양이 머리 꼭대기로부터 내리쪼여 한 해 중 가장 양기가 왕성한 시기다. 수릿날을 맞아 우리 조상들은 닥쳐올 무더위와 여름 질병에 대비하여 자연의 정기를 가능하면 많이 쪼이고자 하였다. 그 일환으로 쑥과 익모초를 뜯어 약으로 먹기도 하고, 여인들은 창포물에 머리를 감고 그 뿌리를 깎아 비녀를 만들어 꽂았다.

8월 보름은 **한가위**라 하여 설에 버금가는 명절로 삼았다. 한가위의 '가위'는 '가운데'를 뜻하는 말로 한가위라면 한가운데, 곧 계절의 정중앙(正中央)에 있기에 붙여진 명칭이다. 음력으로 7, 8, 9월 석 달을 보통 가을[三秋]로 치는데 그 중 8월이 가운데가 되고, 또 8월 한 달 중에서도 보름(15일)이 날수의 한가운데[仲秋節]가 되는 것이다.

오곡이 영그는 풍성한 계절의 한가운데, 이 날 밤 둥근 보름달이 떠오르고 그 달빛 아래 온 가족이 둥글게 모여 앉는다. 이들은 달떡이라 불리는 송편이나 토란 같은 둥근 모양의 음식을 나눠 먹으며 오순도순 정담을 나누었다. 마을 아낙네들은 한 방에 둘러앉아 두레 길쌈을 삼으면서 돌림노래를 부르고, 남정네들은 한바탕 씨름판을 벌리거나 '쾌지나칭칭나네'라는 놀이판을 벌리면서 한가위 명절을 즐겼다.

농경용어의 유산

농경사회는 자연의 변화에 맞추어 생활하고 언어도 농사일과 깊은 관련을 맺어 생성된다. 농사일을 철 따라 불어오는 계절풍에 맞추어 설명한다면, **샛바람** 부는 봄에 씨를 뿌리면 **마파람** 부는 여름에 열매를 맺는다. 이를 **갈바람** 부는 가을에 거두어 **된바람** 부는 겨우내 갈무리해 두고 집안에서 머무르면서 한 해를 마무리한다. 계절을 칭하는 고유 이름도 새싹을 볼 수 있기에 **봄**이요, 그것이 열매를 맺기에 **여름**이며, 그 열매를 거두어들이기, 곧 가실하기에 **가을**이며, 추워서 밖에 나가지 않고 집에 계시기에 **겨울**이라는 이름이 생겼다.

경솔히 처신한다는 **찧고 까분다**는 말도 추수 용어에서 나왔다. 이는 본래 '가실할 때[秋收]' 거둬들인 곡식을 절구나 확에 넣어 '찧기'도 하고, 키[箕]에 담아 '까불기'도 하는 데서 기원한다. '찧다'란 말도 본래 곡식의 껍질을 벗긴다는 데서 나온 말이지만 지금은 여러 분야로 확산되어 쓰인다. 이를테면 상대의 말이 그럴 듯할 때 고개방아를 찧기도 하고, 보다 적극적으로 맞방아를 찧고, 글을 쓰면서 붓방아를 찧고, 다리를 헛디뎌 엉덩방아를 찧기도 한다. 이 중에서 **붓방아 찧는다**는 말은 아주 적절한 표현이다. 글을 쓸 때 어느 대목에서 적절한 문구가 떠오르지 않으면 공연히 붓만 댔다 떼었다 함을 이르는데, 글 쓰는 이의 고심을 참 절묘하게 묘사한 말이다.

감칠맛이 나기로는 '…친다.'류의 말도 결코 이만 못지않다. 이를테면 '팽개친다, 평미리친다, 헹가래친다'는 이른바 '-치다'형 동사가 그것이다. 하던 일을 중도에서 집어치운다는 **팽개치다**는 본래 '팡개질'에서 유래하였다. 팡개는 곡식이 여물 무렵 달려드는 새 떼를 쫓는 데 사용하는 대나무 토막이다. 대 토막의 끝 부분을 네 갈래로 쪼개어 작은 막대를 물려 동인 것인데 이것을 논바닥에 꽂았다 빼면 그 틈새로 흙덩이가 끼인다. 새 떼가 몰려왔을 때 큰 소리로 외침과 동시에 이 팡개를 휘두르면 끼어 있는 흙덩이가 튕겨 나가는 위력을 발휘하게 된다.

매사를 공평하게 처리한다는 **평미리치다**의 '평미리(레)'는 본래 됫박에 담긴 곡식을 평평하게 고를 때 쓰이는 방망이다. 우리 농가에서는 대개 두 가지 방법으로 곡식의 분량을 재었는데, 하나는 고봉(高捧)이라 하여 기준으로 삼는 그릇('되'나 '말')에 낟알을 수북이 담는 방식이요, 다른 하나는 평미리칠 때처럼 방망이로 수평으로 깎아서 담는 방식이다.

운동경기에서 이긴 선수들은 자기편 감독이나 코치를 하늘 높이 쳐들어 헹가래침으로써 승리감을 만끽한다. **헹가래친다**의 헹가래는 가래질의 예행 연습이랄 수 있는, '헛가래'란 말의 변형이다. 헹가래질은 농사철을 맞아 가래로 흙을 파기 전에 빈 가래로 서로 손을 맞혀보게 된다. 사람을 들어 올릴 때 이에 동참하는 이들의 호흡이 맞아야 하는 것처럼 가래질에도 서로 손발을 맞춰보는 사전 연습이 필요하다.

헹가래는 자주 쳐야 하고 헹가래칠 일이 많으면 많을수록 좋을 것이다. 한 사회가 발전하기 위해서는 자라나는 새싹들을 부단히 가르치고 북돋워 주어야 한다. 나아가 만인이 함께 잘 살기 위해서는 제 여건이 평미리쳐져야 하고, 이웃이 선행을 베풀었을 때는 기꺼이 그 이웃을 헹가래쳐 주어야 한다.

계절 용어의 운치

사계(四季)의 고유 이름

버스 떠난 뒤 손든다는 격으로 때를 놓친 경우를 일러 '철 그른 동남풍'이라 한다. 부슨 일이든 거기에 딱 맞는 시기가 있기 마련이다. 춘하추동 사계를 뜻하는 **철**은 본디 한자 '節(古音은 '철')'에서 기원하였다. '쳘>철'은 이른 시기에 우리말 식구가 되어 계절 이외에도 '철나다, 철들다'에서 보듯 사리를 분별하는 힘의 의미로도 쓰인다. 제철을 모르고서는 제대로 농사를 지을 수 없다는 데서 그 의미가 전이된 것이다. 아직 철이 나지 않았거나 철이 덜 난 사람을 일러 **철딱서니** 없다고 한다. '철딱서니 없는' 자들은 사리 분별을 못하는, 다시 말하면 제철을 모르는 바로 그런 사람이다.

아무리 철이 없더라도 세상 사람들은 계절감만은 느끼며 살아간다. **봄**은 일 년 사계의 시작이다. 봄을 뜻하는 한자 '春'은 봄 햇살을 듬뿍 쪼인 뽕나무 새순이 뾰족이 머리를 내민 형상이다. 영어의 'spring'은 개울가 돌 틈 사이에서 퐁퐁 솟는 샘물이나, 겨울잠에서 이제 막 깨어난 개구리가 용수철(스프링)처럼 튀어나옴을 나타낸다. 동양적 절기로 말하면 우수(雨水)나 경칩(驚蟄)이 이에 해당한다.

봄은 따뜻한 햇살을 받아 초목에 새 생명이 움트는 경이를 직접 눈으로 확인하는 계절이다. 그래서 봄을 일컬어 **새봄**이라 한다. 어떤 계절이든 그 초입을 일컬을 때 '새 여름', '새 가을'이라 하여 '새-'란 접두어를 붙일 만한데 오로지 봄만 '새봄'이다. 따라서 우리말 '봄'은 이런 생동하는 자연을 단순히 '본다'는 뜻에서 붙여졌다. 자연에 대한 관조(觀照), 곧 대자연의 경이를 보고 느낀다는 의미에서다.

봄철에는 춘한(春寒)이라는 봄추위가 일부 남는다. 춘한을 고유어로 **꽃샘**이라 하는데 이는 물러가는 겨울이 새로 오는 '봄을 샘낸다.'는 뜻에서 붙여진 이름이다. 꽃샘을 또는 **잎샘**이라고도 한다. 피어나는 꽃과 움트는 잎을 시샘하여 추위가 심술을 부린다는 것인데 이를 응용하여 꽃샘추위, 잎샘추위라고도 한다. 이솝의 우화처럼 계절을 의인화한 발상이 재미있고, 춘한의 뉘앙스도 잘 살린 이름이라 재미있다.

여름은 봄에 핀 잎과 꽃이 여름(열매)을 맺는 계절이다. 그런데 중세 문헌에서는 열매를 뜻하는 '여름[實]'과 계절을 뜻하는 '녀름[夏]'을 구분하였다. 농사짓는 일을 **녀름짓다**라 하고, 농사짓는 농부를 **녀름지슬아비**라 불렀는데 이후로 오면 두 말은 하나로 합쳐져 쓰였다. 열매가 맺히는 여름은 또한 모든 문을 '열어젖히는[開]' 시기이기도 하다. 열매는 농부들이 여름 내내 흘린 땀의 보람인 동시에 대자연이 그 본래의 내면을 열어 보이는 철이기도 하다. 사람도 여름 한 철은 옷을 벗어 자신의 몸을 열어 보이고, 온 집안의 크고 작은 문도 활짝 열어놓은, 그야말로 개방의 시기인 것이다.

가을은 여름 내내 가꾸어온 땀의 결실을 수확하는 계절이다. 추수(秋收)하는 일을 고유어로 '가슬한다/가실한다'고 하는데 지금도 일부 방언에서 쓰인다. 고유어 '가실/가슬(중세어 'ᄀᆞ슬')'은 현대어로 '거둬들인다[收穫]'는 뜻이다. 가을의 중세어 표기 'ᄀᆞ슬ㅎ>ᄀᆞ슬ㅎ'은 이전의 'ᄀᆞᆽ[切斷]'으로 소급된다. 이 'ᄀᆞᆽ>ᄀᆞᆽ'에 접미어 '올'이 연결되어 'ᄀᆞ슬>ᄀᆞ슬>ᄀᆞ올'을 거쳐 지금의 가을이 되었다.

가을은 수확의 계절인 동시에 초목으로는 종말을 고하는 애상(哀傷)의 계절이기도 하다. 영어로는 'fall'이요, 한자어로는 '조락(凋落)의 계절'이라 한다. 그러나 우리말 명칭에서는 그 어디에서도 생명의 소진(消盡)에서 오는 허무감 같은 정서는 찾아볼 수가 없다. 떨어지는 낙엽을 보며 서구인들이 눈물지을 때 우리 조상들은 수확의 기쁨을 노래한 것이다. 가슬/가실이 가을로 변화된 것처럼 **겨울**은 '겨슬/겨실>겨슬'의 변형이다. 겨울의 고형 '겨실'은 '있다'의 높임말인 '겨시->겻-[在, 居]'에서 기원한다. 겨울은 겨슬/겨실에서 '겨슬'을 거쳐 지금의 겨울이 되었다. 집안에서만 거처하는 여성을 일러 고유어로 '겨집>계집[在家者]'이라 칭함도 같은 유형이다.

한국의 사계절은 뚜렷이 구분되고, 그 뚜렷한 날씨만큼이나 계절명의 어원 역시 구분된다. 변하는 자연 현상에 맞추어 이처럼 적절한 명칭을 부여한 것이 사계의 고유 이름이다. 우리나라의 겨울은 몹시 춥다. 추운 겨울이 오기 전에 우리 조상들은 곡식을 곳간 속에 잘 갈무리해두고 긴 동면기에 들어간다. 자연도 쉬는 만큼 이에 순응하는 인간도 집안에 계시면서 편안한 휴식을 취했던 것이다.

보릿고개와 바람꽃

'어정칠월 동동 팔월'이란 절기 용어가 있다. 농가에서는 7월(음력) 한 달은 하릴없어 어정거리다가 8월이 되면 갑자기 바빠져 동동거린다는 데서 나온 말이다. 동동 팔월을 '건들팔월'이라고도 하는데 이는 바쁘긴 해도 건들바람처럼 그렇게 훌쩍 가버린다는 의미다. 그런가 하면 '오월 농부 팔월 신선'이란 말도 있다. 보릿고개의 최절정기인 음력 5월은 농사짓는 사람으로서는 더 없이 어려운 시기였다. 그렇지만 한가위가 낀 팔월은 그 풍족함으로 어느 신선도 부럽지 않다는 뜻이다.

보릿고개란 말뜻을 모르는 한국 사람은 없다. 지난해의 묵은 양식은 이미 바닥을 드러냈고 보리는 아직 여물지도 않은, 음력 4·5월경이야말로 참으로 춥고 배고픈 시기였다. '춘궁기(春窮期)'라 불리는, 이 고개는 결코 높아서가 아니라 주린 배로 지내기가 어려운 고비였다. 힘겹게 보릿고개를 넘으면서 우리 조상들은 '깐깐오월'이란 별칭도 아울러 붙여주었다.

그러나 이런 어려운 시기를 헤쳐 오면서도 우리 조상들은 결코 삶의 자세나 마음의 여유만은 잃지 않았다. 보릿고개란 말에서 보듯 절후에 대한 인식이나 그 명칭에 있어서는 전혀 궁색한 빛을 찾아볼 수가 없다. 가난 속에서 오히려 웃음을 잃지 않았으며, 그럴수록 자연과의 조화를 꾀하면서 섬세하기 이를 데 없는 계절감을 느끼고 살았다.

꽃샘, 잎샘 못지않게 **바람꽃**이란 말도 참으로 감성적이다. 먼 산에 구름이 끼듯 하늘을 덮은 뿌연 기운을 바람꽃이라 이른다. 눈부신 설경을 일러 **눈꽃**이라 하고, 차창에 증기가 서려 생긴 무늬를 **서리꽃**이라 함도 같은 발상이다. 계절용어의 감각성은 추위의 묘사에서도 유감없이 발휘된다. '춥다'와 '차다'란 말에서의 감성적 의미 차이가 그것이다. 찬바람을 온몸으로 느끼는 경우를 '춥다'라 하고, 추운 기운이 신체 일부에서 감지될 때를 '차다'라 표현한다.

그런가 하면 약한 추위일 때는 **썰렁하다**고 하는데 이 말은 기후의 묘사에만 머물지 않고 냉랭한 분위기 묘사에도 함께 쓰인다. "참 썰렁하네"라고 하면 남을 웃기려고 했으나 반응이 신통찮을 때 객쩍은 웃음과 함께 내뱉는 말이다. 이런 계절감에서 나온 표현은 얼마든지 더 있다. '산산하다, 선선하다, 살랑거리다, 설렁대다, 쌀랑하다, 으스스하다, 오싹하다,…' 등은 여러 분위기 묘사에 동원되는 어휘들이다.

비 오는 날의 풍경

우리말에서 비[雨]에 대한 명칭도 다채롭기 그지없다. 계절에 따라, 내리는 비의 양이나 강도에 따라 거기에 맞는 적절한 이름을 붙여 주었다. 어느 작가의 글에서 "는개 속을 거닐며 옷 젖는 줄 몰랐다."는 구절을 본 적이 있다. 여기서의 **는개**는 비의 한 종류로서 안개비보다는 더 굵고 이슬비나 가랑비보다는 더 가느다란, 가장 적게 내리는 비를 가리킨다. 흔히 말하는 보슬비나 단비도 음미해 볼수록 감칠맛 나는 이름이다. 보슬보슬 내리기에 **보슬비**요, 모심기철에 고맙게도 때맞춰 내려주기에 **단비**며, 이를 또한 **모종비**라 부르기도 한다. 그런가 하면 볕이 든 잠깐의 틈새를 노려 얄밉게도 살짝 뿌리는 비를 **여우비**라 한다. **심술비**란 이름도 그렇지만 억수[惡水]같이 퍼붓는 **작달비**, 장대처럼 쏟아 붓는 **장대비**도 여우비만큼 재미있는 이름이다.

절후(節侯)에 대한 우리말 이름은 이처럼 직설적인 준말이 대부분이다. 그 이름 속에는 자연을 대하는 우리 조상의 정서가 배어 있다. 구름이 물러가면서 날씨가 맑아지는 현상을 일러 **벗개다**라 하고, 추위가 가시면서 날씨가 풀리면 **녹다**, 또는 **녹지다**라고 한다. **나무말미**도 그 어원을 따져보아야 그 말의 속뜻을 알게 된다. 기나긴 장마 끝에 날씨가 잠깐 개어 땔감나무를 말릴 만한 그런 틈새라 뜻이다.

우리말의 감각성은 흐린 날씨를 나타내는 **자옥(욱)하다**와 **자오록하다**에서 잘 드러난다. 이 두 낱말의 의미 차이를 안다면 우리말의 감각성을 실감할 수 있다. '자옥하다'면 안개나 연기로 인해 시야가 흐린 상태를 말하고, '자오록하다'면 자옥하다의 본뜻에다 흐릿한 그 주변이 쥐죽은 듯 고요함을 나타낸다. **풋머리**나 **찬바람머리**와 같은, 초입(初入)을 뜻하는 '-머리'형 명칭도 역시 운치가 있다. 만물이나 햇것이 나오는 이른 철을 일러 '풋머리'라 하고, 늦가을 싸늘한 냉기가 감도는 때를 가리켜 '찬바람머리'라 한다.

지새는 달이란 어구는 그 자체만으로도 자못 시적이다. 이 말은 동녘에서 먼동이 튼 뒤에도 한동안 서녘 하늘에 남아 있는 달을 일컫는다. 어느 소설에 쓰인 "해미를 뚫고 햇귀가 떠오른다."는 구절도 시적인 면에서 이만 못지않다. 해변에 긴 짙은 안개를 **해미**라 하고, 바다 위로 아침 해가 돋을 때 맨 처음 발하는 빛을 **햇귀**라 한다. 아기가 처음 세상을 본 날을 '귀 빠진 날'이라 하듯 태양도 오늘 처음 지상에 얼굴을 내밀었기에 '햇귀'라 이름한 것이다.

철 따라 부는 바람

언젠가 바람처럼 유행했던 '바람, 바람, 바람'이란 대중가요에서 "그대 이름은 바람 바람 바람"이라며 주인공은 괴로워했다. '바람과 함께 사라지다'나 '바람과 라이온' 같은 영화나 소설도 한 시대를 풍미하다가 제목 그대로 바람처럼 이내 사라져 갔다. 이처럼 바람은 단순히 대기의 흐름만이 아닌 감성적이며 추상적 의미를 가졌다. 문학에서도 바람은 나름의 특이한 시적 이미지나 분위기를 조성하는 데 쓰인다. '서시(序詩)'에서 민족시인 윤동주는 "잎 새에 이는 바람에도 나는 괴로워했다."고 토로하였고, '자화상'에서 서정주 시인은 "나를 키운 건 8할이 바람이었다."고 자신의 생애를 회고하였다.

바람에 대한 고유 이름에서도 자연 질서에 순응했던 조상들의 마음가짐과 정서를 읽을 수 있다. 전통적인 바람 이름[風名]은 사계절의 방위와 관련되어 작명되었다. 섬이나 해변의 어촌에서 불리던 바람 이름에는 계절과 방위에 관한 고유어의 흔적이 화석처럼 남아 있음을 본다.

이른 봄에는 아침 해가 뜨는 동쪽에서 바람이 불어 온다. 춘풍(春風), 또는 동풍(東風)이라는 봄바람을 토속적인 고유어로 **샛바람**이라 한다. 샛바람의 '새-'는 본래 동쪽과 새로운[新] 시작[始]을 뜻하는 고유어다. 동쪽에서 해가 떠올라야 새롭게 하루가 시작된다고 믿었던 것이다.

샛바람이 불어 올 무렵이면 꽃샘바람이나 **살바람, 소소리바람**도 함께 몰려 온다. 추위가 미처 가시지 않은 초봄, 아직도 찬 기운이 사람의 살 속까지 파고들기에 '살바람'이며, 온몸에 소름이 솟기에(돋기에) '소소리바람'이다. 살바람, 소소리바람이 직설적인 표현이라면 꽃샘바람, 잎샘바람은 수준을 한 차원 더 높인 은유적 표현이다.

가을이면 서쪽 하늘로부터 서늘한 바람이 더위에 지친 우리의 몸을 식혀 준다. 고유어로 서풍을 **하늬바람**, 또는 **갈바람**(가수알바람)이라 한다. 가을바람은 하늘 높은 곳에서 내리 불기에 '하늘의 바람[天風]', 곧 하늬바람이요, 추수기에 불어 곡식을 여물게 하기에 '가수알바람>갈바람[秋風]'인 것이다. 초겨울 서릿바람에 밀려나야 할 가을바람도 봄바람 못지않게 계절감에 따른 별칭이 많다. 옷깃을 날리는 정도로 솔솔

불기에 솔바람, 실바람이며, 늦더위를 씻어 주기에 산들바람, 선들바람
이다.

너무나 시장한 나머지 댓바람에 밥을 먹어치운다는 의미로 "마파람
에 게 눈 감추듯 한다."는 비유가 쓰인다. 여기서 말하는 **마파람**은 '마조
/마주[對面]+바람[風]'의 구조로 마주 선 방향에서 불어 오는 바람, 곧
서 있는 사람의 이마에 부딪치는 남풍(南風)이다. 우리 전통 가옥은 남
향이기 때문에 마파람은 정면에서 불어 오는 '앞바람[前風]'과 같은 말
이 된다.

철이 바뀌면 바람의 방향도 바뀐다. 여름철엔 정면에서 불던 바람이
겨울이면 뒤쪽에서 불게 된다. 뒤쪽인 북에서 부는 북풍(혹은 삭풍(朔
風))을 고유어로 **된바람**(또는 '뒤바람')이라 한다. 된바람은 '되[北,
胡]+ㄴ(관형형 어미)+바람[風]', 그리고 뒤바람은 '뒤[後]+ㅅ(사잇소
리)+바람[風]'의 구조다.

예로부터 우리 민족은 북쪽 오랑캐를 '되놈', 또는 된놈[北人=胡人]'
이라 불렀다. 한민족의 이동 경로가 북에서 남으로 내려왔기에 뒤에 살
고 있는 만주족이나 여진족은 자연 '되(된)놈'이 된다. 뿐만 아니라 화장
실도 대개 집 뒤뜰에 있어 '뒷간[厠間]'이요, 항문도 인체의 뒤에 붙어
있기에 변(便)을 보는 행위조차 '뒤(를) 본다.'고 말한다.

우리말 바람 이름을 통하여 우리는 '새-, 하늬-, 가수알>갈-, 마, 뒤-/
되-'와 같은 동서남북 네 방위의 고유어를 발견한다. 따라서 이런 고유
방위어를 통하여 지금도 어촌에서 통용되는 바람 이름을 이해할 수 있
다. 곧 **샛마**가 동남풍이요, **높새**가 동북풍, **갈마**가 서남풍, **높 하늬**가
서북풍, **된새**가 북동풍, **된하늬**가 북서풍임을 쉽게 알아들을 수 있다.

방위에 따른 바람이름뿐 아니라 계절 감각을 드러내는 바람이름은

얼마든지 더 있다. 등 뒤에서 부는 '꽁무니바람', 이리저리 제멋대로 부는 '왜바람', 겨울날 문풍지의 바람구멍을 통해 들어오는 '황소바람', 실없이 부는 '피죽바람' 등등. 여기서 '피죽바람'이란 농촌에서 못자리를 설치할 무렵 부는 바람이다. 그런데 이 바람이 불면 흉년이 들어서 쌀알로 끓인 죽은커녕 '피[稷]'로 끓인 죽도 얻어먹기 어렵다 하여 붙여진 이름이다.

땅 이름에서의 자연지명

주관적 방위명

고고학에서 발견되는 유물은 땅 표면으로부터 깊이 묻힐수록 오래된 것이라 한다. 언어 유산 중에서 고고학의 유물같은 존재가 옛 지명(地名)이다. 지명은 오랜 역사를 간직한 채 우리들의 일상 언어 속에 깊숙이 묻혀 있다. 지명은 지표상의 한 지역을 칭하는 이름으로, 이를 통해 자연 환경을 대하는 조상들의 의식이나 정서의 일단을 엿볼 수 있다.

우리 땅에도 숱하게 존재하는 지명은 그 성격에 따라 다음과 같이 세 가지로 나누어진다. 곧 지형지물의 위치나 형상, 또는 그 특징을 나타내는 **자연지명**과 인문적 사상(事象)에 의해 명명된 **인문지명**, 그리고 관활상의 편의에 의해 붙여지는 **행정지명**이 그것이다. 생성 순서도 자연지명이 우선하고 뒤이어 삶의 흔적인 인문지명과 행정지명이 붙여지게 된다. 우리 민족은 오랜 옛날부터 자연 속에서 자연과 더불어 살아왔기에 땅 이름도 의당 자연지명이 대부분을 차지하게 되었다.

자연지명 중에는 칭하고자 하는 지역이 일정한 기준점에서 어느 방향으로 향하고 있는가를 나타내는 방위어가 주종을 이룬다. 기준점이라

함은 명명의 주체가 되는 주민들이 위치한 지점이다. 여기에는 물론 주거지가 향하고 있는 방향을 포함한다. 방위(方位)라 하면 동서남북을 기준으로 방향을 지칭하는 말인데, 남북을 뒤로 하고 동서를 앞세움이 우리의 전통 방식이다. 방위를 밀할 때 남북동서라 하지 않고 동서남북이라 부르는 것이 바로 그것이다. 이를 두고 동양인들은 동서축(東西軸)의 사고를 가졌다고 말한다. 이런 동서축 사고는 농경 문화권에 속한 우리가 해가 뜨고 지는 자연 현상을 중요시한 데서 비롯되었다.

방위를 나타내는 지명 용어도 동서남북과 같은 **객관적 방위명**이 있고, 자신의 위치를 중심으로 좌우, 상하를 구분하는 **주관적 방위명**이 있다. 우리의 땅 이름은 주관적 방위명을 취함이 원칙이다. 이를테면 '안말/바깥골'과 같은 '안팎[內外]'형과, '윗말/아래들'과 같은 '위아래[上下]'형, 그리고 '앞들/뒷산'과 같은 '앞뒤[前後]' 형 지명어가 그런 예가 된다.

동서남북 네 방위에 대한 인식이나 선호도는 지역이나 민족에 따라 각기 다르다. 예로부터 우리 민족은 동(東)과 남(南)을 선호하고 서(西)와 북(北)을 꺼려 왔다. '동향(東向) 대문에 남향(南向) 집'은 우리가 예로부터 선호하는 주거 양식이다. 이런 동남 선호 사상은 북에서 동남으로 이주한 민족의 이동 경로와도 밀접한 관련이 있다.

내외·전후·좌우

우리 지명에서 방위명으로 호칭될 때 그 대상지가 기준점에서 안쪽인지 바깥쪽인지를 가리는 '내외'형이 우선적으로 고려된다. 여기서 기준점이라 하면 호칭하는 주체가 서 있는 위치, 곧 그들이 살고 있는 집이나 마을이 될 것이다. '안-' 또는 '-안'으로 작명되는 **안[內]**형 지명은,

호칭하는 사람과 가깝고 익숙한 곳이어서 가장 많은 분포를 보인다. 안산[內山], 안들[內坪, 內野], 안골(꼴/굴), 안말[內里, 內洞]을 위시하여 안마을, 안마실, 안촌, 안뜸 등이 그런 예이다.

안말, 안골과는 달리 '-안'이 후미로 붙어 '어디어디의 안'이란 의미로 붙은 지명도 있다. '안'이 지명 접미어로 쓰이는 경우인데, 대상 지역이 산의 안쪽이라면 '모란(뫼[山]+안[內])'이 되고, 들의 안쪽이라면 '드란(들+안)[野內]', 벌판의 안쪽이라면 '벌안/발안[坪內]'이 된다. 또 강이나 시내의 안쪽은 '물안/무란[水內, 川內]'이 되고, 육지의 일부가 강이나 바다로 삐죽이 솟은 지형, 곧 '고지>곶[串]'의 안쪽이면 '고잔[串內]'이 된다. 이 밖에도 절벽의 안쪽은 별안, 또는 벼랑[崖內]이요, 숲의 안쪽이라면 수반[藪內], 숲 중에도 솔숲의 안쪽은 소라단[松內], 성이나 궁의 안쪽이라면 성안[城內]이나 궁안[宮內]이 될 것이다.

안[內]의 상대어는 '바깥>밖[外]'이지만 밖은 실제 지명에는 잘 쓰이지 않는다. 작명 심리상 누구나 안에 들어가고 싶지 밖에 버려지고 싶지는 않을 터이다. 다만 비슷한 의미의 '가[邊], 너머/건너[越], 모퉁이[方]' 따위의 지명어가 그 자리를 대신한다. 갓골[邊洞], 가실[邊谷], 갓산[邊山], 가좌 등이 '가'형 지명의 예이며, 전국 곳곳에 산재해 있는 **무네미**가 '너머'형의 대표적인 예가 될 것이다.

너머/너미는 '넘다[越, 踰]'란 동사가 명사형으로 쓰인 말이다. 일반적으로 '너미'는 비가 많이 왔을 때 물이 넘치는 곳이나, 또는 물 건너편 정도의 의미로 알기 쉽다. 그러나 첫음절의 '무-'는 물[水]의 변형이 아니라 산의 고유어인 '뫼'의 변형으로 보아야 한다. 이는 대개 산 고개에 붙여지는 이름으로, 산을 넘을 때 쉽게 넘을 수 있는 고갯마루[鞍部]를 지칭한다.

안팎 다음으로 빈도수가 높은 지명어에 '**위·아래**[上下]' 형이 있다. '윗말/웃말/윗골/웃골/웃각단/웃거리' 등과 이와 짝하는 아래골/아랫말/ 아래각단/아래거리' 등이 그런 예이다. 보편적으로 남향의 배산임수(背 山臨水)를 취하는 우리의 취락 형태에서는 위 쪽[上]이 북쪽 고지대가 되고, 아래쪽[下]이 남쪽의 강 하류 지역이 된다.

한자어 전후(前後)에 해당하는 고유어는 '앞뒤'겠으나 '앞'만은 지명 어에 별로 쓰이지 않는다. 다만 남향집에서 볼 때 앞은 남쪽이므로 한자 어 '남(南)-'이나 '전(前)-'이 고유어 '앞'을 대신하였고, 이와 상반되는 북쪽은 한자어 '북(北)' 대신 '뒤-'나 '고마-'라는 고유어가 쓰였다. 지명 에 쓰인 **뒤/고마**는 명명 주체의 시야에서 어느 정도 벗어난 지역에 붙는 이름으로, 앞서 말한 너머/건너가 눈에 보이는 것과는 비교된다.

고마>**곰**형 지명은 대개 마을 뒤로 둘러선 산이나 마을 뒤로 흐르는 하천의 이름으로도 전이되었다. 고마내>곰내/곰산/곰강/고마나루>곰나 루 등이 그런 예다. 그런데 이런 고유지명들이 문자(한자)로 표기되는 과정에서 뒤[後]나 북쪽[北]이라는 본래의 의미를 잃어버리고 차자된 한자의 뜻으로 지명을 해석하려 한다.

차자표기에서는 北이나 後를 취하지 않고 새김[借訓]을 취하여 '곰웅 (熊)' 자를 쓰거나, 유사한 음(音)인 金이나 錦, 또는 琴을 취하는 것이다. 우리가 잘 아는 김포(金浦), 웅진(熊津), 공주(公州), 금마(金馬), 금강 (錦江) 등의 유명 지명이 그런 유형에 속한다. 이는 지명이 문자화(차자 표기)하는 과정에서 현지민이나 표기를 담당한 이가 이왕이면 '뜻이 좋 은 한자(흔히 **嘉字**라고도 이름.)'를 택하고자 하는 바람에서 빚어진 현 상이다.

현대인은 자신이 살고 있는 지역의 지명 유래나 의미를 잘 모른다.

간혹 지명 전설 정도는 알고 있다고 해도 지명의 본뜻은 모르는 경우가 대부분이다. 지명 의미도 대개는 지명의 한자어에 구애되어 한자의 훈(訓)대로 파악하려고 한다. 지명으로 쓰인 한자는 고유어 이름을 한자로 적는 과정에서 차자표기(借字表記)되었기 때문에 그 본뜻과는 거리가 멀어져 있다. 게다가 행정지명에서처럼 가능하면 좋은 뜻의 한자를 취하려는 거주민의 욕심으로 지명 본래의 의미도 상당 부분 왜곡된 상태다.

지명은 옛 우리말이 화석처럼 굳어져 있는 고유어의 보고이며, 민족의 역사가 살아 숨 쉬는 무형의 문화유산이다. 자신들이 살고 있는 지역의 땅 이름이 설사 좋지 않은 유래나 의미를 가졌다 해도 그 자체로서의 역사적 가치를 지닌다. 이 시점에서 우리는 왜곡되고 미화된 역사가 아니라 본 그대로의 역사, 지명의 본뜻을 바로 아는 것이 중요하다. 이렇게 하는 것이 우리가 지명을 대하는 올바른 자세가 될 것이다.

삭이고 푸는 문화

체념과 해소

한문화의 특징을 푸는 문화로 보는(푸는) 이가 있다. 이 '푸는 문화론'에 덧붙여 필자는 **삭임의 문화론**을 제기하고 싶다. 삭이(히)는 것과 푸는 것, 이 둘은 궁극적으로는 다를 바 없지만 그 과정에서 보면 다소의 차이점을 발견한다. 삭임은 소요 시간이 길고 수동적·소극적인 반면 풀어버림은 보다 능동적·적극적이며 소요되는 시간도 그리 길지 않다. 푸는 일이 인위적 행위라면 삭임은 자연적 변화로서 한국어의 속성은 후자에 더 가깝다고 할 수 있다.

풀어버림과 삭임을 한자어로 말한다면 푸는 일을 **체념**이요, 삭이는 일은 **해소**라 할 수 있다. '삭임/삭힘'은 '삭다[消]'의 사역형으로 '-이/히' 어느 쪽을 택해 써도 무방하다. 삭임이든 삭힘이든 이 말은 음식물의 발효나 소화에서 비롯되었으나 인간의 흥분 상태나 긴장 상태가 풀려 가라앉힌다는 뜻으로도 쓰일 수 있다. 따라서 '삭임/삭힘'을 추상적 의미로 푼다면 일종의 심리적 정화(淨化) 작용이다. 곧 희망이나 욕망을 버리는 과정에서 파생되는 체념이요, 불만과 분노를 삭이는 과정에서 얻어진 심적인 안정감인 것이다.

식생활에서 음식물로 말하면 한국은 단연 '발효 문화권'의 종주국이다. 간장, 된장, 고추장 등의 장(醬) 종류로부터 각종 김치류, 젓갈류 등이 한국 음식을 대표한다. 삭힌 발효 식품이 한국 음식의 기조요, 한국적 맛의 통일된 요소가 바로 이 발효에서 형성되는 아미노산에 있다. 한국인에 있어 이 삭임의 문화는 오랜 세월에 걸친 발효의 영향에서 유래한 것으로 보아도 좋을 것 같다.

'어차피'와 '차라리'

누구에게나 하고 싶은 욕망과 그렇게 되었으면 하는 바람을 동시에 갖고 있다. 그러나 세상사는 뜻대로 되지 않는 법, 만사가 여의치 않을 때면 한국인들은 그 실망과 분노를 삭이거나 풀어버리려 한다. 가슴속에 쌓인 원(怨)이나 한(恨)의 응어리를 푸는 데는 흔히 두 가지 방식이 취해진다. 하나는 응어리지게 한 원인 제공자에게 앙갚음함으로써 푸는, 적극적인 외향풀이법이다. 다른 하나는 내부로부터 스스로 풀어내는, 삭임의 내향풀이 방법이다.

이 둘 가운데 한국인은 대체로 후자의 내향풀이 방법을 취한다. 가슴속 응어리를 삭이는 과정에서 자주 뱉게 되는 말이 **어차피**나 **차라리**라는 체념의 언사다. 어차피는 자신의 힘으로는 '어쩔 수 없다, 별 수 없다'는 체념에서 터져 나오는 말이다. 그리하여 자연의 힘에 순응할 수밖에 없는, 한국인의 숙명 의식을 반영하는 언어가 되었다.

어차피는 한자어 '어차어피(於此 於彼)'의 준말이다. 한자말이긴 하나 한국인의 운명관과 곧잘 호응하여 지금은 고유어처럼 인식된다. "어차피 짧은 인생인데…, 어차피 만나지 못할 인연이라면…, 어차피 오다가다 만난 사람인데……."라는 식으로 숙명을 내세우며 이내 체념하고 마는 우리네 심성의 표출이다.

그런데 '어차피'가 체념만으로 끝난다면 우리에게는 정녕 미래가 없을 것이다. 여기에 **차라리**라는 말이 등장하여 하나의 돌파구를 마련한다. 절망의 구렁텅이에서 다음 단계의 대안을 모색하는 과정에서 이 말을 찾게 된 것이다. 이왕 그럴 바에는 '차라리 이렇게 하겠다.'는 새로운 각오와 다짐, 무슨 일이 닥쳐도 당황하거나 좌절하지 않겠다는 결의의 표시다. 거기다 이런 무상감의 양성은 미구에 닥칠 불행에 대한 심리적 면역의 일종이기도 하다. 어쨌든 한국인은 주어진 숙명을 슬기롭게 삭임으로써 보다 귀중한 자유를 얻게 되었다.

서구계 외래어에서 '-하다'란 접미사가 우리말에서 곧잘 '-되다'로 번역되는 현상도 이런 우리식 운명관의 반영이라 생각된다. '…한다'란 표현이 능동적이라면 '…된다'는 표현은 피동적이다. 나는 무엇을 이렇게 '생각한다'면 무난할 말을 굳이 '…로 생각된다'로, 심지어 '생각+되어+진다'라 하여 이중 삼중의 피동적 표현이 쓰인다. "겨울이 왔다, 밤이 왔다"보다는 "겨울이 되었다, 밤이 되었다"는 표현이 더 자연스럽게 수용되는 것처럼 자연이나 운명이 되어감에 의존하는 우리식 표현법의 전형인 것이다.

심심풀이와 푸닥거리

세상사 살아가면서 얽히고 맺힌 게 있다면 언젠가는 원래대로 풀어주어야 한다. 풀어주어야만 자연 본연의 상태로 되돌아갈 수 있고, 자연스런 상태에서만이 비로소 자유스러움을 누릴 수 있다. "그까짓 것 풀어버려!" 이는 화난 사람을 위로하거나 싸움을 말릴 때 곧잘 쓰는 말이다. '풀라'란 말은 가슴에 맺힌 감정의 찌꺼기를 깨끗이 씻어 없애라는 뜻이다. 무언가 유감이 있을 때 서구인들이라면 일의 자초지종을 따져서 반드시 시비를 가리려고 한다. 시시비비를 가리는 과정에서 때론 토론이나 재판이 전개될 수도 있다. 그들에게는 시비를 가리기보다는 그냥 덮어두려는 한국식 해결 방식이 못마땅할 것이다.

한국인에 있어 **푸는 일**은 좋지 않은 기억에 대한 망각이요, 잘못에 대한 용서이자 관용의 성격이다. 그래서 우리 삶에서는 푸는 일이 일상화되다시피 하였다. 이를테면 문제를 풀고, 몸을 풀고, 회포를 풀고, 쌓인 피로를 풀고, 긴장을 풀고, 시름을 풀고, 분하고 억울함을 풀고…, 그래서 하는 말이 기분풀이요, 화풀이요, 분풀이요, 한풀이요, 원풀이다. 일상에서 이루어지는 '풀이'의 행태도 다양하여 가볍게는 **심심풀이**로부터 무당들에 의해 행해지는 본격적인 살풀이와 푸닥거리까지 있다. 무당이 죽은 영혼의 원한을 달래주는 '푸닥거리'가 바로 푸는 문화의 절정이다. 뿐만 아니라 글을 짓고, 그림을 그리고, 노래를 부르고, 춤을 추는 등의 일체의 예술 행위까지도 **시름풀이**에서 나왔다 해도 지나친 말은 아니다.

우리 전통사회의 윤리는 가족의 일원이나 사회 구성원의 일원으로서 받는 그 많은 스트레스를 억지로라도 수용·감내하도록 강요받아 왔다. 고작 한숨이나 내쉬며 속으로 삭이기를 강요해 온 것이다. 스트레스가 축적되어 감당하기 어려운 한계에 이르면 이 응어리가 **살**(煞)이나 **손**으로 맺히고, **원**(怨)이나 **한**(恨)으로 사무치게 된다. 한자 '恨'은 마음을 뜻하는 '忄(=心)'에 가만히 멎어 있다는 '艮'자와의 회의(會意) 문자다. 나무뿌리가 땅 속에 가만히 멎어 있기에 '根'이 되듯이 마음속에 상처를 가만히 간직하고 있는 상태가 바로 한(恨)인 것이다.

무당에 의해서 주도되는 **푸닥거리**[解冤굿]는 가슴속에 맺힌 한을 풀어주는 공적인 의식이다. **푸념** 역시 '풀다[解]'에서 파생된 무속 용어로 본래 굿을 할 때 무당이 신의 뜻이라 하여 정성들이는 사람에게 하는 꾸지람이다. 한국의 무속(巫俗)이 갖은 질시와 탄압 속에서도 수천 년간 맥을 이어 온 저변에는 이 같은 맺힘의 응어리를 풀어주는 순기능을 담당했기 때문일 것이다.

삭임의 음료수

어느 나라 어느 민족이든 그들만의 기호나 격식에 맞는 전통의 음료수가 있다. '음료수 문화론'이라 할까, 그 민족이 즐겨 마시는 음료수에는 나름대로의 고유한 맛과 멋이 있게 마련이다. 톡 쏘면서도 씁쓸한 맛, 그러면서도 뒷맛의 여운을 남기지 않는 콜라는 고도로 발달한 자본주의의 냄새, 곧 미국을 대변한다. 붉고도 투명한 포도주 속에는 프랑스인의 낭만과 예술혼이 스며 있고, 독일을 상징하는 맥주는 음료수로서의 실용성과 함께 흰 거품 속에서 거품처럼 일다 꺼져 버리는 게르만민족의 야망이 서려 있다. 전통과 품위를 과시하는 영국인에게는 은은한 홍차가 제격이요, 맑고 투명하면서도 달착지근한 맛을 내는 청주는 청결과 친절을 내세우는 일본인의 술이다. 기름기 많은 음식에 제격인 '배갈[白干儿]'은 중국인의 술이요, 보드카는 민주화 이전 철의 장막 저편에서 추위와 울분을 달래던 러시아인의 애용주다.

한국을 상징하는 음료수라면 단연 **숭늉**과 **막걸리**를 들 수 있다. 긴 세월 한민족과 애환을 함께해 온 숭늉과 막걸리는 가장 한국적인 맛과 멋을 풍긴다. 한국적인 멋과 맛이란 그것이 별다른 가공을 거치지 않은, 단순한 삭임에 의한 자연 그대로의 음료수라는 점이다. 숭늉은 누룽지를 우려낸 물, 곧 밥솥에 물을 부어 데운 물이요, 막걸리는 곡물에 누룩을 넣어 자연 발효시킨 삭임의 술이다.

숭늉만큼 한국인의 심성을 그대로 드러내는 음료수가 있을까? 한국인의 본성을 '은근과 끈기'라 한다면 숭늉이야말로 이 본성을 그대로 대변하는 것 같다. 숭늉은 자체의 색깔이 없는 듯하면서도 자세히 보면 장판지와 비슷한 노르스름한 속살이 내비친다. 맛 또한 없는 듯하면서도 마신 뒤 구수한 뒷맛이 여운으로 남는 게 숭늉 특유의 맛이요 멋이다.

최근 무슨 바람이 불어서인지 막걸리의 인기가 상승하고 있다. 뒤늦은 감은 있으나 그래도 우리 것의 가치를 찾았다는 사실이 다행스럽다. 막걸리는 청주를 뜨지 않고 그대로 걸러 낸 술이다. '마구>막 걸러 낸 술'이라 하여 말 그대로 **막걸리**가 되었다. 막걸리는 그 이름에 걸맞게 가공하지 않았다는 점에서 '자연의 술'이라 해도 좋을 것 같다.

본시 서민적이요 대중적인 술이다 보니 불리는 이름도 많다. 색깔이 흐리기에 탁주(濁酒)라 하고, 빛깔이 희다 하여 백주(白酒), 자연 그대로 발효시켰다고 하여 모주(母酒), 나라를 대표하는 술이라 하여 국주(國酒), 집집마다 담가먹는 술이라 하여 가주(家酒), 주로 시골 사람들이 마신다 하여 향주(鄕酒), 일하는 농부들이 마신다 하여 농주(農酒),

서민들이 싼 값으로 마실 수 있다 하여 박주(薄酒) 등등. 이런 여러 한자어 이름들도 '막걸리'라는 고유어 이름에는 미치지 못한다.

술을 마시는 데는 술의 종류에 따라 어울리는 격식이 있다. 소주는 작은 잔(흔히 '꼬푸'라고 부름.)에 따라 홀짝거리듯 마시고, 맥주는 글라스(컵)에 따라 마셔야 제격이다. 양주, 그 중에서도 포도주는 투명한 글라스에 반쯤 따라 맛을 음미하면서 조금씩 마신다. 서구인들이 반도 차지 않은 포도주 잔을 들고 고양이처럼 코끝으로 향내를 맡으며 혀끝으로 핥듯이 맛볼 때 우리는 대형 국사발에 막걸리가 철철 넘치도록 부어 바닥이 드러나도록 단숨에 들이킨다.

누가 한국인의 스케일이 작다고 했던가? 수염에 묻은 술을 손바닥으로 훔치면서 '카아!' 하며 참았던 숨을 내쉬는 모습은 참으로 호방하다. 막걸리 잔을 지칭하는 '대포'도 이에 딱 어울리는 이름이다. 대포, 또는 대표(大瓢)는 큰 잔, 또는 큰 잔으로 마시는 술을 가리킨다. 그런데 묘하게도 탄환을 멀리 내쏘는 대포(大砲)에서 '크다'란 뜻만을 살려 왕대포란 말도 곧잘 쓰인다. 한 턱 내고자 할 때 "오늘은 내가 쏜다"는 호기도 여기서 연유한 말이다.

한국의 발효식품

먹을거리 중에서 발효식품은 우리가 세계인에게 당당히 내놓을 수 있는 품목이다. 채소를 절여 삭힌 김치 류, 콩을 원료로 하는 두부나 된장, 간장, 고추장 등, 새우, 꼴뚜기, 조기 등을 소금에 절여 맛을 들인 각종 젓갈류가 발효식품에 포함된다. 이제는 발효식품에 관한 한 우리나라가 종주국이라 해도 좋을 것이다.

예전 명문의 양반가에서는 집안의 안주인 마님을 추켜세울 때 "서른

여섯 가지 김치를 담그고, 서른여섯 가지 장(醬)을 담글 줄 안다.”고 말했다고 한다. 영국 사회에서도 그 가정이 중산층에 속하는지의 여부는 그 집에서만 맛볼 수 있는 소스가 있느냐 없느냐에 달려 있다고 한다. 우리도 웬만한 가문에서는 그 집안 나름의 특유한 장 담그는 법이 전승되고 나름대로의 장맛이 보존되어 왔다.

장(醬)의 원료가 되는 콩은 옛 고구려 영토인 지금의 만주 지역이 원산지로 장류의 식품이 일찍부터 한반도에서 발달하였다. 아울러 ‘메주’란 말을 위시한 가공식품의 명칭도 우리말에서 기원한 것으로 보인다. 고구려 고분(安岳 3호분) 벽화에 장독대가 나오고, 신라에서는 왕이 왕비를 맞을 때의 폐백 품목에서도 간장, 된장이 포함되어 있음이 여러 문헌에서 발견된다. 지구촌에서 녹두를 발아시켜 숙주나물을 길러 먹는 곳은 간혹 있지만 콩을 발아시켜 콩나물을 길러 먹는 나라는 한국밖에 없다고 한다.

된장의 고유어는 며주>메주(만주어로 ‘미순(misun))’였다. 이 말이 콩과 함께 일본으로 전해져 오늘날의 ‘미소(味噌)’가 되었다. ‘메주’에 해당하는 한자어는 장(醬)이다. 장은 메주를 원료로 하는 우리말 가공식품에 침투하여 지금의 간장, 된장, 막장, 고추장, 청국장이란 명칭이 생기게 되었다. 만약 한자어 ‘醬’의 침투가 없었다면 “간메주, 된메주, 막메주, 고추메주”라는 고유 이름으로 불리었을 것이다.

두부(豆腐)란 한자말도 ‘메주→미소’와 유사한 경로를 거쳤다. 곧 일본어 ‘도후’가 그대로 국제적 명칭으로 퍼진 것이다. 이 두부를 예전에는 ‘조포(조푸)’라 불렀는데 이는 두부를 만들던 절을 조포사(造泡寺)라 칭한 데서 유래한다. 두부는 불교가 성행했던 고려 시대에 절간 음식으로 유명했었는데 일반 서민층에도 퍼져 가정에서 주로 제사 음식으로 사용되었다.

부두가 대중 식품이 되면서 이를 만드는 기술도 날로 향상되어 모두 부를 새끼로 묶어 다녀도 좋을 만큼 단단해졌다고 한다. 최근에는 순두부집을 비롯하여 '두부나라'라는 상호의 전문 식당까지 생겨나게 되었다. 두부의 종류도 늘어나 '막두부'를 비롯하여, 처녀 젖가슴 만지듯 부드럽게 만지지 않고는 문드러진다는 '젖부두', 콩을 끓일 때 알맞게 태워 만드는 '탄두부', 굳히기 전에 만드는 '순두부', 얼려 먹는 '언두부', 삭혀 먹는 '곤두부', 기름에 튀겨 먹는 '유부', 거저먹는 '막비지', 띄어 먹는 '띈비지', 두부 고창이를 닭곰탕에 익혀 먹는 '연포두부', 두부 속에 산 미꾸라지를 잠입시켜 끓여 먹는 '미꾸리두부'까지 등장하게 되었다.

한국 음식을 대표하는 또 다른 발효식품인 김치, **김치**는 산[生]나물을 오래 두고 먹기 위해 저장했다는 '침채(沈菜)'란 한자말에서 유래한다. '沈菜'는 중세어에서 '딤치'란 어형을 거쳐 '딤치>짐치>김치'로 정착되었다. 김치를 담그고 저장하는 **김장** 역시 침장(沈藏)이란 한자말에 유래한다. '딤치>김치'란 말의 기원은 한자어에 있지만 우리식으로 만든 한자말이기에 이를 고유어라 해도 좋을 것이다. 김치가 우리 고유의 식품이다 보니 그 명칭 역시 우리말 그대로 일본과 중국을 비롯한 전 세계로 수출되고 있음이 자랑스럽다.

김치를 만드는 데 고추는 빼놓을 수 없는 기본 양념이다. 그런데 고추가 임진왜란 때 우리나라에 유입되었으니 그 이전의 김치 모양은 지금과는 달랐을 것이다. 고추가 들어가지 않았기 때문에 지금처럼 붉은 색깔의 김치는 아니었으리라 짐작된다. 색깔이 지금과는 다르긴 해도 우리 김치의 역사는 삼국 시대까지 거슬러 올라간다. 이런 김치가 이제 한국을 대표하는 음식이 되고, 한 발 더 나아가 세계인들도 이를 즐기게 되었다니 참으로 반가운 일이다.

식문화에서의 자연성

먹고 마시는 일

두말할 나위 없이 '먹고 마시는' 일은 인간의 생존을 위한 필수 요건이다. 사람이 하루를 굶으면 거짓말을 하고, 이틀을 굶으면 도둑질을 하며, 사흘을 굶으면 살인까지 한다고 했다. 금강산도 식후경이요, 잘 먹고 죽은 귀신은 때깔도 고운 법이다. 그래서 '살아간다, 생활한다'를 달리 말하여 **먹고 산다**고 한다.

먹고 사는 식생활 분야서도 '흙 속에 저 바람 속에'서 긴 세월 숙성해 온 그 민족 고유의 특성을 가졌다. 먹고 사는 일과 관련된 고유어를 통해서도 우리 식문화의 전통을 살필 수 있다. 사계절이 분명한 이 땅에서 살아 온 우리 선조들은 자연 속에서 먹을거리를 구하고 이를 갖가지 방법으로 조리·가공하였다. 이들 식품과 조리·가공법의 명칭을 통해서도 우리 식문화가 자연 현상과 밀접히 관련되어 있음을 알 수 있다.

식생활이나 식문화만큼 전통에 철저한 개성적인 문화도 없다. 오늘을 사는 우리가 서양식 복장으로 양옥에 살면서 서구식 사고방식을 따른다 해도 유독 먹는 일에서만은 한국식 전통 음식을 고수하려 한다. 혀처럼 간사한 게 또 어디 있을까, 다른 취향은 다 바꿀 수가 있어도 사람의 오감(五感) 중 맛을 감지하는 미각만은 끝내 바꿀 수 없는 것이다.

한자말 음식(飮食)은 우리말 먹고 마시는 두 가지 일을 아우른다. 두 낱말의 동사어간 '먹-'과 '마시-'는 얼핏 보아 어원상으로 통한다는 느낌이다. 일찍이 **먹다**의 어간 '먹-'이 명사 '목[項]'에서 기원했다거나, 또는 '먹-'이나 **마시다**의 '맛/맏-'이 공히 명사로 '입[口]'을 뜻한다는 견해가 있었다. 기원어가 목인지 입인지에 대해서는 확실하지 않다. 다만 이 두 말이 동어원일 가능성은 배재할 수 없다. 어떻든 '먹-'이나 '마시〉맛/맏'은 '먹을 것'을 뜻하는 고유어인 것만은 분명하다. 짐승들의 먹잇감을 지칭하는 '모이[飼料]'(중세어 표기 '모싀', 남부 방언에서 '모시')'도 '먹/맛'의 파생어에 포함시킬 수 있기 때문이다.

자연에서 얻는 나물

식물에서 사람이 먹을 수 있는 채소(菜蔬 또는 野菜)를 통칭하여 우리말로 푸성귀, 또는 나물, 남새라 한다. **나물**은 어원적으로 '남'과 '물'의 복합이요, **남새**는 '남'과 '새'의 복합어로 두 말의 첫 음절 남과 **남**은 공히 나무[木]를 뜻하고, 후자 '물[藻]'과 '새[草]'는 공히 인간이 식용으로 삼는 모든 초목을 가리킨다.

고유어 나물, 남새가 채소나 야채라는 한자말로 교체되었듯 우리말 나물 이름도 부분적으로 한자어의 침투를 받았다. 다만 그 정도가 심하지 않아 나물 이름에 부분적으로 한자어가 섞어 쓰이거나, 침투된 한자가 이내 우리말로 변질하는 과정을 겪는다. 그 대표적인 예가 **채(菜)**와 **초(椒)**가 될 것이다. '채'와 '초'는 우리말 나물 이름에 들어와 여러 변형으로 마치 고유어처럼 쓰이고 있다.

채(菜)의 예로는 '배추, 상추, 부추, 염부추, 시금치, 순채, 호채, 옹채, 김치' 등을 들 수 있다. 대체로 원음 채(菜)는 '-추/치/초' 등의 어형으로 고유어와 섞어 사용됨을 볼 수 있다. **상추/상치**는 '날 것'을 뜻하는 '생채(生菜)'에서 나온 말로, 생채를 가공한 김치[沈菜]와는 대조되는 명칭이다. 생채 중에도 무생채나 오이생채는 생채의 본 어형이 그대로 유지된 경우로, 무나 오이를 삭히거나 익히지 않고 즉석에서 날로 무친 생나물 이다.

김치는 이름 그대로 산[生]나물을 오래 두고 먹고자 생나물에 숨 죽여 가라앉혔다는[沈], '침채(沈菜)'란 한자어에서 나온 말이다. 이 같은 변형은 송채(菘菜)에 해당하는 **배추**가 백채(白菜)에서 나온 것과 같은 유형이다. '백채>배추'란 명칭은 '흰 나물'이란 의미로 그것의 외형 색깔에 의해 붙여진 이름이다. **시금치**(중세어로 '시근치')는 뿌리의 색깔이 붉어서 한자말로 적근채(赤根菜)라 하였다. 그런데 '赤' 자가 '치'로 읽히기 때문에 '치근치>시근채>시금채'의 변화를 거쳐 지금의 시금치가 되었다.

수렵에서 얻는 고기

인간이 먹고 사는 먹을거리에는 식물에서 얻는 나물(남새) 말고도 동물에서 얻는 고기가 있다. **고기**라 하면 뭍에 사는 짐승이나 조류 고기와 함께 물에서 얻는 물고기의 살까지를 총칭한다. 그런데 요사이는 짐승 고기인 육류에 한하여 고기라 불러주고 물고기는 따로 떼어 **생선**이라 부른다. 한국인은 지난 날 수렵·유목생활에의 경험 탓인지는 몰라도 육식은 말할 것도 없고 생선 맛에 대해서도 남다른 식견을 가졌다.

우리는 네 발 달린 짐승 고기 중에서도 유독 쇠고기를 선호한다. 쇠고기 맛에 익숙한 만큼 조리·가공법 또한 다양하다. 서양에서의 쇠고기 요리법은 네 가지뿐이라고 하니 우리의 그것과는 비교되지 않는다. 잘 알고 있는 조리법만 들어 보아도 구워 먹고, 삶아 먹고, 볶아 먹고, 고아 먹고, 포를 떠먹고, 날로 육회를 쳐 먹고, 불로 데쳐 먹고, 조려 먹고,

말려 먹고, ……그 종류만 해도 자그마치 서른세 가지에 달한다고 한다. 맛에 관한 감별 역시 예사롭지 않아 안심의 깊은 맛이며, 떡심 씹는 묘미며, 노르께한 젖통살의 그 고소한 맛을 구분해 낼 수 있는 수준이다.

또한 소라면 내장을 비롯하여 머리에서 꼬리까지 먹지 못하는 부위가 없을 정도다. 족발, 선지, 심지어 뼛속에 있는 등골이나 뼈마디의 접골 부위인 도가니까지 도려내 먹고, 쇠가죽 뒤에 붙은 수구레까지 긁어 우려내어 끓여 먹는다. 우리가 해외에서 쇠고기를 수입해 올 때 남들은 거들떠보지도 않는 내장까지 함께 들여오는 이유가 바로 여기에 있다.

이처럼 쇠고기를 최상으로 치다 보니 육(肉)이라는 한자말이 그 자체로 쇠고기를 뜻하는 말로 인식된다. 육개장이란 이름도 여기서 유래한다. 원래 개고기를 고아 끓인 국을 '개장(또는 개장국)'이라 한다. 여기에 쇠고기를 뜻하는 '육(肉)' 자를 덧붙여 쇠고기를 마치 개장국처럼 끓였다는 뜻으로 육개장이란 이름이 생긴 것이다.

쇠고기 요리 중에 불에 구워 먹는 **불고기**가 보편적이다. 무슨 고기든 짐승고기를 불에 구워 먹으면 불고기가 될 것이다. 그런데 언제부턴가 불에 구운 쇠고기만을 그렇게 부르는 것도 쇠고기 선호에서 비롯된 현상으로 이해된다. 불고기의 본래 이름은 **너비아니구이**라 했다. 육류도 전문화되다 보니 명칭도 자연 부위별로 세분화된다. 부위별 명칭은 육류를 전문으로 다루는 백정이나 갓바치들에 의해서 작명되었다. 그 중에는 소박하면서도 친근한 이름이 많으나 개중에는 즉흥적인 호칭으로 일반인의 오해를 살 만한 것들도 눈에 뜨인다. 예컨대 갈매기살이나 제비추리, 도가니살, 아롱사태, 뭉치사태 등이 그런 이름들이다.

갈매기살은 자칫 갈매기란 바다 새의 고기로 오해하기 십상이다. 육류명에서 말하는 갈매기는 짐승의 가로막[橫膈膜]을 이루는 부위의 살코

기다. 갈매기살이란 말은 가로 막았다는 '가로막살'의 준말이다. **제비추리**는 고깃살의 모양세가 제비 꼬리를 닮았다고 해서 붙여진 이름이다. **도가니탕**의 도가니는 '무릎도가니'의 준말로, 소의 무릎에 붙은 종지뼈와 그것을 싸고 있는 살덩이다. 이는 어류 명에서 관목(貫目)이란 이름이 '과매기'로 변질되는 유형과 흡사하다. 말린 청어(靑魚)를 지칭하는 과매기는 청어를 잡은 뒤 고기의 눈이 나란히 놓이도록 꿰어서 말린다는 뜻에서 붙여진 이름이다.

육류의 부위별 명칭은 이처럼 다소 거칠게 보이지만, 일면 소박한 맛은 느낄 수 있다. 짐승 고기를 전문으로 다루는 백정이나 갓바치들이 저희끼리 자연스럽게 붙인 이름이기에 여기에 한자말이 끼어들 여지가 없었고, 그래서 우리말의 순수성이 보존될 수 있었다. 최근 식당가에서 '뼈다귀 해장국'이란 간판을 대할 때도 거부감보다는 오히려 친근감이 앞선다. 더 나아가 뼈다귀를 '뼉따구'라 해도 그 느낌은 달라지지 않을 것이다.

바다나 민물에 사는 물고기[魚類]도 인간의 좋은 먹을거리가 된다. 앞서 물고기를 따로 생선(生鮮)이라고 하였다. 다만 물고기 중에서도 생선이라면 말리거나 절이지 않는 상태의 날것에 한한다. 물고기에 대한 이름도 작명 초기에는 순수한 고유어로 지어졌을 것이나 훗날 한자어의 침투를 받게 되었다. 육류의 명칭은 서민, 특히 천민들에 의해 고유어로 생성되고 보존되었다면, 생선의 명칭은 주로 어부들에 의해서 작명되고 이를 조리하는 여성들에 의해서 보존되었을 것이다.

우리말 물고기 이름 중에는 유난히 '**-치**'자 돌림(접미어)이 눈에 많이 뜨인다. 고기의 외양이나 색깔에 따라 붙여진 '갈치, 넙치, 가물치, 꽁치, 눈치, 날치, 살치, 기름치, 멸치, 참치……' 등이 그런 예이다. 본디 어형이 '티'라고 추정되는, '-치'의 어원에 대해서는 아직도 잘 모른다. '티>치'는 물건을 지칭하거나 '이치, 저치, 거러치, 다라치'에서 보듯 사람이나 직업을 나타내는 접미어다. 이런 접미어를 누군가가 물고기 호칭으로 끌어 쓴 것이 그대로 관용어로 굳어졌는지, 아니면 '티>치'가 본래 고기[魚]를 뜻하는 고유어였는지는 확언하기 어렵다.

음식이나 조리 용어의 상당수가 고유어의 순수성을 보존하고 있음은 남성들의 간섭이 비교적 적은 관계로 미처 한자어의 침투를 받지 않은 결과라 할 것이다. 식용어가 살림살이를 주관하는 여성들에 의해, 그리고 육류 및 생선류의 명칭이 백정이나 어부 같은 하층민들에 의해 생성·보존된 데에서 가능했던 것이다. 그러나 음식 이름이 대중적이고 토속적이다 보니 친근하고 소박한 느낌은 있으나 일면 저속한 면도 없지 않다. 여기다 음식 이름은 누구든지 지을 수 있다는 인식에서인지 너무 유치하거나 어법상으로 맞지 않는 음식명이 끼어 있음이 흠이라 생각된다.

조리 용어의 전통성

동물이건 식물이건 모든 식품 재료는 궁극적으로 자연에서 얻어진다. 사계가 분명한 우리 땅에서는 계절의 변화에 맞추어 다양한 먹을거리 재료를 얻을 수 있다. 음식을 만드는 데 있어 가공·조리하는 방법이나 기술 역시 재료의 획득 못지않게 중요시된다. 지역에 따라, 지역민의 기호에 따라 선택된 식품 재료의 저장 및 가공 그리고 요리하는 방법 등이 식문화를 형성하는 핵심 요소이다.

우리와 이웃한 중국의 요리법은 불을 사용하여 기름에 튀기는 방식이 대종이다. 이는 조리법을 나타내는, '불·화(火)' 부수(部首)의 한자가 백여 자를 상회하는 것만 보아도 알 수 있다. 그러나 불만을 사용하는 조리법은 단조롭다는 인상을 지울 수가 없다. 불로만 한다면 고작 튀기고, 볶고, 찌고, 데치는 정도일 것이다. 조리법에 관련된 우리말 용어는 그 수가 한자와는 비교할 수 없을 정도로 적다. 그러나 그 방법 면에서는 오히려 다양함을 보여 준다.

조리법에 관련된 우리말 용어는 40여 종에 달한다. 이 중에서 '굽다, 튀기다, 지지다, 볶다, 부치다, 익히다, 끓이다, 달이다, 찌다, 삶다, 고다, 데우다, 데치다, 졸이다, 덖다' 등은 대개 불을 이용하는 방식이다. 반면 '저미다, 다지다, 절이다, 졸이다, 무치다, 삭히다, 익히다, 버무리다, 말리다, 담그다' 등은 불이 아닌 다른 방법으로 음식을 저장·숙성·가공하는 기술이다.

우리말 조리 용어들은 얼핏 보면 서로 엇비슷하게 느껴진다. 그러나 자세히 보면 차이가 있으니, 예컨대 불을 이용하는 조리법 중에 '데우다' 와 '데치다'의 경우를 들 수 있다. 둘 다 음식물을 뜨겁게 데운다는 점에서는 동일하다. 다만 **데우다**가 단순히 뜨겁게만 한다면 **데치다**는 시금치와 같은 야채를 끓는 물에 잠깐 넣어 슬쩍 익혀내는 방식이다. 데친 음식은 항상 뜨거운 게 아니라 먹을 당시에는 식은 상태일 수도 있다. 데우다와 데치다는 **달이다**와 함께 열(熱)을 뜻하는 '달'에서 그 어원을 찾을 수 있다.

지지다와 볶다, 튀기다의 의미 차이, 또 끓이고 달이고 고는 경우도 서로 유사한 듯하지만 역시 약간의 차이가 있다. 사람을 들볶아 몹시 귀찮게 굴 때 흔히 '지지고 볶는다'고 말한다. 국을 끓일 때 국물을 조금 붓고 끓인다는 점에서는 동일하지만, 다만 '볶다'는 그 음식이 그릇에 약간 눋도록 익힌다는 점에서 다르다. '덖음 차'라는 녹차의 제조법을 생각해 보면 이를 이해할 수 있다. **덖다**는 약간 물기가 있는 식품, 예컨대 고기, 콩, 약제 따위에 더 이상 물을 붓지 않고 냄비나 솥에 넣어 타지 않을 정도로 익히는 조리법이다.

조리법을 나타내는 동사는 대부분 명사형으로도 쓰여 자연스럽게 음식 이름으로 전용된다. 우리의 음식 이름이 고유어의 순수성을 유지할 수 있었던 것도 여기에 기인한다. 이를테면 '굽다'에서 나온 **구이**, '지지다'에서 나온 **지짐이**와 **지짐개**, '부치다'에서 나온 **부침**(이)과 **부침개**, '무치다'에서 나온 **무침**(이), '버물다'에서 나온 **버물이**, '볶다'에서 나온 **볶이**와 **볶음**, '고다'에서 나온 **고음**이나 **곰**, '졸이다'에서 나온 **졸임**과 **조라치기**, '튀기다'에서 나온 **튀김**, '찌다'에서 나온 **찌개**나 **찜**, '절이다'에서 나온 **절이** 따위의 고유어 음식명이 모두 그런 예들이다.

우리의 경우 음식을 조리하고 저장하는 일은 여성의 전유물이었다. 따라서 여기에 따른 용어들이 대부분 고유어로 형성되어 지금까지 그대로 보존되어 왔다. 식용어 및 바느질 용어가 만약 남성들의 손으로 넘어갔더라면 한자어의 침투를 모면할 수 없었을 것이다. 바느질 용어도 그렇지만 조리 용어 역시 여성적 감각의 소산물이다 보니 남성들은 그 미묘한 차이점을 이해하지 못한다. 개개의 용어가 각기 고유한 의미 영역을 확보하고 있기 때문인데 이들의 미세한 차이는 여성의 그 섬세한 감성이 아니면 제대로 해득할 수가 없다.

그릇의 고유 이름

앞서 말(언어)이란 사람의 생각이나 느낌을 담는 그릇이라고 했다. 그러나 정작 그릇은 음식을 담는 데 필요한 물건이다. 그릇도 음식의 종류나 분량에 따라 다양한 형태가 나올 수 있다. 음식을 담는 그릇을 식기(食器)라 한다. 우리네 가정에서는 규모에 맞게 일정량의 그릇을 보관하고 있으며, 식사 때마다 거기에 맞는 그릇이 선택되고 있다.

식생활에서 '무엇을 먹는가'도 중요하지만 이를 '어떻게 먹느냐'는 방법 또한 이에 못지않다. 어떤 그릇에 담아 어떤 도구로 어떻게 먹느냐 하는 사항들이 식문화를 형성하는 요소가 된다. 따라서 식기에 대한 고유 명칭도 알아 둘 필요가 있다. 그저 밥을 담으면 밥그릇이요, 국을 담으면 국그릇, 반찬을 담으면 찬그릇 정도로 알고 있다면 너무 평범하다. 철에 맞춰 옷을 갈아입듯 음식을 담는 그릇도 그 내용물에 따라 거기에 맞는 형이 선택되어야 하며, 또한 그릇이 풍기는 미적인 감각까지도 느낄 수 있어야 한다.

술을 마실 때 사용하는 술잔도 매한가지다. 맥주는 컵에 따라 마셔야 제격이다. 포도주는 글라스에, 소주는 꼬푸에, 숭늉이나 막걸리는 사발에 부어 마셔야 제 맛이다. 맥주나 포도주를 사발에 부어 마시고, 소주를 글라스에, 막걸리를 컵에 따라 마신다면 어울리지 않을 뿐더러 격에도 맞지 않는다.

밥상에 차려지는 한 세트의 그릇을 반상기(飯床器)라 한다. 하나의 반상기에는 밥그릇과 국그릇이 나란히 놓이는데 그 중에서도 **바리**라 불리는 밥그릇이 주인공이다. '바리'는 불교 전래와 맞추어 인도에서 중국을 거쳐 들어온 차용어이다. 범어(梵語) '바다라(pātra)'가 중국에서 鉢多羅로 차음되고, 이는 다시 鉢이나 鉢盂(혹은 鉢釪)로 약칭 되었다. 그렇다면 '발우/바리'라는 밥그릇 이름은 인도의 범어와 중국 한자의 합작품인 셈이다.

우리나라에 들어 온 '바리/발'은 다시 그것을 만드는 재료나 크기에 따라 명칭이 세분된다. 놋쇠로 만들면 **주발**(周鉢)이 되고, 사기로 만들면 **사발**(沙鉢)이 된다. 크기에 따라 중간 정도의 크기면 중발(中鉢)이요, 요령(搖鈴)만하게 작게 만들면 종발(鐘鉢)이 된다. 또 모양새에 따라 연잎 모양으로 만들면 '연엽(蓮葉) 주발'이요, 우묵하게 속이 파이게 만들면 '우묵(우멍) 주발'이 된다.

우리의 전통 식기는 국그릇을 빼고는 모두 뚜껑이 있지만 그 중에서도 바리만은 뚜껑 위에 손잡이용 꼭지까지 달려 있다. 흔히 놋쇠로 만든 주발은 부유한 양반용이요, 사기로 만든 사발은 가난한 서민용으로 알고 있다. 그러나 주발과 사발이 처음부터 양반·서민용으로 나누어진 게 아니라 그릇의 실용성에 의해 구분되었다. 말하자면 주발은 추운 겨울 보온을 위한 그릇이라면 사발은 더운 여름에 시원한 음식을 즐기기 위한 그릇이었다.

그릇도 세태의 변천에 따라 유행을 달리한다. 양반용으로 호사를 누리던 주발은 이제 제사 외에는 찬장 속에서 낮잠 자는 신세가 되었다. 녹이 잘 슬어 실용성이 없다는 이유에서인데, 여기에 비하면 서민용으로 천시 받던 사발은 개 밥그릇으로 굴러다니던 과거의 그 사발이 아니다. 사발 중에서도 특히 마구 만들었다는 **막사발**(일본어로 '茶婉'이라 함.)은 이제 예술품으로 품격이 격상되어 값도 천정부지로 치솟게 되었다.

김치나 깍두기 따위의 반찬을 담는 작은 사발을 **보시기**라 하고, 이와 비슷하나 입구가 좀 더 벌어진(방언으로 '바라진/바래진') 사발을 말 그대로 **바라기**라 한다. 볼록한 형태를 나타내는 보시기는 여기서 활용되어 첫 글자만 따서 '-보'란 접미어로 여러 명칭으로 사용된다. 이를테면 조치를 담으면 조칫보요 찜을 담으면 찜보인데, 조치는 국물을 바특하게 끓인 찌개나 찜을 가리킨다.

바느질이나 조리 용어에서 보듯 이들 고유 생활 용어가 여성들에 의해 보존되어 왔으나 식기 명에서만은 한자어의 침투를 입게 되었다. 하긴 음식을 만들고 저장하는 일은 여성의 몫이지만 이를 맛보고 그릇을 만드는 일은 남성의 몫이었던 것이다. 그런 이유로 식기명은 때로 한자로 차음표기되기도 하고, 또는 한자어 명칭으로 대체되기도 했다.

보시기란 말은 순수한 고유어라 여겨지나 문헌상으로는 甫兒라 기록하였다. **쟁개비**라는 고유 이름도 일본어 '나베[沿]'에서 온 냄비에 밀리고, 전골틀을 지칭하는 **벙거짓골**도 지금은 '신선로(神仙爐)'란 한자말에 자리를 내주었다. 뿐만 아니라 음식을 덜어 먹는 '빈 그릇'마저도 한자어 공기(空器)에 그 자리를 내놓을 입장이다. 모처럼 안방마님들에 의해 고이 간직되던 고유 식용어가 진서(眞書, 한자어)를 고집하는 남성들에 의해 그만 한자말로 오염되고 만 것이다.

식용어 중에는 간혹 우리식으로 변한 한자말이 있어 그나마 위안을 준다. 우리말로 '시/지/주' 등으로 발음되는, 접미어 '子'가 바로 그것이다. 楪子는 **접시**로 발음되고, 鐘子는 **종지**로, 盆子는 **푼주**로 발음되는 것이 그런 예다. 접시에서 한자 '楪'은 넓고 평평한 모양의 그릇으로, 그 중에서도 크기에 따라 대접, 중접, 소접으로 나뉜다. 따라서 우리가 사용하는 그릇을 크기만 가지고 분류한다면 '사발(대접)> 중발(중접)> 종발(소접)> 종기'의 순이 될 것이다.

쟁반(錚盤)이란 명칭도 접시와 비슷한 시기에 들어왔다. 쟁반은 비록 한자말 이름이지만 '錚' 자가 소리를 본뜬 의성어여서 재미있다. 은쟁반에 옥구슬 구르는 쇳소리가 바로 '쟁'이요, 누구나 '쩡하고 해 뜰 날'이 있기에, 그래서 '쩡'이다. 번철(燔鐵)이란 이름도 외래어 '프라이팬'에 그 자리를 내준 지가 오래다. 이 밖에도 동이, 자배기, 버치, 방구리 따위의 고유 명칭도 서구계 외래어에 밀려 사라지고 있다. 다만 투박하기 이를 데 없는 **뚝배기**라는 그릇이 아직도 살아 있어 그나마 다행이다. "뚝배기보다 장맛이 낫다."는 옛말이 있어 뚝배기의 생명을 연장시켰는지도 모른다.

뚝배기라는 토속적인 그릇이 아직도 버티고 있음은 겉모양보다는 그 속에 담긴 멋이나 인정 탓이 아닌가 한다. **오가리**라고도 불리는, 뚝배기의 참맛은 단연 **알뚝배기**의 효용성에 있다. 예로부터 백년지객 사위를 비롯한 귀한 손님이 왔을 때 이 알뚝배기에 계란을 쪄서 대접하였다. 알뚝배기야 말로 인정의 진수를 담은 우리 고유의 그릇이었다.

한국문화는 깁는 문화

바느질 하는 여인

바늘을 이용하여 옷을 깁고 박는 일련의 재봉 일을 **바느질**이라 한다. 바늘 외에도 몇 가지 기구가 더 소요되지만 그 중 바늘의 역할이 가장 크기에 바느질이라 하는 것이다. "바늘 구멍으로 황소바람 들어온다." 는 말이 있다. 이처럼 가장 작은 것으로 비유되는 바늘이지만 바늘이 하는 일은 결코 작지가 않다. 헝겊과 헝겊을 꿰매어 서로 이어 주는 일 이 바로 바늘의 역할이다.

바느질의 기본은 역시 깁는 기술이다. **깁다**란 말은 비단(緋緞)의 고유어 '깁'[繒, 絹]이란 명사가 동사로 전성된 어형이다. 깁는 일은 피륙에서 해어지고 떨어진 부분에 조각을 대거나 또는 그대로 꿰매는 작업이다. 이 일은 또한 바느질에만 머물지 않고 내용을 보다 더 알차게 꾸미기 위해 모자라는 부분을 보충한다는 뜻으로도 쓰인다. 한국 문화를 '깁는 문화'라 말하기도 한다. 한국 여인의 깁는 솜씨는 예로부터 정평이 나 있다. 해지고 찢어진 피륙을 단순히 땜질식으로 깁는 것만이 아니라 고도의 미학적 경지에 이른 기움이란 점에서 높은 평가를 받는다.

바느질에 깁는 기술만 있는 게 아니다. '박고, 호고, 누비고, 공그르고, 시치고, 감치고, 뜨고, 사뜨고, 휘갑치고, 아퀴 짓고' 등과 같은 다양한 여러 기술이 활용되어야 한다. 바느질에 관한 한 문외한인 남성들로서는 도저히 이해하기 어려운 용어들이다. 앞서 말한 '깁다'가 명사 '깁[繪, 絹]'에서 파생했듯이 **누비다** 역시 명사에서 전성되었다. '누비'는 본래 스님이 입는 옷[僧衣]으로 장삼을 지칭하는 한자 '납의(衲衣)'에 어원을 둔다. '누비→누비다'는 피륙을 두 겹으로 포개어 안팎을 만들고, 그 사이에 솜을 넣어 죽죽 줄이 지게 박는 방식이다. 이와 같은 바느질이 바로 **누비질**이요, 누비질로 누비옷, 누비이불, 누비포대기 등등이 만들어진다. 우리가 잘 아는, 신라 시대의 백결(百結) 선생은 이름 그대로 백 번이나 누빈 누비옷을 입고 다녔고, 이 시대의 선승 성철 스님도 **누더기**나 다름없는 누비옷으로 평생을 정진하셨다. 그분들이 입었던 누비옷이 비록 누더기였다 해도 누구도 이를 누추하다고 생각하지는 않았다.

옷감을 만들 때 원료가 되는 실을 '길게[長] 잇는다.'하여 **길쌈**[紡績]이란 말이 생겼다. 두 번째 음절의 '-쌈'은 '삼[麻]'의 경음화로 '길삼>길쌈'의 변화이다. 옛날에는 삼밭[麻田]에서 채취한 삼으로 삼베옷을 만들어 입었다. 정확히 말하여 '길삼>길쌈'은 삼베를 얻기 위해 '삼을 길게 잇는다.'의 준말인 것이다. 실이나 줄의 가닥[絲條]을 일러 **올**이라 한다. 질 좋은 옷감이 되려면 두말할 나위 없이 '올'부터 곧고 질겨야 한다. 나아가 올이란 말은 실이나 줄의 표현에만 머물지 않는다. **올곧다**

라 하면, 사람이 곧고 정직하다는 말이다. 올이 촘촘히 짜이어 바닥이 질긴 옷감을 **올되다**라 하는데, 이 역시 좋은 성품을 가진 사람을 지칭함이다. 박음질한 줄, 다시 말하면 옷이나 이부자리의 두 폭을 맞대고 꿰맨 줄을 **솔기**(또는 솔)라 하고 여기서 곱솔, 쌈솔, 뒤웅솔, 가름솔 따위의 용어가 파생되었다.

올과 솔기의 중간 과정에 **땀**이란 게 있다. 솔기가 바느질에서 실로 꿰맨 줄을 가리킨다면 실을 꿴 바늘로 한 번씩 뜬 자국이 바로 땀인 것이다. 땀은 동사 '따다'의 명사형으로 '뜨다'와도 같은 어원이다. 따다와 뜨다는 모음교체로 '따다'에서 땀이 나오고, '뜨다'에서 **뜸**이나 **뜨개질**이 파생되었다. '뜨다'의 사전적 의미는 실이나 줄로 코를 얽어서 그물이나 장갑 따위를 만들어내는 것이라고 되어 있다.

감칠맛이라고 할 때 **감치다** 역시 바느질 용어에서 비롯된다. '감치다'는 두 헝겊의 가장자리를 맞대어 감아 꿰매는 방식이다. 이 말 역시 바느질 기술에만 머물지 않고 음식이 입에 당기는 뒷맛인 '감칠맛'에서부터, 일이나 물건이 사람의 마음을 끌어당기는 힘으로까지 발전한다. 총총히 눌러 꿰맨다는 **박다** 역시 바느질 용어로만 끝나지 않고 말뚝도 박고 사진도 박고 책까지 박아 낸다고 한다.

시집살이와 누비바지

바느질에서 말하는 '누빈다'도 그 의미 영역이 넓다. 이 말은 이곳저곳 헤집고 다닌다는 뜻으로도 쓰여 뒷골목을 누비고, 세상을 누빈다고 말한다. 언젠가 모 자동차 회사에서 "이 차로 세상을 누비고 다녀라."라는 취지로 '누비라'라는 자동차 이름을 내놓았다. 그런가 하면 겹사돈과 동의어로 쓰이는, **누비혼인**이란 말까지 있다. 두 성(姓) 사이에서 겹쳐서 하는 혼인을 말하는데, 이는 곧 누비질을 하듯 두 집안의 겹친 혼인이란 뜻이다.

우리의 옛 여인들은 일생동안 최소한 두 벌의 누비바지를 누볐다고 한다. 모두 시어머니에게 드리는 것인데 한 벌은 본인이 시집갈 때, 또 한 벌은 시어머니 환갑 때 지어 바쳤다. 이는 며느리로서 당연히 해야 할 부도(婦道)로서 여기에는 시어머니의 장수를 기원하는 주술적인 의미가 있었다. 누비는 올올이, 골골이 장수를 상징하는 실이 연결되어 있었다. 누비는 과정에서 며느리의 정성을 응집시킴으로써 고부간이라는 규범적이요 인위적인 인간관계를 밀착시키는 정서적 효과도 있었다. 이 처럼 한 올 한 올 누비는 작업은 시집살이와 한국 여성의 쓰라린 조건이 주는 괴로움, 슬픔, 아픔을 인내케 하는 정신적인 약재가 되기도 했다.

누비바지를 지어 바치는 일로 한국 여인의 일생을 대변할 수 있다면 다듬이질 역시 이와 유사한 소재가 된다. **다듬이질**은 맵시 있게 손질하거나 매만진다는 뜻의 '다듬다'에서 파생된 말이다. 다듬이질은 다듬는 일 중에서도 다듬잇감을 다듬잇돌 위에 올려놓고 다듬잇방망이로 두들겨대는 일이다. 돌에다 방망이로 두드리는 이는 여성이었기에 다듬이질 소리에는 한국 여인의 애환이 서려 있다.

옛 풍습으로, 친정아버지가 시집간 딸네 집을 처음으로 방문할 때면 다듬잇돌을 메고 갔다고 한다. 시집살이의 불만이나 고통을 다듬이질로 털어버리고 오로지 참고 살라는 부정(父情)의 발로였다. 그 옛날 이 땅에서 들렸던 다듬이질 소리는 다름 아닌 한국 여성의 비정한 삶의 절규라 해도 무방할 것이다.

앞서도 말한 바처럼 의상에서의 바느질 용어나 식생활에서의 조리 용어는 그 주체가 여성인 만큼 순수한 고유어의 보고라 해도 좋다. 안방 장롱 속에 고이 간직해 둔 고유어의 금고를 대한다고나 할까, 아무튼 이런 생활 용어가 고유어의 순수성을 유지한다는 점에서 오늘을 사는 우리는 옛 여인들에게 경의를 표해야 한다.

오늘에 이르러 이런 바느질 문화, 깁는 문화의 전통도 사라져 가고 있다. 이제는 바느질하는 여인도 보기 드물고, 다듬이질 하는 모습이나 그 규칙적인 음률도 들을 수 없게 되었다. 다듬이질, 바느질이 사라짐은 세태의 변천에 따른, 어쩔 수 없는 일이라 해도 그 감칠맛 나는 바느질 용어만은 보존되었으면 한다.

2 인본주의 언어

한국인의 인간관

인간 · 인간적

사람이란 살아 있는 존재, 곧 생존하는 개체로서의 인간을 지칭하는 말이다. **사람**에 해당하는 '인간(人間)'이란 한자말은 본래 사람 그 자체를 지칭하지는 않았다. 중세 문헌 「월인석보(月印釋譜)」에서 "人間은 사람 사이"라고 하였다. 여기서의 **인간**은 사람들이 모여 사는 세상, 곧 '인생세간(人生世間)'의 준말로 쓰인 것이다. 부연하면 '홀로 서기'가 아닌 '마주 보기'가 적용되는 사회, 개체로서 인간이 아니라 더불어 살아가는 인간 세상을 일컫는 말이다.

인간(人間)은 일본식 한자말의 영향을 받아 '사람'을 칭하는 말로 정착하게 되었고, 여기다 다시금 '사람 됨됨이'란 의미를 추가하게 되었다. 그런가 하면 형편없는 사람을 비하하는 속어로도 쓰인다. "그 인간이……"라며 빈정거리는 말투가 그런 예다.

그런데 최근에 곧잘 쓰이는 **인간적**이라는 말은 무슨 의미일까? 어떤 말이든 '-적(的)'이란 접미어가 붙으면 본래의 말뜻을 흐려놓고 만다. 그런 점을 감안하면 '인간적'이란 말은 한 개인의 인품과 관련하여 '사람다움'이나 사람 사이에서 운위되는 인간성과 같은 의미를 두루 담고 있는 듯하다.

인간학의 관점에서 보면 서양문화는 인간을 일정한 틀[型]에 구겨 맞추는 형식주의를 취한다. 이에 반해 동양, 그 중에도 한국문화는 사람 자체에 틀을 가져다 맞추는 **인간주의(또는 人本主義)**를 취한다고 볼 수 있다. 필자는 인간 중심에 기반을 두고 형성·발전되어 온 우리말을 감히 '인본주의 언어'라 규정하고 싶다. 인간적이며 인간 중심의 인본주의는 서양의 이성적이고 논리적인 면에 대해 감성적, 감각적인 면에 더 가깝다고 할 수 있다.

한민족의 이 같은 인간 중심의 사고와 발상은 언어 면에서도 잘 반영되고 있다. '너무나 인간적인 언어'라고 해도 좋을 만큼 한국어는 어휘나 통사 구조에서도 인도주의적 특징이 그대로 드러난다. 다만 인간적인, 감성적인 속성이 지나치다 보면 언어에서 표현상 부적절하고 부정적인 면이 부각되기 쉽다. 인간적인 언어가 빠지기 쉬운 함정이라 할까, 이를테면 "우리 인간적으로 해결합시다."며 나설 때나, "인간적으로 한번만 봐 주시오."라면서 사정하는 경우를 생각해 본다. 이는 분명 원칙적으로는 안 되는 일이지만 편법으로나마 눈 감아 달라는 간청이다. 당위적 의미가 아니라 인간의 결점과 인간의 약점을 도리어 이용하고 과장해가는 과정이라 할 것이다.

또 다른 문제점도 있다. 인간적이라는 데까지는 그렇다고 해도 '너무나 인간적'이라는 데에 이르면 곤란해진다. 무슨 일이든 지나치면 좋지 않은 법이다. 너무나 인간적이다 보니 자연 논리성이나 합리성 같은 원칙으로부터 멀어지게 된다. 인간적 언어, 감성언어가 빠지기 쉬운 함정이 바로 여기에 있다. 이런 점이 한국어를 사용하는 주체가 향후 풀어가야 할 과제가 될 것이다.

인간성 · 인정

인정이 많고 인간미가 있는 사람을 일러 "그 사람 인간성이 좋다."라고 한다. 흔히 말하는 '인간적이다, 인간성이 좋다, 인간미가 있다'는 표현은 결국 **인정**이 있다는 한마디로 집약된다. 한국인은 인정이 많은 민족임은 자타가 공인하는 사실이다. 인정(人情)이란 말을 한 음절로 줄이면 정(情)이 될 것이다. 우리 사회에서는 능력이나 됨됨이는 다소 부족할지라도 그가 인정만 많다면 얼마든지 좋은 평판을 받을 수 있다.

고유어에는 원초부터 '사랑'이란 말은 없었어도 '정'이란 말이 있어서 사랑의 의미를 대신해 왔다. '미운 정 고운 정'이란 말도 이런 환경에서 나온 표현이다. 미운 정을 고운 정보다 앞세우는 걸 보면 여기서 말하는 **정**이야 말로 진정한 의미의 **사랑**이라 할 수 있다. 위급한 상황에서 외치는 "사람 살려!"라는 구조 요청도 사람들의 인정에 호소하는 행위다. 단순히 나를 도와 달라(help me)는 요구가 아니라 사람으로서 사람을 살려 내라는 인도적 요청인 것이다.

한자말 행복(幸福)과 마찬가지로 인정이나 정에 해당하는 마땅한 고유어는 발견되지 않는다. 그렇다고 보면 '정(情)' 역시 한(恨)이나 끼[氣], 신(神) 따위와 마찬가지로 가장 성공적으로 귀화한 한자어라 보아도 좋다. 한국인만의 정신과 정서를 담고 있는 '정'을 영어로 옮긴다면 어떤 단어가 적절할까? sympathy라면 동정이 될 것이요, affection이라면 애정이, mercy라면 자비가, benevolence라면 인애가, love라면 사랑이, compassion이라면 연민이 될 것이다. 그러고 보면 영어의 어떤 단어도 우리말 '정'의 한 부분일 수는 있으나 온전한 정의 의미는 나타낼 수는 없어 보인다.

인정, 정이란 독립적 인간관계가 아닌 의존적 인간관계에서만 성립하는 상대적 개념이다. 다시 말하면 '홀로 서기'하는 개인주의 사회에서는 존속하기 어려운 대신 '마주 보기'하는, 더불어 사는 사회에서나 뿌리를 내리고 꽃을 피울 수 있다. 정, 인정의 바탕에는 치기 어린 **응석**이나 **어리광** 같은 성분이 깔려 있다. 정에 의지하여 무엇을 요청하고 기대했으나 그것이 받아들여지지 않을 때 응석 행위가 고개를 든다. 어리광이나 응석은 어른에게 귀염을 받거나 남의 환심을 사려고 짐짓 어리고 예쁜 짓을 지어보이는 행위다. '응석부린다, 응석 떤다, 어리광 떤다, 어리광 피운다' 등은 그래서 나온 말이다.

응석에 대한 상대의 반응은 '어른다, 봐준다, 눈감아준다, 어여삐 여긴다'로 나타난다. 이는 곧 의존 주체가 피의존체에 베푸는 융합의 과정 표현이다. 반면, '토라진다, 피뜩하다, 샐쭉하다, 삐죽거린다, 원망한다'는 피의존체에 응석이 잘 받아들여지지 않을 때 생길 수 있는 보편적 감정 표현이다.

한국인의 정은 신체 부위 중 **가슴**에서 우러나온다. 추상적 의미의 인정이란 말이 '가슴'으로 구체화되어 표현되는 것이다. 정이 많은 사람을

'가슴이 따뜻한 사람'이라 하고, 정을 나눌 때는 '가슴을 나눈다'고 말한다. 뿐만 아니라, 희망 찬 미래를 내다볼 때면 '가슴을 편다'고 하고, 포용력 있는 사람을 '가슴이 크다'라 하며, 흥분될 때는 '가슴이 뛴다', 고 하고, 감격스러울 때는 '가슴이 벅차'며, 답답하고 우울할 때는 '가슴이 무겁다'고 말한다.

곧 희로애락의 모든 감정이 가슴 속에서 우러나오고, 인의예지의 덕목이 가슴 깊숙한 곳에 깔려 있다고 믿기 때문이다. 결론적으로 말하여 한국인은 정이 많은 민족이며, 한국어 역시 정이 많은 언어, 곧 머리가 아닌 '가슴으로 말하는 언어'라 할 수 있다.

인간 중심의 계량법

동양, 특히 우리나라는 언어에서만이 아닌 계량법[尺貫法]에서도 인간 중심의 사고가 작용한다. 척관법(계량계측법)이라 하면 길이의 단위를 자[尺]로, 양의 단위를 되[升]로, 무게의 단위를 저울[貫]로 재는 도량형 법을 이름이다. 현재 국제적으로는 미터법이나 야드·파운드법이 통용되고 있으며, 또 이의 사용을 권장하고 있다. 미터법은 길이에서 지구의 자오선 길이를 표준으로 하고, 양이나 무게는 표준 원기(原器)를 마련하는 등 과학적인 체계를 갖추고 있다. 이에 대해 중국이나 한국의 척관법은 그 기준이 인간의 신체 구조나 능력을 중심으로 단위가 정해져 있다.

보통 사람의 손바닥에서 엄지와 인지 사이의 길이가 대략 15cm 정도가 된다. 이 길이의 단위를 한 **뼘**이라 하고, 팔목에서 팔꿈치까지의 길이를 한 **자**[尺]라 친다. 손바닥을 편 한 뼘은 대체로 그 사람 신장의 10분의 1에 해당되므로 이것이 열 뼘이면 대략 그 사람의 신장과 비슷해진다. 두 손을 펴들었을 때 손끝과 손끝의 길이를 한 **길[尋]**이라 하는데 이 단위는 물의 깊이를 잴 때도 적용된다.

손과 발을 쭉 뻗어 큰 '大'자로 드러누우려면 사람의 발이나 키가 5~6척이 되므로 최소한 사방 6척의 면적이 필요하다. 한 사람이 활개 치듯 날개를 펴고 누울 수 있는, 가로·세로 6척의 공간을 한 **평(坪)**이라 하고, 이 면적이 한국인의 주거 공간의 기본 단위다. 따라서 공간 면적을 나타내는 평수(坪數)는 사람의 키[身尺]에서 비롯된, 너무나 인간적인 길이[尺貫] 단위라 할 수 있다.

이런 인간 중심의 단위는 농토의 면적을 나타내는 데도 예외없이 적용된다. 한 **마지기**라고 하면 한 말[斗]을 수확할 수 있는 땅 면적이다. 이는 또한 평균 노동력을 보유한 한 사람이 소나 인력에 무리가 가지 않는 범위에서 하루에 '갈[耕]' 수 있는 면적이기도 하다. 뿐인가, 목이 말라 물을 마실 때 사람이 한 번에 마실 수 있는 적정량이 한 **홉[合]**이며, 거리를 말할 때 일 **리**(里, 흔히 10리라고 말함.)라면 보통의 사람이 서두르지 않고 한 시간 정도 걸을 수 있는 인간 본위의 거리다.

도구를 이용하여 작은 물체를 한 번에 날릴 수 있는 거리를 어떻게 나타내면 좋을까? 현재 우리나라 골프장에서는 서양식의 미터법과 '야드'법이 혼용되고 있다. 정부의 권장대로 미터법으로 통일되어야 하겠지만 우리만의 전통적인 척관법을 따르는 것도 좋은 방법일 것이다. 물론 개인적인 차이는 있겠으나 그것이 인간의 신체나 능력에 따른 단위라면 한 번쯤 고려해 볼 수도 있겠다.

인체 위주의 의상

한국인이 입는 옷은 외양을 염두에 둔 거추장스런 장식이나 호사보다는 인간 본위로 지어진 자연스러운 옷이다. 우리의 옷은 한반도의 지정학적인 조건에 맞게 **반개방성**(半開放性)을 특징으로 한다. 가옥 구조에서 창호지를 바른 방문이나 돌담과도 같은 반개방적인 특성이 의상에서도 적용되는 것이다.

반개방성이면 추운 북방의 폐쇄성과 더운 남방의 개방성을 적절히 조화시킨 구조이다. 옷으로 온몸을 감싸는 닫힌 구조가 아니며, 요긴한 데만 살짝 가리는 열린 구조도 아니다. 물론 겨울철이면 뒤집어쓰는 장옷이나 너울 같은 폐쇄적인 것도 있고, 더운 여름철이면 모시 적삼이나 삼베 바지와 같은 개방적인 것도 없는 건 아니다.

우리 의상이 외형상 **평면구조**라는 점이 또 다른 특징이다. 서구인의 옷은 사이즈가 정해 있어 몸을 거기에 맞추는 형식인데 반해 우리 옷, 한복은 정한 사이즈가 없이 몸에 옷을 걸치거나 감싸는 형식인 것이다. 한복은 누구에게나 품이 잘 맞는다는 특성으로 한복일 수 있다. 저고리 깃을 여미거나, 바지춤을 추키거나, 소매나 바지를 걷기만 하면 누구나 입을 수 있다. 그래서 웬만한 신장의 차이가 있는 부자, 모녀, 형제·자매가 더불어 입을 수 있는 그런 구조인 것이다.

옷이 평면구조라면 외형이 그만큼 단순하고 자연스럽다는 뜻이기도 하다. 옷에 사람의 몸을 맞추는 형식이 아니라 몸에 옷을 맞추는 형식인 것이다. 여성용 의상에서, 서양의 드레스나 일본의 기모노는 입체적인 구조여서 걸어 놓기만 해도 옷 그 자체로 좋은 볼거리가 된다. 그러나 한국 여성의 치마는 그 자체로 하나의 커다란 보자기 같아서 벽에 걸지 않고 접어서 장롱 속에 넣어두는 것이다.

평면구조의 옷이라 해서 외형상 볼품없다는 말은 결코 아니다. 서양 스커트의 아름다움은 그 자체의 디자인이나 부착물 따위의 물리적인 변형에서 찾는다. 반면 한국 여성의 치마는 입었을 때 그것을 감싸는 맵시에서 아름다움을 느낄 수 있다. 여성이 절을 할 때 치맛자락을 감싸진 맵시로 공경의 도를 표할 수 있음도 치마가 변화무쌍하게 싸는 형태의 옷이기 때문이다. 의상에서의 평면성은 개성이 없는 의상이라는 말이기도 하다. 치마도 그렇지만 남성용의 핫바지도 특정한 주인 없이 누구나 번갈아가며 입는다. 게다가 앞뒤의 구분조차 뚜렷하지 않아 바지 앞 가랑이가 낡았다 싶으면 언제든지 앞뒤를 바꾸어 입을 수도 있다.

평면구조가 무개성적이라 해도 자유스러운 **여유 구조**라는 장점도 지녔다. 서양인의 옷, 곧 양복은 온통 몸을 죄이는 결박 구조임에 반하여 한복은 헐렁하게 걸치는 여유 있는 구조인 것이다. 우리는 옷을 지을 때 처음부터 정확하게 치수를 재지 않는다. 체구를 감안한 나이 또래면 누구나 품에 맞게끔 푼푼하게 마른다. 이렇게 지은 옷이니까 입어서도 넉넉하고 자연스러울 수밖에 없다. 바지는 오목허리에 걸고, 저고리는 어깨에 걸고, 여성의 치마는 가슴(유방)에 건다. 거기다 걸어서 벌어지지 않을 만큼 고름이나 끈으로 느슨하게 매어놓기만 하면 된다. 그래서 고름만 풀면 옷은 저절로 풀려 내리게 되어 있다. 이를 두고 서양 복식 전문가는 한복은 이 세상에서 육체에 구속력을 가하지 않는 '가장 인간 본위의 옷'이라고 칭찬한다.

한국인의 얼굴

'얼굴'이란 말은 '얽-[縛]+울(접사)'의 구조로 분석되는 우리말이다. 얼굴은 형(形)이나 구조를 나타내는 얼개와 마찬가지로 몸체나 사물의 구성 형태를 나타낸다. 이런 얼굴의 외형적인 개념을 떠나 우리 한국인의 얼굴관은 유별난 데가 있다. 그것은 단순한 형상만이 아닌, 어떤 주관적 의미를 부여한 얼굴이다. 다음에 열거하는 예문을 통하여 한국인의 얼굴을 다시 한 번 쳐다보기로 하자.

  "얼굴을 내놓는다, 얼굴을 익힌다, 얼굴을 붉힌다, 얼굴을 못 든다, 얼굴이 뜨겁다, 얼굴에 먹칠한다, 얼굴에 똥칠한다, 얼굴이 깎인다, 얼굴이 안 선다, 얼굴로 통한다, 얼굴 값한다, 얼굴이 넓다, 얼굴로 부탁한다, 볼 낯이 없다" 등등.

  여기서 말하는 **얼굴**은 눈에 보이지도, 손으로 만질 수도 없지만 다른 사람들 앞에 노출됨으로써 비로소 드러나는 얼굴이다. 이런 한국인의 얼굴은 한자어 체면(體面)이나 면목(面目)으로 대체될 수 있다. 우리는 유독 얼굴로 대변되는 면목이나 체면을 무엇보다 소중하게 생각한다. 그래서 한국인은 너무나 많은 체면의 자갈밭을 맨발로 걷는 민족이다.

  체면 때문에 굶주림도 참아야 하며 배가 불러도 먹어주어야 하고, 추워도 옷을 입지 못하고 더워도 옷을 벗지 못한다. 그로 인해 울지도 웃지도 못하고, 좋아하지도 싫어하지도 못하여 안과 밖이 다른 행동을 보여 주어야 한다. 집안에서는 누더기를 걸치더라도 나들이 때는 '옷이 날개'라며 옥양목 두루마기를 걸치고 나선다. 이처럼 체면을 재산보다 더 소중히 여기고 그것만으로 목숨을 초개같이 버릴 수 있다.

  한국인이 얼굴(또는 낯), 곧 체면을 내세운다면 서구인들은 명예를 내세운다. 체면과 명예는 개념 상 차이가 있다. 한국을 잘 아는 모 선교사는 "한국인은 자기 아내가 죽은 사실보다 자신의 체면이 손상되는 점을 더 두려워한다."고 꼬집는다. 한국인이 내세우는 체면을 족집게처럼 잘 지적한 말이다. 서구인의 명예는 남에게 내세우려 하는 것이라면 한국인의 체면은 오히려 감추려 하는 것이다. 남의 이목이 두려워서 열녀가 되고, 남의 비난이 무서워 효부가 되어야 한다. 참으로 우리는 내가 나를 어떻게 생각하느냐 보다 남이 나를 어떻게 생각하는가에 더 많은 관심을 기울인다.

우리가 이처럼 겉으로 드러나는 체면 치레에 관심을 두다 보니 자기 이름에 대한 집착이 강해진다. 그래서 이름을 밝히려 명함이나 문패와 같은 비석 문화가 발달하였다. 그런가 하면 체면 의식은 역설적으로 불필요한 겸양을 동반하기에 이른다. 한국인의 선물은 항상 '아무 것도 아닌' 약소한 것이요, 아무리 잘 차린 음식이라도 '별로 차린 것이 없는' 소찬이다. 여기서 말하는 겸양은 자존심과 체면이라는 이중성을 가진 겸양이다.

인간은 되어가는 존재

'- 답다'와 됨됨이

한 개인의 품격, 곧 인품(人品)을 고유어로 **됨됨**이라 한다. 그래서 어떤 사람의 됨됨이가 좀 모자란다 싶으면 '덜 됐다'거나 '못됐다'면서 나무란다. 한자 '化'에 해당하는 **되다**는 현대어 접미사 '-답[如]'의 파생어다. 이는 우리가 상상 속에 그리는 이상형에 가까이 다가감을 의미한다. '되-'는 '둡-[如]+이(접사)+다'의 구조로 '드비다>드븨다>드외다>되다'의 변화를 거쳤다.

향가 안민가(安民歌)에 나오는 "君은 君다이, 臣은 臣다이……"라는 구절은 임금은 임금답게, 신하는 신하답게 처신하라는 말이다. 어떤 사람을 가리켜 '위인답다'라고 하면 그가 위인은 아니지만 위인처럼 되어

간다는 말이다. 다시 말하면 그 이미지를 향하여 부단히 다가가는 일, 그리고 그렇게 되어가는 상황을 그려 낸다.

인간은 '주어진, 되어 있는 존재(being)'가 아니라 '되어가는 존재(becomning)'로 파악하는 것이 한국인의 인간관이다. 미처 못 되고, 아직 덜 되고, 그래서 수준이 낮은(나쁜) 사람은 장차 한 인간으로서의 됨됨이[品格, 人品]를 갖추어 나가기만 하면 언제든지 제대로 된 사람이 될 수 있다고 믿는다. '되어지다, 되어간다'는 피동 표현도 인간은 타고난 존재가 아니라 완성을 향해 끊임없이 노력해 가는 존재임을 보여 준다. 그러므로 '덜 됐다'는 질책도 실은 질책만으로는 볼 수가 없다. 현재는 덜 되었더라도 언젠가는 되어질 것이라는 가능성에 대한 격려가 담겨 있다. 참으로 됨됨이와 '-답다'는 인간에 대한 한국인의 철학이 담긴 언어 표현이다.

한 개인의 사람됨은 그가 구사하는 언어행태에서도 표출된다. 그 사람의 언어 구사력이 인간 평가의 기준이 될 뿐 아니라 동시에 인격 연마의 도구가 되기도 한다. 나아가 한 사회의 병리 현상도 그 사회의 언어 현상을 통하여 진단할 수 있다. 비속어와 욕설이 난무할 때는 그 사회는 무질서와 폭력으로 얼룩진 상태이며, 과장과 허위가 유행할 때는 진정성이 숨어들게 되어 있다.

다른 동물에 비해 인간은 훨씬 불완전한 상태로 태어난다. 거의 완전한 상태로 태어나는 다른 동물에 비해 그러나 인간의 발전 가능성은 오히려 높다. 불완전한 상태라 하더라도 인간은 성장 과정을 통해 계발과 발전을 거듭하여 끝내 '호모 사피엔스'나 '호모 로쿠엔스'에 이른다. 인간화(人間化)의 과정이라고 할까, 어떻든 우리가 알고 있는, '단군신화'는 인간이 되고자 하는 한 마리의 짐승(곰)이 사람의 됨됨이를 갖추어 한 인간이 되어가는 과정을 그린 이야기에 다름 아니다.

한국인의 생사관

숨쉬기와 삶

우리 고유의 무속(巫俗)에서는 한 생명의 출생과 성장에 따른 일련의 과정은 삼신, 또는 산신(産神)에 의해 주도된다고 믿는다. 삼신의 관장 아래 성장한 아이는 7세가 되면 삼신의 품을 떠나 칠성신(七星神)에게 인계된다. **삼신**은 존장자를 뜻하는 만주어 '샤만(shaman)'에서 나왔거나, '단군신화'에 나오는 세 분의 신, 곧 '삼신(三神)'에서 유래했을 수도 있다.

그러나 삼신, 산신을 고유어로 본다면 첫 음절 '삼/산-'은 동사 **살다**[生, 活]의 명사형으로 볼 수 있다. "사람이 살림살이를 산다."라 하면 여기서는 동사 어간 '살-'이 네 번씩이나 반복되었다. 살림살이를 비롯하여 삶, 사람 따위가 모두 동사 '살다'에서 파생되었기 때문이다. 동사 어간 '살-'의 본의미가 '살[膚]', 혹은 '술[燒]'이라는 견해도 있으나 이는 단순히 '움직임[動, 活]' 그 자체를 형용한 말로 보아야 할 것 같다.

'살-'을 움직임 그 자체로 본다면 '숨을 쉰다'는 말의 **숨**[息]이나 '**쉬**-' 역시 '살-'의 파생어로 보여진다. 숨 쉬는 일을 지속하는 한 살아 있다는 증거요, 그 동작이 멎는 순간이 바로 죽음이기 때문이다. 사람이 이 세상에 태어나 맨 처음 내뱉는 고고성(呱呱聲)은 호흡기 개통식에 다름 아니다. 출생과 동시에 울음으로 터져 나오는 숨쉬기가 목숨이 다하는 순간까지 지속되는 것이다. '**숨지다**'라는 말이 죽음과 동의어가 되는 까닭이 여기에 있다. 성경 말씀에서도 태초에 하느님께서 흙으로 당신의 형상을 닮은 인간을 빚으시고 코를 통해 '숨을 불어넣으심'으로 해서 새 생명을 창조하셨다고 했다.

사람은 태어나 성장해 가면서 숨을 쉬는 부위나 그 행태도 달라진다. 어릴 적에는 배로 숨을 쉬지만 나이가 들면서 점차 가슴으로 올라오고 그것이 목까지 차오르면 숨 쉬는 동작이 그치고 만다. 임종을 맞는 이의 마지막 숨결을 지켜보노라면 사람의 생명을 왜 **목숨**이라 했는지를 비로소 알게 된다.

죽음은 돌아가시는 일

불가(佛家)에서 말하는 윤회생사(輪廻生死)란 인간의 삶과 죽음은 끊임없이 되풀이된다는 가르침이다. 그러나 일반 중생은 이런 윤회설에 대하여 회의적인 듯하다. 언어 표현에서도 생사의 거리는 여전히 멀어만 보인다. 삶과 죽음이란 말에서 '살-'과 '죽-'의 두 동사 어간에서 느끼는 어감이나 정서부터가 다르다. **살다**의 '살-'은 밝은 양성모음('아')에 음절 말음도 유음(流音 'ㄹ')이다. 양성모음에 유음 받침이 주는 어감은 마치 물 흐르듯 하는 유연성과 부드러운 동작성이 감지된다. 솔솔 바람이 불고, 졸졸졸 물이 흐르며, 돌돌 돌이 구르는 듯한, 말하자면 유전하며 영원히 지속되는 생동감을 느끼게 한다.

이에 반해 생명의 종식을 뜻하는 **죽다**의 경우는 전혀 판이하다. 어간 '죽-'은 어둡고도 무거운 느낌의 음성모음('우')에 닫히고 막히는 소리, 곧 폐쇄음(閉鎖音) 받침('ㄱ')이 사람의 숨길을 가로막는다. 일체의 움직임이 정지되어 적막감이 감도는 죽음의 세계 바로 그것이다. 아예 생명이 없는 사물의 경우도 매한가지다. "시계가 죽다, 팽이가 죽다, 풀이 죽다, 사기가 죽다…." 역시 생동감이라고는 찾아볼 수 없는, 적막과 침체의 세계 그 자체다.

사물과는 달리 인간 죽음에 대한 언어 표현은 다분히 은유적이고 철학적이다. 죽음의 표현 가운데 고유어 **돌아가시다**는 말이 단연 돋보인다. 그냥 '가다(간다)'는 것이 아니라 '돌아가'는 것이다. 영어로 말한다면 'go'나 'gone'이 아니라 'return'쯤이 해당된다. 숨을 거두면서 눈을 감는 인간의 마지막 행위를 저 세상으로 가기 위한 몸짓으로 보고 이를 '돌아가신'다고 표현하는 것이다. 우리말 '돌아가심'은 인간이 본래의 고향으로의 귀의(歸依)함을 뜻하므로 영어의 '리턴'과는 본질적으로 다른 것이다.

우리말 돌아가심은 인간 생명의 종식을 소멸에서가 아닌 자연 섭리에 의한 순응의 관점에서 보고 있다. 우리말에도 죽음을 '가다'로 표현하는 예도 있으나 이럴 경우 반드시 그 앞에 행선지를 밝힌다. "골로 가다, 고택골 가다, 북망산 가다, 망우리 가다" 등등이 그런 예다. 여기서 고택골, 북망산, 망우리는 묘지의 대명사로 옛날 공동묘지가 있었던 곳이다. **골**은 사람의 시신을 담는 나무 관(棺)으로 "칠성판 지다"와 같이 관 속으로 들어가 무덤으로 간다는 뜻이다. **칠성판**(七星板)은 소렴(小殮)한 시체 밑에 까는 얇은 널조각으로, 북두칠성을 본떠서 일곱 구멍을 뚫었다. 때로 이 말은 죽거나 죽음을 무릅쓰고 사지에 들어간다는 비유로도 쓰이고, 때로 은어(隱語)로서 수사기관에 끌려가 죽을 만큼 고문을 당했다는 뜻으로도 쓰인다.

죽음을 나타내는 은어 중에는 '올림대를 놓다'거나 '사자밥 떠놓다'는 비속어도 있다. '사자(使者)밥'이란 저승사자를 대접하기 위해 떠놓는 세 그릇의 밥을 말하고, '올림대'란 산삼을 캐는 심마니들이 숟가락을 지칭하는 말로 쓰인다. 이는 흔히 말하는 "밥숟갈 놓았다."는 속어와 같은 표현이다.

점잖고 다양한 표현으로 말한다면 한자말을 빼놓을 수 없다. 돌아가신 이의 신분이나 직업, 지위에 따라 다양한 용어가 준비되어 있다. '사망(死亡), 별세(別世), 작고(作故), 타계(他界), 기세(棄世), 운명(殞命), 승하(昇遐), 서거(逝去), 유명(幽冥), 소천(召天), 열반(涅槃), 입적(入寂)' 등이 그런 예다. 한자어가 이처럼 다양하면서도 점잖고 품위 있다고 해도 '돌아가신다'는 고유어에는 전혀 미치지 못한다.

죽음의 극복

언어 표현상 한국인처럼 삶과 죽음의 거리를 가깝게 두는 민족도 드물 것 같다. 장사를 치를 때 상여 머리에서 부르는 향두가(香頭歌)의 서두에 이런 대목이 나온다. "북망산이 멀다더니 냇물 하나 건너니 바로 북망산이로구나."란 대목이다. 이승과 저승 간의 거리를 마을 앞으로 흐르는 냇물 하나의 거리로 좁히고 있는 것이다.

삶과 죽음의 근접은 향두가에서 만은 아니다. 돌아가신 분은 사후라도 탈상 때까지 제청에 머물면서 조석으로 상식을 받는다. 고인도 산사람과 똑같이 식사를 하면서 일정 기간 사랑에 머물면서 후손의 문안을 받는다. 제상에 놓이는 제수(祭需)는 돌아가신 조상이 드실 음식물이며, 제례 끝의 음복(飮福)은 조상이 내리는 술을 후손이 직접 받아마시는 의식이다. 죽음에 대한, 이 같은 한국인 특유의 의식은 죽어도 살아 있다고 믿는 우리의 영혼관에서 비롯된다.

생사의 거리도 그렇지만 한국인처럼 '죽음' 자체를 두려워하지 않는 민족도 없을 것 같다. 언어생활에서 한국인의 일상적인 말투는 삶보다 죽음을 앞세운다. 한자어 생사(生死)를 우리말로는 **죽살**이라 하고, 어떤 결단을 내릴 때도 '죽기 아니면 살기'라 하여 죽음이 앞선다. 死卽必生, 곧 죽기를 각오한다면 못해낼 일이 없다는 뜻이긴 하지만, 그보다는 죽음 자체를 대수롭지 않게 여기는 의식의 발로라 생각된다.

죽음을 가볍게 여기는 의식은 '…죽겠다'라는, 우리말의 상투적 표현에서도 잘 드러난다. "졸려 죽겠다, 피곤해 죽겠다, 배고파 죽겠다, 보고 싶어 죽겠다" 등등 — 여기까지는 그런 대로 이해해 줄 수 있다. 하지만 "좋아 죽겠다, 우스워 죽겠다, 반가워 죽겠다, 기뻐 죽겠다"에 이르면 이해의 한계를 넘어서고 만다. 결코 죽을 수도 없고 전혀 그럴 필요가 없는, 좋은 상황에서도 이런 엄살이 되풀이되는 것이다.

삶[生]보다 죽음을 앞세우는 우리의 말버릇은 결코 우연이거나 일시적 현상은 아니다. 우리가 입가에 죽음을 매달고 사는 건 역설적으로 삶에 대한 애착이나 생명 의식이 그만큼 강하다는 반증이기도 하다. 죽음을 생각하며 살아가는 사람은 실제 죽음에 임해서도 여전이 남는 단단한 삶의 가치를 인식한다. 어리석은 자는 늘 삶 이후에 죽음이 다가오지만 현명한 자는 죽음 다음에 삶이 온다고 믿는다. 그래서 한국인은 죽음을 두려워하지 않으며, 죽음의 극복을 통하여 죽음으로부터 자유를 얻는다.

한국인의 행복관

행복의 고유어

우리말에서 한자말 행복(幸福)에 해당하는 고유어는 찾아보기 어렵다. 영어라면 '해피, 해피니스, 포천' 등을 들 수 있고, 한자라면 幸과 福 말고도 '祉, 禧, 倖, 然, 祐, 吉' 등 얼마든지 더 들 수 있다. 우리는 왜 행복에 적합한 말을 만들지 못했고, 이 말의 사용을 꺼려왔을까? 우리말에 욕설(辱說)은 있어도 '욕말[辱語]'은 없는 것처럼 행복에 합당한 말은 처음부터 만들지 않았을지도 모른다. 뿐만 아니라 '…죽겠다'는 상투어를 입에 달고 살면서 언제 한번 행복이란 걸 느껴보지 못했을지도 모른다.

하지만 행복에 합당한 고유어가 없다는 이유만으로 한민족의 삶이 그것과는 거리가 멀었다고는 말할 수 없다. 행복의 고유어가 없는 이유는 불행을 불행으로 받아들이지 않고 행·불행 모두를 자신에게 부과된 삶 자체로 받아들였기 때문이다. 우리의 사고(思考)는 '福'이란 하늘(示)이 내려준 단지(畐)로 알고 있다. 운명처럼 내려지는 행·불행은 하늘의 소관 사항이므로 사람의 힘으로는 어쩌지 못한다고 인식했던 것이다.

일이 순조롭게 풀려나가다 도중에 무슨 문제라도 생기면 이내 "내복에 무슨……."이라며 고개를 떨구고 만다. 여기에 덧붙여 복에는 항상 화(禍)가 뒤따르기 마련이라는, 화복상관(禍福相關)·화복상생(禍福相生)의 이치를 터득하고 있었기에 복(福)과는 늘 일정한 거리를 두었다. 우리가 행복을 내놓고 말할 수 없었던 또 다른 이유는 이 말에 대해 괜스레 죄스럽고 부덕(不德)이라 여긴 탓이다.

최근에는 '아이엠 해피', 즉 "나는 행복합니다."라는 말을 이따금 듣는다. 한국인의 입으로 이런 식 표현이 자연스럽게 흘러나오게 된 것은 극히 최근의 일이다. 그나마도 영화나 드라마 속의 대사이거나, 아니면 이성간의 환상적인 분위기 속에서나 있을 법하다. 그만큼 이런 식 표현은 일상어로는 어울리지 않는다고 여겼다.

우리 조상들은 행복이 나와는 별무상관이라 인식하고 있으면서도 이런 체념 상태에 대한 적절한 대안을 마련해 놓았다. '불행 중 다행'이라고 하는, 소위 말하는 비교 행복론이다. 말하자면 자신의 처지를 더 불행한 이웃과 견주어 나는 저들보다 낫다고 여기는 방식이다. 이런 비교를 통해 위안을 받으며 상투적으로 내뱉는 말이 **그나마, 그만하면(길)**이란 부사어이다. 개인도 그렇지만 우리를 둘러 싼 환경은 좋지 않다. 자원이 빈곤한 좁은 땅에서 가난하게 살아가면서도 항상 외세의 침략에 시달려야 했던 운명이었다. 그런 가운데 개인이나 나라나 "그만하면(길) 다행이다."라는 비교급 행복으로 자족할 수밖에 없었다.

어쩌다 행복이란 말을 겉으로 표현해야 할 경우라면 편지 말미 같은 곳에서 "다행스럽게 생각합니다."라든가, "행운이 깃들기를 기원합니다."는 정도에 머문다. 이럴 때에도 상대방의 호의에 고마움을 표하거나 상대의 배려를 강하게 요구하는 수사 용어는 가급적 삼간다. 어떻든 행복의 고유어가 없음은 자연으로부터 주어진 것에 대한 순종순응의 유산이며, 숙명 극복을 위한 자족(自足)의 체질화가 언어 표현으로 반영된 결과다.

유머와 박수갈채

앞서 '비교 행복론'에서 말했듯이 불행한 삶에 길들고 그것에 초연해지려면 그 불행보다 더 좋지 않은 상태를 상정함으로써 우리 앞에 다가온 현재의 불행을 이겨 냈다. 이런 상황에서 '어차피'와 '차라리'라는 체념 어사가 등장한다. 최악의 불행을 상정하는 과정에서 체념이 형성되고 나아가 새로운 반전도 꿈꾸게 되는 것이다.

한국인을 지적하여 '유머'를 알지 못하는 민족이라고 한다. 평소 웃음이 적고 표정이 늘 굳어 있다 보니 그런 지적도 받을 만하다고 본다.

우리가 유머 없는 민족이란 평판을 받게 된 데는 외형상의 명분을 절대시하고 인간적인 실체를 드러내지 않는, 고유의 민족성에 기인할 수도 있다. 아울러 희로애락의 감정 표현을 악덕시한 오랜 전통 탓일 수도 있다. 평소 대화에서 유머를 섞는 일도 드물지만 어쩌다 지어 보이는 웃음 또한 어색하기 짝이 없다. 그리하여 다른 사람을 웃기면 '싱거운 사람'이 되고, 자신이 웃으면 '얼빠진 사람'이 되고 마는, 그런 분위기에서 살아왔다.

'유머'에 적합한 우리말은 무엇일까? 한자말 해학(諧謔)에 비해 우리말 **우스개**나 **익살** 정도로는 아무래도 부족한 것 같다. 이처럼 유머나 해학에 딱 들어맞는 우리말이 없는 건 한국인의 유머가 서양인의 그것과는 성질이 다른 탓으로 보인다. 한국인의 유머는 '유묵(幽默)'이란 한자말 그대로 겉으로 드러나는 재치가 아니라 바탕에 스며 있는 은은한 인간미다. 얼굴 표정으로 드러나는 웃음이 아니라 가슴속으로 전해지는 공감이라 할 수 있다.

남을 치하하는 박수나 갈채에도 우리는 매우 인색하다. 우리 전통사회에서는 누구에게나, 아무 데서나 손뼉 치는 행위를 금기시해 왔다. 무당들이 신을 청할 때 세 번 손뼉을 친다. 보통 사람이 집안에서 손뼉을 치면 뱀이 나오고, 산중에서 손뼉을 치면 호랑이가 나온다고 했다. 그것도 집안이나 산중에서 손뼉을 치면 귀신을 부르거나 그것의 성을 돋우는 행위로 여겼다. 그러고 보면 재롱을 떠는 아기들과의 '짝짜꿍' 이후 소리 나게 손뼉을 치는 일은 별반 없었던 것 같다.

한국인의 갈채는 박수가 아니라 활을 쏠 때 관중(貫中)하면 기생들이 너울너울 춤을 추는 **지화자**요, **야호**(耶號)를 연호하는 환호성이었다. '야호'는 서양에서 건너온, 등산하는 이들의 전유물이 아니다. 이는 우리 전통의 환호성으로 산에서 나무를 찍어 넘어갈 때마다 옷을 벗어 흔들며 야호를 연호했다는, 옛 문헌('慵齋叢話')에도 나오는 우리말이다.

웃음과 울음

기쁠 때 웃고 슬플 때 우는 울음은 인간 감정의 진솔한 표출이다. 울면서 사는 날보다 웃으며 사는 날이 많았으면 좋으련만 우리 조상들은 웃음보다는 울음을 더 가까이 하고 살았다. 청산별곡에 나오는 "자고 니러 우니노라."와 같이 오로지 울음으로 지샌 나날이었다. 새들의 노래 소리도 우리는 울음 소리로 들었다. 아침에 우는 새는 배가 고파 울고, 저녁에 우는 새는 임이 그리워 운다고 했다. 그러나 정작 배가 고프고 임이 그리운 주체는 새들이 아니라 그 소리를 듣는 우리 자신이었다. 자고 일어나면 고난의 역사가 되풀이되었으니 이 같은 울음의 정서가 그만 우리 심성으로 굳어지게 되었다. 남도 민요에 "우리 할매 우나 웃으나 매한가지"라는 대목이 있다. 우는 상이나 웃는 상이 엇비슷하다는 얘긴데, 실지로 우리말 **웃다**와 **울다**란 말의 어원이 한 뿌리에서 나왔을 가능성이 있다. 웃음의 '웃-'이나 울음의 '울-'은 모두 기본 모음 '우'에서 기원한다. 모음 '우'는 구강의 가장 높고 깊은 곳에서 발하는 후설모음이요 고(高)모음이다. 이 위치에서 울리는 '우'는 인간 감정의 절박성을 반영하는 적절한 반사음이다. 또한 '웃-'의 말음 'ㅅ'은 'ㄷ'으로 중화되고, '웃/울'의 말음 'ㄷ'은 '울-'의 말음 'ㄹ'과는 호전(互轉) 관계에 있다.

기나긴 세월 웃음 없이 살아오다 보니 자연 우리의 안면에 웃음을 일게 하는 근육마저 퇴화시키고 말았다. 소근(笑筋)이란 안면 근육의 퇴화는 한국인으로 하여금 웃음과 울음의 구분마저 불가능하게 만들었다. 그로 말미암아 기쁨의 극한에는 오히려 울고 슬픔의 극한에는 오히려 웃는다는, 역행적 감정 표출 방식이 생겼다. 이런 방식은 울음 속에서 기쁨을 찾는 예지를 키우고, 웃음 속에서 슬픔에 대처하는 슬기를 다듬게 된다. 그 결과 울음과 웃음은 서로 엇갈려 맞서는 음상(音相)으로 한국어 속에 뿌리내리게 된 것이다.

우리가 즐겨 부르는 노래 역시 같은 정서의 소산이다. 한국의 창(唱)은 한결같이 애조를 띠고 있음이 특징이다. 고유의 소리인 판소리를 비롯하여 최근 유행하는 대중가요에 이르기까지 어느 것 하나 애조를 띠지 않은 곡조가 없다. 그런데 묘하게도 애간장을 녹일 듯한 곡조를 듣고 있으면서 그렇게 슬픈 느낌만은 아니다.

아무리 슬픈 창이라도 이따금 "좋다!"라든가 "얼씨구!"라는 추임새가 끼어든다. 이토록 슬프고 애틋한 비탄조의 노래에서 "얼씨구나 좋다!"라고 소리칠 수 있는 노래는 오로지 우리밖에 없을 듯하다. 이 모순, 이 역설은 슬픔을 즐거움으로 받아들이고 애상을 어깨춤으로 승화시킨, 이 민족의 기질이나 심성에서 찾아야 한다.

슬픔의 곡절

되풀이되는 고난의 역사로 인해 웃음이나 유머 대신 울음과 눈물을 빼놓고는 한국인을 이야기할 수 없다. "눈물이 골짝난다."는 말처럼 배가 고파서 울고, 임이 그리워 울고, 몸이 아파서도 울고 …어쨌든 한민족은 슬퍼서도 울고 기뻐서도 울면서 울음 속에서 평생을 지새웠다. 사람만 우는 게 아니라 노래하는 새도 울고, 진동하는 종소리도 울고, 문풍지도 울고, 주먹도 울고, 몸에 걸친 옷이 맞지 않아 울고, …아무튼 울음을 빼놓고서는 한국인의 정서를 운위할 수 없다.

민족 시인 김소월의 '진달래꽃'은 이별 노래의 대명사가 되었다. 우리의 가요 중 꽃의 노래에도 그 바탕에는 슬픔의 눈물이 고여 있다. 바닷가에 피는 동백은 이별을 초월하여 불행이나 비극의 상징물이다. 그리움에 지쳐서 울다 지쳐서 파랗게 멍이 들 정도로 그 꽃잎이 붉어졌다고 한다. 지금까지 대중의 사랑을 받았던 가요의 가사를 보아도 이런 점은 분명해진다. 역대 가요에 동원된 낱말 중 빈도수가 높은 것부터 나열해 본다

"운다, 눈물, 밤, 꿈, 꽃, 바람, 이별, 비, 등불, 외로운, 슬픈, 나그네, 사랑, 멀다, 미련, 안개, 죽음, 고향, 혼자, 배, 간다, 길, 어머니, 부두, ……."

아니나 다를까, 가장 많은 빈도수를 나타내는 단어가 '운다'라는 동사이고 그 다음으로 '눈물'이란 명사다. '눈물, 운다'와 더불어 이에 대응하는 형용사도 '그립다, 슬프다, 외롭다' 따위이며, 부사로는 '차라리, 어차피' 등의 체념을 나타내는 말이 주류를 이룬다. 노래하는 주체가 우는 원인은 대개 모태나 고향 이탈에서 오는 상실감, 어쩔 수 없이 떠나야만 하는 운명, 그리고 어딘가 무한히 떠나고 싶은 타율민의 비애로 가득 채워져 있다.

미국이나 중국 같은 강대국의 국가를 들으면 언제 들어도 밝고 힘찬 느낌을 받는다. 행진곡 타입의 이들 국가와는 달리 우리의 애국가는 왠지 슬프게만 들린다. 그 곳이 비단 이국땅이 아닐지라도 듣는 그 순간 금새 눈물이 흘러내릴 것만 같다. 애국가 곡조에 대해 불만을 갖는다고 애국자가 아니라고 할지 모르겠다. 어떻든 이제는 변방에서 세계의 중심 국가로 다가선, 우리의 국가(國歌)도 가사나 곡조가 좀 더 밝고 희망

찬 것이었으면 좋겠다.

우리의 슬픔 표현은 외형상으로 그렇게 요란스럽지는 않다. 가슴 깊은 곳에서 우러나오는 그윽한 슬픔이요, 울어도 눈물이 흐르지 않는, 티 나지 않는 울음이다. 엉엉 소리 내어 우는 울음은 품위 없이 경박해 보인다. 이를 악문 채 어깨를 들썩이며 흐느끼는 울음이 도리어 주변의 동정심을 유발한다. 우리 조상들은 눈물 안 흘리고 우는 데 길들여진 '루(淚)'의 도사들이다. 눈물이 흐르지 않게끔 잘 훈련된 한국인의 눈꺼풀은 어느 인종에게서도 찾아볼 수가 없다.

한국인의 내일

우리 선조는 '과거+현재'라는 고금(古今)을 중요시한 반면 '현재+미래'의 금명(今明)에는 별로 큰 비중을 두지 않았다. 다가올 미래보다는 지내온 과거사에 더 집착했다는 의미다. "왕년에 내가……."라면서 과거의 화려함을 들먹이면서도 현재의 상태나 미래에 대해서는 별로 언급하지 않는다. 우리에게서 미래는 그저 미구에 닥칠 그 무엇 정도로 막연하게 생각한다. 실제로 내일이라는 미래가 온다면 그것은 현재의 고통을 나누어 주리라는 소극적인 플러스 요인밖에는 되지 못했다.

그럼에도 불구하고 평소 우리가 하는 약속은 곧잘 미래를 담보로 한다. "다음에 또 만나, 다음에 봅시다, 다음엔 꼭……." 하는 식으로 **다음**으로 미루는 말이 무슨 입버릇처럼 되었다. 이런 약속이 얼마나 허황한 줄은 화자 자신도 너무나 잘 안다. 그러면서도 남이 하는 약속에 대해서는 "다음에 두고 보자는 놈치고 무서운 놈 없더라."며 무시하고 만다. 그런 가운데도 "세월이 약이다."는 위안은 그나마 건질 만한 대목이다. 비운과 고난의 역사는 우리의 시간관을 과거는 선망(羨望)이요, 현재는 감내(堪耐)며, 미래는 막연한 부정(否定)으로 고정시키고 말았다.

날짜를 나타내는 어제, 오늘, 내일이라는 일칭어(日稱語)에서 유독 **내일**(來日)만은 고유어가 아닌 한자말이다. 내일이 없다면 미래가 없다는 얘기다. 이를 염두에 두고 한국인은 미래가 없는 민족이라 말하기까지 한다. 그러나 미래의 고유어가 없었던 게 아니다. 고유 문자가 없던 시기에 미래의 고유어를 제대로 표기하지 못했거나, 기록된 자료를 제대로 해독하지 못했을 뿐이다. 내일에 해당하는 고유어가 없는데 어찌 그보다 더 먼 훗날인 '모레'나 '글피'란 우리말이 있을 수 있겠는가.

그 동안 학계에서는 계림유사(「鷄林類事」)에 나오는 '明日曰 轄載'에서 轄載의 해독을 통해 내일에 대한 고유어를 찾으려 했다. 이 과정에서 '후제, 올제, 하제, 날제' 등의 몇 가지 설이 제기되었으나 아직 정설은 찾지 못했다. 내일의 다음 날(再明日, 明後日)을 고유어로 **모레**라 하였다. 이는 '몰/멀[遠]+익[日]'의 구조로 아직 오지 않은 먼 훗날을 지칭한다. **글피**는 '그(관형사)+옳[前]+익/의(처소격 조사)'의 구조로 모레의 '그 앞'이라는 뜻의 고유어다.

우리말 일칭어는 해를 기준으로 그 전후 날짜를 표시하는 방식이다. **오늘**이란 말은 해가 떠 있는 지금 현재로, '오-[來]+ㄴ(관형형 어미)+눌>올[日]'의 구조다. 이미 지나간 날을 지칭하는 **어제**는 태양이 이미 왔다 간 과거의 어느 때를 가리킨다. 어제의 '-제'는 때를 뜻하는 '적'[時]으로, '덕>적[時]+의(조사)'의 연결이다. 어제란 말의 정확한 의미는 "안타까이 지나쳐 버린 겨를" 정도로 풀이된다. 어제 이전은 **그제**, **굿그제**, **글픠**, **그글픠**, …로 거슬러 가는데 이들은 각각 '그적의, 그ㅅ그적의, 그 앓의, 그 글픠'의 축약 내지는 변형이다.

시간의 중요성으로 말하면 오늘과 내일, 곧 금명간(今明間)이 될 것이다. 지나간 날도 중요하지 않음이 아니지만 오늘을 사는 우리들에게는 내일이 더 중요하다. 고유어 사이에 용케 끼어든 來日이란 한자어 대신 순수한 우리말을 찾도록 하고, 나아가 미래를 꿈꾸는 우리 사회가 되어야 하겠다.

사람과 사람 사이

나와 우리

우리말 1인칭 대명사에 '나'와 '우리'가 혼용되고 있다. 주지하는 대로 '나'는 개인을 지칭하는 단수요, '우리'는 집단을 지칭하는 복수 대명사다. 이처럼 단·복수가 혼용됨은 무슨 연유일까? 우리의 정서는 단수보다는 복수 대명사 쓰기를 더 좋아한다. 예컨대 '나의 집, 나의 학교, 나의 마누라'라 하기 보다는 '우리 집, 우리 학교, 우리 마누라'라고 쓰는 편이 더 자연스럽다고 생각한다. 일부다처제도 아닌 나라에서 '우리 마누라'란 호칭은 분명 어폐(語弊)가 있다.

그러나 이런 식 표현은 개인보다는 집단을 중시한다는 점에서 탓할 것만은 아니다. 씨족과 촌락 중심의 공동체 의식은 농경·정착 민족의 일반적 경향이다. 그런데 집단을 먼저 생각하는 공동체 의식은 한국인에게 있어 유별난 데가 있다. 이런 사회에서 개인은 개성이나 욕망, 기호 따위는 집단의 운명에 희생해가면서까지 순종을 요구 받는다.

가족끼리의 식사 풍경에서도 이런 집단의식은 지켜진다. 우리의 밥상은 가족이란 집단의 공동체 의식을 유지시키는 기본틀이나 다름없다. 개개인의 기호는 공동체 의식에 묻혀 버리는, 이를테면 우리의 밥상은 개인상이 아니라 공동의 밥상이다. 여기서는 개인의 기호에 맞는 음식이 있다 하여 그것만 먹는다면 그 자리에서 부덕으로 치부된다. 서구인은 큰 그릇에 담긴 음식을 나의 접시에 옮겨 놓고 내 것으로 만들어 먹는다. 반면 한국인은 가족 공동의 음식을 한 상에 차려 놓고, 가족 모두가 우리 것을 직접 들어다 먹는다.

그러기에 음식상에 오른 음식은 찌개로부터 간장에 이르기까지 모두 우리 공동의 것이다. 제사 음식을 먹는 데도 이런 공동체 의식은 발휘된다. 제사 의식이 끝난 뒤 제사상에 올렸던 음식을 고루 섞어 한 양푼이의 비빔밥을 만든다. 제사에 참석한 이들은 그 비빔밥을 나누어 먹으면서 살아 있는 후손인 '우리'와 돌아가신 조상들까지 모두가 하나라는 공동체 의식을 다지게 된다.

먹는 일뿐 아니라 잠을 자는 데서도 이런 의식은 실현된다. 한 방에 모인 가족은 저마다의 이불이 아닌 하나의 큰 이불을 덮고 잔다. 그것도 서로를 껴안은 채 한 겨울의 추위를 녹인다. 아랫목에 깔아 놓은 '우리'라는 포근한 이불에 제각기 발을 묻음으로써 연대 가치를 더욱 공고히 하는 것이다.

한솥밥의 의미

사람과 사람 사이는 함께 식사를 나눔으로 해서 더욱 친근해 진다. "우리 언제 밥이나 한 번 먹읍시다." 보통 이상의 친근감을 가진 상대에게나 건넬 수 있는 제의다. 식사를 함께 하는 그것만으로도 예사로운 관계가 아닐진대 한솥밥을 먹는다면 이보다 더 가까울 수는 없다. "한솥밥을 먹는다."는 "한 술 더 뜬다."는 말과 같이 한국인에게는 보통 이상의 의미를 가진다.

옛날 법도 있는 집안에서는 첩을 들일 경우 첩에게는 한솥밥을 먹이지 않았다. 다만 '시앗[妾]솥'이라 하여 따로 솥을 두고 밥을 지었다. 떠돌이 행상인이 사랑에 묶으면 끼니 때 반찬은 차려 내어도 밥만은 내어놓는 법이 없었다. '단지 밥'이라 하여 밥은 손수 단지에 지어 먹게 했던 것이다.

한국인은 한 가족을 식구(食口), 혹은 식솔(食率)이라 불렀음도 한솥밥이 갖는 정신적 유대를 강조한 것이다. 한국의 가정에는 한솥밥을 먹는 식구(食口) 이외에도 생구(生口)라는, 또 다른 구성원이 있었다. 혈연관계가 아닌 식객이나 과객, 노비 이외에도 집안에서 기르는 가축까지 생구에 포함시킨 것이다. 이처럼 가축까지도 사람과 같은 구성원으로 대접하고 호칭하는 곳은 우리나라밖에는 없을 것이다.

한 가정에서 식솔간의 유대를 위해서 한솥밥 중에서도 비빔밥('비빔밥'이라 해야 맞는 표기다.)을 만들어 먹는다면 금상첨화일 것이다. 술잔을 주고받는 수작(酬酌)이나 한솥밥이 산 사람 사이의 연을 확인하는 공식 행위다. 여기 대해 제사 뒤에 조령에게 바쳤던 신주(神酒)를 산 사람들이 나눠 마시는 음복(飮福) 절차나 비빔밥은 살아 있지 않은 조령과의 연을 확인하는 공식 문화라 할 수 있다.

또한 제사가 끝난 뒤 그 제수를 이웃 친척과 나눠 먹는 **이바지** 절차도 이와 궤를 같이한다. 현대어에서 '이바지'는 사회적인 일에 도움이 되게 힘쓴다는 공헌(貢獻)의 뜻으로 쓰인다. 그러나 이 말은 동사 '이받다'의 명사형으로 본뜻은 음식을 만들어 잔치를 베푸는 일이었다. 월인천강지곡(「月印千江之曲」)에서 '이바지'는 신령에 바친 음식을 지칭하였는데 그것이 연(緣)이 닿는 사람끼리 나눠 먹는 음식의 뜻으로 전이된 데서도 조상과 후손의 연줄을 확인하는 의식임을 알 수 있다.

한국인의 식사 형식은 모든 음식이 한 자리, 한 상에서 일습으로 차려지는 게 통례로 되어 있다. 우리의 음식은 주식과 부식(간식)이 분명히 구분된다. 한국인은 떡이나 빵만 먹고는 식사를 했다고 생각하지 않는다. 빵이나 떡은 간식은 될지언정 결코 주식은 될 수 없다. 그리고 상위에 차릴 모든 음식은 시간의 순서대로 분할해 놓을 게 아니라 동시에 한 상에 차려져야 한다. 이런 일습의 음식상은 우선 눈으로 보기에 **푸짐하다**는 인상을 주어야 한다. 푸짐한 음식은 시각적인 만족감과 함께 풍부한 인정을 느낄 수 있다. '푸짐하다'의 의미는 양적인 면을 위주로 하는 사전적 풀이보다 질적인 면, 곧 정신적인 차원에서 이해되어야 한다.

우리의 주식은 어디까지나 쌀로 지은 밥이다. 서구인이 빵을 주식으로 삼는 대신 우리는 밥을 먹고 산다. 빵과 밥의 차이에 대해 이어령 선생은 말한다. 빵의 문화는 개인주의 문화요 정복의 문화며, 활동의 문화며 상업의 문화인 반면 밥의 문화는 한 솥, 곧 공동체의 문화라고. 부연하면 밥의 문화는 한 지붕 안에 고정되어 있어 정적이며, 집을 떠나서는 살기 어려운 귀향자의 문화며, 그것은 정령 평화의 문화라 할 수 있다는 것이다.

빵과는 달리 밥은 집에서 식구 수만큼 끼니마다 손수 지어야 한다. 이런 식습관이 동양, 특히 한국 사회의 가족주의를 더욱 공고히 다지는 기틀이다. 식생활의 기본이 되는 밥만은 빵처럼 사고 파는 상품이 될 수도 없다. 한솥밥은 말 그대로 한 솥에서 지은 밥이기에 결코 밥맛이 다를 수가 없다. 흔히 말하는 **밥맛**이란, 말 그대로 밥의 맛만은 아니다. 한국인에 있어 밥맛은 혀끝으로 맛보는 맛이 아니라 한 집안 식구와의 우의와 함께 살아가는 의미 곧 사는 맛, 살맛 그 자체이다.

나그네의 애수

우리 민족은 자기를 중심으로 가까운 층일수록 관계의 농도가 짙고 먼 층일수록 묽고 소원해진다. 우리가 내향 의식이 강하고 정착성이 강한 이유를 알 수 있는 대목이다. 이런 현상이 물리적으로나 사회적으로 밖으로 나간다는 것에 대해 필요 이상의 저항감을 갖는 이유가 된다. 집을 떠나 내 고장 밖에 나간 사람을 일러 말 그대로 **나그네**(나간 이)라고 한다.

집과 고향을 떠나 외지로 나간 나그네는 우선적으로 '떠돌이' 취급을 받는다. 외지의 '토박이'들로부터 받는 의심과 질시를 고스란히 감수해야 하는 것이다. 나그네는 집을 떠나는 그 순간부터 고생길로 들어섰다고 각오해야 한다. 실제로는 그렇게 고생스럽지 않다고 해도 '우리'라는 동류에서 이탈했다는 그 이유만으로도 나그네는 춥고 배고픈 존재인 것이다. 타지에서 겪는 이런 어려움을 일러 객고(客苦)라 하고, 그것이 더 심해지면 객지병으로 연결된다.

객지병이란 현지의 적응 불능증으로 일종의 토속병에 속한다. 객지에 대한 위화성의 쇼크로 입맛이 없어 밥을 못 먹는다든지, 먹으면 토한다든지 하여 그곳에 오래 머물지 못하는 증상이다. 그런데 이런 증상이 귀향과 동시에 언제 그랬느냐는 듯이 말끔히 낫고 만다는 사실이 신통하다. 우리는 참으로 '우리'라는 품에 안길 때 비로소 안정감을 회복하는 민족이다.

타지 사람의 입장에서 보면 우리처럼 낯익은 사람과 낯선 사람에 대한 차별 대우가 심한 민족도 없을 것 같다. 이는 농경·정착 민족의 한 특성이기도 하지만 어떻든 모르는 사람을 만나면 그가 누구든 우선 경계부터 하고 본다. 안면(顔面)의 유무에 따라 그 사람에 대하는 태도나 대접이 달라진다. 자주 쓰이는 **괜찮다**라는 말을 통하여 한국인의 인간 관계를 엿보기로 한다. 별로 괜찮지 않을 때도 곧잘 쓰이는 이 말은 '별로 대단치 않다.'거나 '염려할 필요가 없다.'는 뜻을 가졌다. '괜찮다'는 본래 '관계하지 아니하다'의 준말로 알려져 왔다. 이 해석이 맞는다면 어떤 일이 생겨도 그 일이 우리라는 집단에서는 별 문제가 되지 않는다는 뜻으로 수용된다. 이 말은 '내'가 아닌 '우리'라는 공동체를 염두에 둔 배려이며, 모든 현상을 관계의 차원에서 보려는 우리 문화의 한 단면이기도 하다.

너나들이와 한 가지

사람과 사람 사이를 두고 하는 말에 **너나들이**라는 좋은 우리말이 있다. '너'니 '나'니 하는 투로 서로 반말을 하면서 허물없이 터놓고 지내는 사이를 일컬음이다. 친근감에 관한 한 **한 가지**란 말은 '너나들이'보다 한수 더 뜨는 표현이다. 서로 같다는 의미의 '한 가지'는 말 그대로 '훈[一]+가지[條, 枝]'의 구조다. 한 나무에 매달린 잎은 각기 모양은 달라도 모두 하나의 가지에 매달린 공동 운명체이다. 성경에 나오는 '포도나무 가지' 비유가 바로 이것이요, 우리의 옛 노래 '제망매가(祭亡妹歌)'란 향가에서 월명 스님이 누이의 주검을 앞에 놓고 "한 가지에서 났으나 (죽어서)가는 곳을 모르겠구나."라면서 슬퍼했던 바로 그 '가지'인 것이다.

여기서 말하는 '가지'는 나뭇가지[枝]일 수도 있고 사물의 종류를 지칭할 수도 있다. **마찬가지**란 말도 '한가지'란 말과 그야말로 마찬가지다. 이 말은 또한 **매한가지**와 동의어로서 '마치 한 가지'의 준말이다. 겉보기는 달라도 그 근본은 마치 한 가지에서 나온 거와 같다는 뜻이다. 한

나무는 뿌리와 그 뿌리에서 뻗어 나온 줄기와 가지, 그리고 가지 끝에 매달린 잎사귀들로 구성된다. 나무에는 뿌리가 그 바탕이 되므로 '한가지'라는 말보다는 '한뿌리'란 말이 더 강한 일체감을 준다. 그러나 동류의식, 공동체 의식을 표현하는데 '한뿌리'란 말을 제쳐두고 뿌리와 잎의 중간에 있는 가지를 내세우는 이유는 무엇인가? 여기에서 우리는 서양인과는 다른 한국인 특유의 사회성에 대한 의식 구조를 엿볼 수 있다.

뿌리와 가지, 그리고 잎 중에서 가지는 그 한가운데에 위치한다. 중앙에 있다는 사실은 사회성이란 관점에서 보면 개인주의와 집단주의 사이에 걸침을 뜻한다. 개개의 이파리가 한데 모여 사는 곳이 개인 중심의 서구사회라면 뭇 이파리가 뿌리에 칭칭 감겨 있는 곳이 집단 중심의 일본 사회다. 뿌리 쪽으로 기울어도 현실성이 없고 잎 쪽으로 다가가도 사람들은 허전해 한다. 동질성과 이질성의 사이에 바로 그 '가지'가 존재한다. 다양성, 그러면서도 개개의 나뭇잎을 얽어매 놓는 튼튼한 끈 — 이 '한가지' 의식은 때로 배타성이나 사회적 대립을 조장하기도 하지만, 그러나 이런 끈의 연결로 인해 결과적으로 인정 많은 한국인을 만들어 놓는다.

한가지라는 의식, 곧 동류·공동체 의식은 예로부터 우리 사회를 '**끈**'으로 연결되는 사회를 형성케 하였다. 혈연으로, 지연으로, 학연으로, 그리고 단순한 면식의 끈에 이르기까지 그야말로 '연(緣)의 네트워크'를 형성한 것이다. 그리하여 우리 사회는 '**연줄연줄, 아름아름, 끼리끼리, 오순도순**' 얽혀 더불어 살아가는 끈의 사회가 되었다.

끈의 그물망 속에서 살아가는 한국인은 동류에의 이탈을 가장 두려워한다. 그래서 공동체 사회에서 집이나 마을에서 추방을 당하는 일을 가장 무서운 형벌로 인식하였다. 자신의 결백을 주장할 때면 내가 만약 그런 짓을 했다면 나는 '성(姓)을 갈 놈'이라는, 극단적인 표현을 쓰곤 한다. 성을 간다는 말은 가문(家門)에서의 이탈이요, 마을에서 쫓겨남은 공동체에서의 이탈이기 때문이다.

끈과 맺음의 사회

우리옷의 특징은 구조상 맺음형[結束 形]이란 점이다. 옷이란 피륙 간의 연결이자 옷 전체로는 그것을 입는 사람의 신체와의 결속이다. 서양 옷은 단추나 지퍼로 결속시키지만 우리옷의 그것은 고름이나 댕기 같은 끈으로 연결시킨다. 이런 우리 옷의 결속 형태를 **매다**[繫, 結]라는 말로 표현한다. '매다(중세어 표기 '미다')'는 풀어지지 않게 동여 묶는다는 뜻의 동사지만 본래는 실이나 끈을 지칭하는 명사였던 것 같다. 미다의 '미'에서 '묶다, 맺다'는 물론 매듭이나 맵시, 매무시, 매무새, 맨드리, 마무리 따위의 어휘가 파생되었다.

맨드리라면 옷을 입고 매만진 맵시를 이르는 말에서 지금은 어떤 물건이든 그것이 이루어진 모양새를 가리킨다. 옷을 입는 뒤 신체와의 결속을 위해 매고 여미는 뒷단속을 **매무시**라 하고, 옷을 입은 맵시를 일러 **매무새**라 한다. 매무새는 '매[繫, 結]+뭇[束]+에(접미사)'의 구조로, 맵시와 마찬가지로 보기 좋게 생기거나 곱게 매만진 모양을 말한다. 여인의 아름다운 자태를 묘사하는 우리말 **맵시**는 분명 곱고 예쁜 옷매에서 나왔고, 그 옷매는 옷고름을 단정히 매는 솜씨에서 유래하였다. 옷매, 몸매, 눈매란 어휘에서 '-매'란 접미어도 옷을 입고 끈을 매어 마무리 짓는 데서 파생된 말이다.

일의 뒤 끝을 **마무리**라고 한다. 매다는 마지막 마무리를 지어 끝을 맺는다는 뜻의 맺다[結]로 귀착되어 끝을 맺고, 열매를 맺는다. "끈을 매고, 줄을 매고, 고름을 매고, 댕기를 매고, 허리띠를 매고, ……." 이처럼 맨다는 것은 맺는 일, 묶는 일과 더불어 그것이 바로 우리의 삶이자 생활 자체라 해도 좋을 것이다. 입는 옷이 그러하듯 사회는 인연(因緣)이라는 보이지 않는 끈으로 맺어져 있고, 또 더불어 살기 위해서는 서로가 맺어지고 하나의 끈으로 묶어져야 한다.

한국사회를 '끈의 사회'라 하고, 한국인의 속성을 '은근과 끈기'로 규정하는 이도 있다. 서구 사회가 버튼(단추)에 의해 '결합된 사회'라면 우리는 끈에 의해서 맺어진 '얽힌 사회'라 할 수 있다. 옷고름, 갓끈, 머리댕기, 주머니 끈, 대님 등등 한복에는 각기 다른 부분을 잇거나 매어주는 수많은 끈이 얽혀 있다. 마찬가지로 우리 사회도 혈연으로, 지연으로, 학연으로 서로 얽히고설킨 끈의 그물망 속에서 살아간다.

한국인의 끈, 끈기는 여간해서 잘 끊어지지 않는다. 잘 끊기지 않는 기질로 하여 **끈질기다**란 말이 생겨나게 되었다. 끈(고어로는 '긴ㅎ')은 양측 끝자락을 매어 하나로 길게 이은 것인데 이는 곧 나를 상대방에게 그냥 내맡기고 '너'와 '나'를 하나로 만드는 결속이다. 얽매어진 두 개의 끈은 그 독립성을 상실하여 '나'도 '너'도 아닌 '우리'라고 하는 한 끈으로 연결되는 것이다.

"옷깃만 스쳐도 전생의 연"이라고 했다. 현실 세계에서의 만남은 결코 우연이 아님을 강조하는 말이다. 우리 인간은 전세와 현세에 걸쳐 공동 운명체로는 맺어져 있다는 인연을 확인시켜 준다. 한 민족이 한반도에서 하나의 문화와 하나의 운명 공동체로 살아온 것은 정말이지 보통의 인연은 아니다.

옷깃 스치기로 말하면 우리 한민족은 전생에서 수천, 수만 번에 걸쳐 그것이 다 닳도록 스쳤을지도 모른다. 옷깃의 **깃**은 저고리 같은 옷 종류의 목에 둘러대어 앞으로 여미는 부분이다. 사실 사람과 사람의 목이 서로 맞닿는 경우는 흔치 않다. 이 말은 '옷깃이 스친 아주 귀한 인연'으로 시작된 말일 것으로 짐작된다.

이웃과 담

한국사회에서 내 집과 이웃집을 가리고 있는 **담**은 단지 외형상의 경계에 지나지 않는다. 담이 두 집을 나누고 있다 해도 그 담을 통해 강아지가 오가고 음식도 서로 주고받는다. 말하자면 이웃끼리 정이 오가는 통로라는 표현이 저 정확하다. "집값이 백 냥이라면 이웃 값은 천 냥"이라는 옛말대로 **이웃사촌**이란 말도 생겨나게 되었다. 참으로 우리네 이웃은 멀리 떨어진 친척보다 더 가까운 삶의 동반자였다.

담 곁에 서 있는 밤나무, 감나무, 배나무 같은 유실수들은 웬만하면 가지가 담을 넘어 옆집에 그늘을 드리우고 늦가을이면 가랑잎까지 떨어뜨린다. 그런데 과실을 수확할 철이면 어김없이 **소지밥**이라 하여 과일 한 바구니를 이웃집에 건네곤 했다. 소지(掃地)란 마당을 깨끗이 소재한다는 뜻이니, 가랑잎을 쓸어준 대가로 주는, 이웃 간의 정분이었다.

이웃 간 공공연하게 건네는 '소지밥'만이 아니라 동네 악동들이 몰래 따 먹을 수 있을 있도록 묵인해 주는, **서리밥**이란 풍습도 있었다. 마을에 새로운 이웃이 이사를 오게 되면 원주민들은 부지깽이나 아궁이재를 긁는 고무래, 재를 담아두는 잿박, 잿물 받는 잿독 등 아궁이 도구를 선물하곤 했다. 이런 풍습은 그 집의 길흉을 관장하는 조왕신에게 행운을 빌어준다는 의미가 있다. 게다가 이웃과의 정분만이 아니라 더불어 살아가는 짐승에게도 인정을 베풀었다. 날짐승인 까치가 쪼아 먹을 수 있도록 남겨 두는 **까치밥**도 주변을 위한 아름다운 풍습이었다.

집과 집 사이에 있는 가시적·물리적 경계가 담이라면 사람과 사람 사이에 있는 공간적·정신적 경계를 **허물**이라 이른다. 허물이란 말은 '헐-[傷, 毁]+믓-[解]'의 구조로 '헐믓다'의 어간 '헐믓-'이 직접 명사로 굳어진 어형이다. 현대어에서는 그릇된 실수나 잘못이란 뜻으로 쓰이지만 본뜻은 훼손되거나 풀려서는 안 되는, 인간관계에서 공간 영역의 경계를 나타내는 말이다. 그래서 '허물이 없다'고 하면 남과의 관계에서 보이지 않는 담, 곧 불신이나 불화가 없다는 말이다. 부연하면 이치나 이해타산을 초월하여 상호 인정이 통하는 사이를 일컬음이다. 공동체 사회에서 이웃 사람과 이웃집이 서로 좋은 사이를 유지해 나가려면 물리적인 담은 물론 정신적인 담인 허물마저 허물어 없애야 한다.

서열에 따른 호칭

"맹물도 순서가 있다."는 속언이 있다. 우리 사회는 물 한 잔 마시는 데도 먼저와 나중이 있어 이런 의식 아래서 공동체의 질서가 유지된다. 잡다한 연줄로 얽혀 있는 집단에서 서열 구별은 필수요, 어떤 경우라도 지켜져야 하는 규범이다. 서열은 한국 사회의 존재 방식이며 서열에서의 이탈은 바로 공동체 사회로부터의 파문을 의미한다.

서열에 대한 우리의 의식 구조는 서구의 그것과는 차이가 있다. 서구의 의식 구조가 횡적·수평적이라면 우리의 그것은 종적·수직적이다. 이런 차이점은 상대를 부르는 호칭어에서도 그대로 드러난다. 우리말 호칭에서 상대를 부르는 2인칭에 **너**, **야**와 같은 하향(下向)이나 **당신**, **그대**와 같은 상향(上向) 호칭은 있어도 동등한 입장에서 부르는 대등 호칭어는 없다. 우리 사회가 수직적이며 서열적인 구조로 짜여져 있고, 모든 인간관계를 상하 서열로 파악한다는 증거이기도 하다.

상대 호칭어의 빈곤은 가장 가까운 부부나 연인 사이에서도 예외는 아니다. 흔히 부르는, '여보, 당신, 그대, 임자, 이녁, 아무개 씨, …….' 등등 몇몇 호칭이 있긴 하나 어느 것을 택해 부를 것인지에 대해서는 남녀 공히 망설이게 된다. 특히 갓 결혼한 신부의 처지에서는 더욱 난감하다. 최근 **자기**라고 하는, 변형된 2인칭이 유행하는 기현상도 이 같은 상대 호칭의 결여에서 온 고심의 흔적이다.

우리 사회는 멀쩡한 이름을 두고 결혼만 하면 배우자의 이름을 그대로 부르지 않는다. 이는 상대를 무시해서가 아니라 오히려 존경하기에 그런다고 말하기도 한다. 어떻든 촌수가 없는 무촌이라 그런지 부부 사이를 두고 '마주 보고도 부르는 일이 없는 사이'가 되고 말았다. '가시버시'란 말이 놀림말이 되는 우리 풍토에서 부부라는 남녀 관계가 괜히 부끄럽고 멋쩍어서 제대로 된 호칭어 하나 마련하지 못한 결과다.

부부 사이는 물론 여타의 분위기에서도 '여보'란 상대 호칭어가 무난해 보이지만, 그러나 요즘 젊은이들은 기성세대에 대한 반감에선지 '여보' 사용을 절대로 꺼린다. **여보**는 '여기 보십시오>여기 보시오'에서 '여보시오>여보'로 줄어든 말이다. 상대방에게 나를 돌아보게 하여 나의 존재를 확인시킴으로써 주의를 환기시키는, 다분히 인권과 평등을 내세우는 호칭어다. 본래 이 말은 지체가 높은 사람에게 아랫사람이 사용할 수 없으며, 또 지체가 낮은 사람에게 높은 사람이 사용하지도 않았다. 그리고 보면 '여보'는 평등사상을 구현하는 근대적 호칭어라 해도 좋을 것이다.

성(性)의 언어

사나이와 가시내

남성이냐 여성이냐를 구분하는 호칭은 대칭 관계로서 반드시 쌍으로 존재한다. 동물세계라면 간단히 '암(ㅎ)', '수(ㅎ)' 두 접두사로 구분할 수 있지만 만물의 영장 인간에게는 그럴 수가 없다. 사람에게는 연령이나 신분과 같은 상대의 격에 따라 적절한 용어가 선택되어야 한다. 물론 **암끼·숫끼**라는 말은 있지만 이는 남녀를 직접 부르는 호칭어는 아니다. '암기/암끼'는 암상궂고 시기하는 심성의 표현으로 여성적 특질을 나타내고, '숫기/숫끼/숙끼'는 수줍음 없이 쾌활한 기운으로 남성적 특질을 나타내는 말이다.

성의 언어에서 지금은 남(男)과 여(女)로 쉽게 구분될 수 있다. 다만 한자말이 보편화되기 전에는 두어 개 고유어가 병용되었다. 사나이와 가시내, 놈과 년을 위시하여 성년 여성을 일컫는 겨집>계집, 그리고 처(妻)를 칭하는 아내, 아낙네, 마누라 등이 그것이다. 한자어 유입 이후 기존 고유어에 대한 천시 풍조는 남녀 호칭어에서도 영향을 끼쳐 이들 고유 호칭 및 지칭어들은 대부분 비칭이나 욕설로 전락하였다. 특히 '연놈'의 경우가 심한 편이며, 정도의 차이는 있으나 '겨집/계집'이나 '여편네, 간나이, 마누라' 등속도 그 피해를 빗겨갈 수 없었다.

사나이와 상대되는 여성 지칭어 '가시나/가시나이/가시내'는 현재는 방언에서나 그 생명을 부지한다. **사나이**와 **가시내**는 고유어 '순[男, 丁]'과 '가시[女, 妻]'에 태생을 뜻하는 '나히'의 연결형이다. '나히'는 '나히>나이>내'의 변화이며, 이는 동사 '낳다'에서 기원한다. '나ㅎ-'에 다시 명사형 '-기'가 접미하면 '-나기/내기'가 되어 "서울나기, 시골나기(내기), 신출내기, 새내기"와 같은 파생어를 생성한다.

가시내, 간나이(간나)뿐 아니라 **에미나이** 역시 '나희'의 파생어에 속한다. '에미나이'는 '어미[母]+나희[胎生]'의 구조로 지금도 북부 지방 방언에 남아 있다. 여성 지칭어 '가시/갓'은 아내[妻]의 호칭으로도 전용된다. 아내의 부친, 곧 장인을 고유어로 **가시아비**라 하고, 장모를 **가시어미**, 그리고 처가를 **가시집**이라 불렀다.

새색시를 지칭하는 **각시**(중세어 표기는 '갓시') 또한 가시의 변형이다. '갓시>각시'의 변화는 한자어 閣氏의 영향도 받았다. 어린아이 이름[兒名]으로 잘 쓰이던 **간난이**도 같은 어원에서 나왔다. 간난이는 '갓 낳은 이'를 뜻하는 말로 '갓난 이>간난 이'의 변화이다. 그런데 '간난'이가 주로 여자 아이에 한정되어 쓰임은 부차적 의미 부여일 뿐으로 그 기원은 '가시'에서 찾아야 한다.

부부의 낮춤말인 **가시버시**도 역시 가시의 파생어다. 남녀가 내외하던 시절 부부가 나란히 걸어가면 주변의 아이들이 "야, 가시버시 한다야 ……."라면서 놀려 대곤 했다. 가시는 물론 여자를 지칭하고 후행하는 '-버시'는 '가시'에 운(韻)을 맞추기 위한 첩어 형식이다. 다만 '버시'가 남편을 지칭하는 고유어일 가능성은 배제할 수 없다. 시집 온 여자가 시아버지를 지칭할 때 '버시아비'라 하고, 시어머니를 '버시어미'라 칭한 기록이 있기 때문이다. 그러나 가시버시를 정확하게 한자어로 옮긴다면 '夫婦'가 아닌 '婦夫'가 되어야 하므로 고유어에서 남자보다 여자를 앞세우지는 않았으리라 생각된다.

놈과 년

남녀를 칭하는 고유어에 사나이·가시내 외에 놈과 년을 빼놓을 수 없다. 현대어에서는 욕설로 천대 받는 비칭이지만, 본시 '남[他人]'을 가리키는 일반적 호칭어였다. 지금도 '者'를 '놈자'로 훈(訓)하여 인자(仁者)를 우리말로 '어진 놈'이라 읽는다. "노마'란 사내아이의 아명도 여기서 유래한다. '놈'은 '놈>남'의 변화를 거쳤는데 아직도 일부(남부) 방언에서는 남[他人]의 의미로 쓰이고 있다. 남의 상대어 '년'은 '녀느/년ㄱ>년/여느'의 변화 과정을 거쳤다. 현대어에서 '여느'라 하면 "여느 때와 마찬가지로 ……."에서 보듯 호칭보다는 '다른, 보통의, 예사로운'이란 의미로 쓰이고 있다.

고유어 손과 가시, 놈과 년이 이처럼 욕설로 타락한 데는 '쇠젓>우유'에서 보듯 한자어의 유입에 따른 일반적 현상이다. 말하자면 고유어와 한자어의 위상적 대립에서 밀리고 만 결과이다. 현재 통용되는 남자, 남편을 비롯하여 지난 날 통용되던 **남진**(男人)이나 **남정**(男丁) 따위의 한자어가 고유어 '사내/사나이'를 몰아낸 것이다.

다만 남진, 남정과 짝을 이루는 **'겨집>계집'** 은 아직 그 명줄이 남아 있으나 의미의 타락이란 상처는 지울 수가 없다. 겨집>계집은 말 그대로 '집에 겨(계)시는 사람 [在家者]'을 가리킨다. 이 말은 안히>아내, 안사람, 집사람, 가인(家人), 실인(室人), 내자(內子) 등과 의미상 전혀 다름이 없다. 처를 칭하는 고유어 중에 유일하게 살아남은 호칭이 있다면 그것은 **아내**라는 말이 될 것이다.

아내와 서방

아내는 계집과 마찬가지로 집안에 있는 사람을 지칭한다. 곧 '안ㅎ[內]+의/애(처소격 조사)'의 구조로 '안히>안해>아내'의 변화를 거쳤다. 의미상으로는 안사람, 집사람과도 전혀 다를 바 없으나 후세인들은 '안해'란 어형을 염두에 두어 '집안에 있는 해[太陽]'라는 의미로 미화시키고 싶어 한다. 해가 집안에 머물러 있어야 그 가정이 밝아지고 자녀들은 건강하게 자랄 수 있기 때문이다. 남의 아내, 또는 일반 부녀자를 총칭하는 **아낙, 아낙네** 역시 아내와 같은 계통이다. 아낙은 '안[內]+악(접미사)'의 구조로 후행하는 '-악'은 주로 공간을 나타내고, 아낙네의 '-네'는 그 집안을 가리키거나 복수로 만드는 접미어 역할을 한다.

아낙이 남의 처를 말한다면 '마누라'는 자신의 처를 지칭한다. **마누라**가 자신의 처 호칭어로 정착한 것은 아내, 계집, 처(妻)보다는 훨씬 후대의 일이다. 그런데 본래의 '마누라'는 지금처럼 그렇게 초라한 신세는 아니었다. 마누라라는 호칭은 영감(님), 마님, 마나님과 함께 보통 사람 위에 군림하는 벼슬아치나 그 부인을 칭하던 존칭어였다. 뿐만 아니라 '산신마노라, 터주마노라, 성주마노라'에서처럼 무속에서 신격을 가진 대상의 호칭으로 대접 받았다. 남녀 공용의 극존칭이 어쩌다 중년이 넘은 부인을 칭하는 평칭(平稱) 내지는 비칭으로 격하되고 만 것이다. 봉건사회의 뿌리 깊은 남존여비 풍조는 신분마저도 고려 대상이 되지 못했던 모양이다.

남성 칭호 중에 한자어와 고유어를 넘나드는 '도령'과 '서방'은 좀 독특한 데가 있다. 앞서 언급한 '사나이, 놈'과는 달리 비교적 의미 타락을 면한 채 지금도 그 품위를 유지한다. 도령과 서방이 아마도 한자말이라 여긴 탓이라 생각된다. **도령**은 미혼의 남성을 대접하여 부르는 호칭어다. 한자로 '道令'이라 표기하기도 하지만 이는 아무래도 고유어의 취음 표기로 보인다. 도령은 '도리+님'의 변형이며, '도리'는 한자말 闍梨, 闍黎의 독음으로 본래 스승을 칭하던 불가(佛家) 용어였다. 고려때 귀한 집 자제로서 절에 들어가 중이 된 총각을 **도리님, 도련님**이라불렀던 것이다.

서방의 어원 역시 도령만큼이나 오리무중이다. 서방이 한자말이라 한다면 **書房**이나 **西房** 정도가 될 터인데, 이 경우 남편을 비롯한 성인 남자가 거처하는 방(房)을 지칭한다. **書房**이라면 독서실과 같은 책 읽는 방이요, **西房**이라면 처가살이하는 남자가 일시 거처하는, 서쪽에 있는 방이다. 서쪽 방, 곧 서방(西方)은 솔서제(率壻制)가 시행되던 고구려에서 사위가 오면 서쪽 방에 묵게 했다는 데서 유래했다고 한다. 지금도 함경도 방언에서 '서방(을) 가다, 서방 보내다, 서방 맞다'고 하면 장가를 든다는 말이며, '서방재'라고 하면 신랑을 직접 지칭하는 방언으로 쓰인다.

우리말의 가족 호칭

대인 관계에서 대상을 부르는 말에는 눈앞에 있는 상대를 직접 부르는 **호칭어**와 대화 현장에 없는 사람을 가리키는 **지칭어**, 그리고 삼촌, 사촌과 같이 단순히 혈족 관계를 나타내는 **촌수말**이 있다. 예로부터 한민족은 조상을 숭배하고 여기서 파생되는 혈족 관계를 엄격히 따졌을 뿐 아니라 이에 합당한 용어의 사용을 강조해 왔다. 한국사회에서 통용되는 여러 호칭 및 지칭어는 얽히고 설킨 인간관계를 한눈으로 보여주는 대형 그물망이다.

호칭·지칭어가 혈족 관계에서만 머무는 게 아니다. 우리의 사회적 인간 관계는 가족 내 호칭이 비혈족의 일반 사회로 확산되고 있음을 보여준다. 우리말에 가족 이외의 타인들을 부르는 호칭어는 따로 마련되지 않았다. 누군가 새로운 사람을 만나 그와의 관계를 정립하고자 하면 가족 중 누구와 항렬과 연배가 맞는지를 따져서 그 호칭에 준하여 부르면 되기 때문이다.

이런 이유로 우리 민족에게는 혈연의 관계를 떠나서도 주변에 많은 할아버지와 할머니가 있고, 형과 오빠, 누이와 언니가 있을 수 있다. 흥미로운 건 어떤 호칭을 붙여서 새로운 관계가 정립되고 나면 그들은 한 가족 내의 친족처럼 밥도 사 주고 짐도 들어주고 고민도 나누면서 친밀감을 유지하게 된다는 사실이다. 우리 사회에서 관계 정립의 명명법(命名法)이 새로운 힘을 발휘하는 장면이기도 하다.

친족(親族)이라 함은 혼인으로 맺어지는 부부 사이에서 출산으로 인한 부자 관계에서 파생되는 일체의 혈연 관계를 총칭한다. 피로 맺어지는 관계임으로 우리말로는 **피붙이, 살붙이, 일가붙이**라 하고, 반면 사돈에 팔촌과 같이 촌수가 먼 친척들을 **곁붙이** 또는 **길카리**라 한다. 피붙이든 곁붙이든 한 가정의 가족에서 구성원 사이의 구조나 친밀도는 나뭇가지의 마디에서 비유되는 **촌수**(寸數)란 단위로 표시된다.

촌수는 부모 자식 간의 1촌에서 시작하여 같은 핏줄로 맺어진 2촌의 형제 자매간, 부모 항렬인 '아시'계의 3촌과 그 자식 계열의 4촌으로 구성된다. 다행스러운 일은 촌수가 가까운 3촌까지의 호·지칭어는 대부분 고유어로 작명되어 지금도 그렇게 불리고 있다는 점이다.

아버지와 어머니

부모는 자식들에게 생명을 주어 이 세상에 태어나게 하고 길러주신 분들이다. 부모를 칭하는 고유어는 '아버지, 어머니'와 같은 개별 호칭과 '어버이, 어시'와 같은 통합 호칭의 두 계열이 있다. 전자의 아버지, 어머니의 핵심 어원은 '밥'과 '맘/멈'으로 재구된다. 밥과 맘은 갓난애가 먹을 것을 찾는 본능적 의사표시에서 기원한다. 후자의 **어시, 어버이**는 부모를 아우르는[兩親] 호칭으로 단순히 먹을 것을 지칭하는 전자에 비해 나름대로의 의미가 있다. 곧 '아시/어시'란 말은 처음[初]이나 시작[始], 시원(始原)을 뜻하는 고유어다. 이는 부모 양친에 의해 자신이 이 세상에 나오게 되었다는, 기원적인 의미를 담은 말이다.

부모칭은 다음과 같은 몇 가지 경로를 거친다. 우선 아이가 먹을 것을 지칭하는 '밥/맘'에 호격조사 '아'의 연결로 '밥바'와 '맘마'가 된다. 여기서 어두 순음(脣音) 'ㅂ(p)'과 'ㅁ(m)'의 탈락 현상과 'ㅏ/ㅓ'의 모음 교체로 '압바>아빠, 엄마'로 구체화된다. 곧 어두 순음 탈락으로 아버지[父]는 **압**으로, 어머니[母]는 **엄**으로 기본 어형이 형성되고, 다시 호격 조사 '아'나 접미사 '이'의 연결로 지금의 "아빠-엄마, 아비/어비-어미/에미, 아버지-어머니, 아버님/아바님-어머님/어마님"과 같은 다양한 호칭어가 생성되었다.

'압'과 '엄'이 부모의 구분 호칭임에 반해 '아시/어시>앗/엇'은 양친 곧 부모를 아우르는 지칭어다. 중세어에서 '어싀>어이'로 표기된 '아시/어시[始, 初]'는 부모 호칭으로 쓰일 때는 주로 기본형보다는 어버이나 아버지처럼 합성어 형태로 나타난다. 중세어 표기 '어버싀'는 '아비>압[父]'의 모음교체형 '어비>업'에 양친을 뜻하는 '어시>어싀'의 결합이다. 따라서 **아버지**는 '압[父]+어시[親]'의 구조로, 압어싀>압어지>아버지'의 변화이다. 다시 말하면 양친을 뜻하는 '어시>어싀' 위에 다시 父를 뜻하는 '압-'을 얹어 놓은 어형인 것이다. 이는 '어버이'란 말과 마찬가지 형태로서 父의 존재를 절대시했던 옛 가부장적 전통의 영향이라 생각된다.

다만 **어머니**의 경우는 어원 분석이 그리 단순치 않다. 만약 '엄-'에 이어지는 '-아니/어니'를 접미어로 본다면 그 분석은 의외로 간단해진다. 그러나 아버지의 경우처럼 어근 '엄-'에 다시 양친을 뜻하는 '아시/

어시'의 연결로 본다면 말음절 '-니'의 존재가 문제가 된다. 양친을 뜻하는 '앗/엇'은 '어버이'에서처럼 아버지에게만 연결될 뿐이다. 따라서 어머니에서의 '-니'는 존칭접미사 '님>니'의 연결로 봄이 옳을 듯하다. 어머니는 18세기 문헌에 처음으로 '어마니'로 나타나는데 이는 母의 존칭형인 '어마님'에서 마지막 음절의 말음 'ㅁ'의 탈락된 어형이다. '-님'에 선행하는 음절이 모음으로 끝나기 때문에 그 개방성에 이끌려 '님'의 말음 'ㅁ'이 탈락한 것이다.

소위 '-님>니'형 친족어는 어머니를 비롯하여 아버지의 옛 형태인 '아바니'와 할머니, 언니, 오라버니, 아주머니 등을 들 수 있다. 19세기에 처음 등장한 어머니란 어형은 형성 과정상 가장 간단한 **엄마**로부터 시작된 것 같다. 엄마는 '엄+아(호격조사)'의 구조, 여기에 존칭의 '-님'이 연결되어 '엄마+님>어마님>어마니>어머니'의 변화라 짐작된다. 현대어에서도 어머니를 '엄니'라 부르는 방언이 있으며, 궁중을 무대로 하는 사극에서도 '어마마마'란 호칭을 들을 수 있다. 지금은 '엄마, 할미/할메'는 어린 아이들의 호칭어로, '어머니, 할머니'는 성인들의 호칭어로 인식되고 있다.

아들·딸, 며느리

아들, 딸이란 지칭어는 고유어임엔 틀림없으나 다만 그 어원에 대해서는 아직도 미상이다. **딸**은 한 음절어의 말이지만 본래는 '아들'과 마찬가지로 두 음절의 합성어였을 가능성이 있다. 고려 때의 우리말을 기사한 계림유사에서 딸을 '寶妲('ᄇ둘' 정도로 재구)'로 적었기 때문이다.

아들은 계림유사에서 'ㄚ妲('아둘'로 재구)'로 표기하였다. 이는 '아시>앗[始, 初, 小]'에 '-올' 혹은 '-둘'의 연결이라 생각된다. 여기서 후행하는 '올' 또는 '둘'의 존재가 문제인데 이를 단순한 접사의 연결이라 생각할 수도 있고, 또는 씨앗과도 같은 생명의 핵(核)을 지칭하는 고유어로 볼 수도 있다. 이를테면 아들은 후사를 이을 존재라는 뜻으로 생명의 씨앗[種子]쯤으로 인식했을지도 모른다.

다만, 딸에 대해서는 그만한 상상력도 불가능하다. 앞서 寶姐을 '보둘'로 읽었는데 여기서 첫 음절 모음이 탈락되면 '뾸'이 된다. 그런데 실제 중세어 표기에서는 '뾸'로 나타나기 때문에 해독에 혼선이 생긴다. 어떤 이는 이를 '쓴/쓰-'나 '뜬/뜨-'로 읽고 '떨어져 나갈[分離], 서로 다른[異], 따르는[順從]' 사람 등등으로 그 의미를 추정하기도 한다. 아무튼 그 옛날 철저했던 남아선호사상을 고려하면 딸은 아들만큼 좋은 의미가 부여되지 않았을 것임은 틀림없다.

우리 친족어에서는 시집 온 여성이 시가(媤家) 식구들을 부르는 호칭에 대해서는 별다른 배려가 없었다. 시아버지, 시어머니, 시누이와 같이 단순히 친정에서 사용하던 호칭에 준하여 어두에 '시-(媤)' 자를 붙이든지, 아니면 자식이나 남편이 사용하는 호칭을 대용함이 고작이었다. 특히 새 식구로 들어간 자신의 호칭조차도 시가에서 제대로 대접받지 못했다. 이 같은 남존여비 풍조의 대표적인 예를 '며느리'라는 호칭에서 볼 수 있다.

아들의 처, 곧 자부(子婦)를 일컫는 **며느리**는 '며놀/며늘/미늘/마늘+아이'로 분석된다. '며늘'이란 말은 어떤 주된 것에 덧붙여 기생(寄生)한다는 뜻이다. 따라서 '며느리'란 말은 "내 아이(아들)에게 딸려 더부살이하는 존재"에 다름 아니다. 조카며느리라면 조카에게 딸린, 손자며느리라면 손자에게 딸린 지어미일 따름이다. 이처럼 여성의 인권은 말할 것도 없고 존재 자체가 무시되는 호칭도 없을 것이다.

남녀 평등을 주장하는 여성 단체에서 왜 이런 호칭어를 그대로 두고 있는지 모르겠다. 시집 온 여자는 이제 더 이상 남자에 딸린 소유물이 아니다. 며느리란 호칭이 부적절한 만큼 그 대안으로 **새아가, 아가**를 제안하고 싶다. 우리 집안에 새 식구로 들어온 또 하나의 자식이기에 이를 새 아이, 새아가, 아가, 새사람 중 하나를 택하여 불러도 좋을 터이다.

형제와 자매

한 부모 아래서 태어난 형제자매를 총칭하여 동기(同氣)라 한다. 여자 편에서는 손위의 남성을 칭하는 '오라버니·오빠'가 있고, 남자 편에서는 손위의 여성을 칭하는 '언니, 누이, 누나, 누님' 따위의 호칭어가 있다. 남자 형제간에서 손아래를 아우라 하지만, 여자 형제간에는 특별한 고유 호칭어는 없고 오로지 한자어 동생(同生)이 사용된다. **아우**는 작다는 뜻의 '아시[初, 始, 小]'란 말의 변형으로 지금도 동생을 낳을 때 "아시 본다."라고 말한다.

오빠는 여성이 같은 항렬의 손 위 남성을 부르는 호칭어요, 그 지칭어는 **오라비**가 된다. 아버지와 같은 반열에서 바라볼 수 있는 존재라는 의미의 오라비는 중세어에서 '올아바'라 기록되었다. 이는 '올[早]+압[父]+아(호격 조사)'의 구조로 분석된다. 이 호칭어는 남형(男兄)이 아버지뻘과 동일시되고 남형의 처가 어머니뻘과 동일시되던 전통사회 가족관의 반영이다. '오라바'에 존칭의 '-님'이 연결되면 '오라바+님>오라버님>오라버니'가 되어 오빠를 정중히 부르는 **오라버니**가 된다.

손위 형제를 부르는 **언니** 역시 '아시/앗[始, 初]'의 파생어로 '먼저 태어난 형제[初 生子]'란 뜻이다. 어원적으로 '아시/어시>앗/엇[初, 始]+님(존칭 접미어)'의 구조로 '엇님>언님>언니'의 변화를 거쳤다. '어머니'란 호칭어와 비슷한 시기에 선을 보인 '언니'는 문헌상으로「한영자전」(1897)에 처음으로 '어니'로 나타나고, 이후 신소설에서 '언니'란 어형으로 대중성을 획득한다. 어떻든 남성이든 여성이든 동성의 손윗사람에게 폭넓게 쓰이던 언니가 무슨 연유로 여성 전용어로 쓰이게 되었는지에 대해서는 미상이다.

아저씨와 아주머니

'아시>앗'형 친족어에는 앞서 말한 대로 3촌에 해당하는 부모 항렬의 친족, 곧 양친의 형제자매가 포함된다. 아시가 친족어로 쓰일 때는 始, 初란 본의에서 작거나[小] 다음[次]이란 의미가 추가된다. '아싀[兒, 初]>아이, 아싁[弟]>아우, 아기[幼兒], -아지[指小稱]' 등이 그런 예이다.

'아시'는 중세어에서 '아스/아즈/아츠'의 형태로 표기되었다. 이 중에서 '아즈'형이 주로 선택되어 3촌에 해당하는 '아자비[叔]'가란 호칭이 생겨나게 되었다. 중세어의 '아즈비·아즈미'는 오늘날의 **아저씨, 아재, 아주머니, 아줌마, 아줌씨** 등으로 활용된다. 이들 호칭어는 더 이상 친족 관계에서만 머물지 않고 성년 남녀의 일반 호칭어로 널리 쓰이고 있다.

아저씨는 작다는 뜻의 '아시>앗/앚'에 양친을 뜻하는 '어시>어이'의 결합이다. 곧 '앗/앚[小]+어시[親]'의 구조로 정확한 의미는 작은 어버이, 작은 아버지[叔父]를 가리킨다. **아재**와 **아재비**는 아저씨와 동 어원으로 구조상으로는 아저씨보다 더 단순하다. 곧 '아재'는 앗/앚에 접사

'-애'의 연결이요, '아자비/아재비'는 앗/앚에 '아비[父]'의 연결이다.

한편, 아저씨와 짝을 이루는 **아주머니**는 앗/앚에 '어머니'[母]의 결합으로 말 그대로 '작은 어머니[叔母]'를 지칭한다. 아주머니는 '어마님>어마니>어머니'와 같은 '-니' 형 친족어로 비교적 늦은 18세기 이후부터 대중화되었다. 중년 여성에 대한 마땅한 호칭어가 없던 때라 아주머니는 금새 유행어처럼 번져 나가게 되었다. 어머니 형제분을 일컫던 아주머니, 아줌마는 초기 친족어에서 출발하여 점차 모든 여성을 대상으로 하는 대중적 호칭어로 변신하게 된 것이다.

3 감성주의 언어

한국인의 감성

앞서 인간의 좌측 뇌는 논리적이며 과학적인 사고를 관장하고 우측 뇌는 감성적이고 신비로는 사고를 관장한다고 했다. 대뇌(大腦) 구조상 서양인은 좌측 뇌[左腦]가 발달한 반면 동양인은 우측 뇌[右腦]가 발달했다는 것이다. 동양인 중에서도 특히 한국인의 우뇌가 더 발달했는지는 몰라도 우리 민족의 감성적인 기질은 유별난 데가 있다.

기적을 이루는 데는 이성적 체질보다는 감성적 그것을 가진 민족이 더 유리할 수 있다. 이런 감성적 체질을 타고 난 한국인은 선천적으로 '끼'를 타고 난 민족이다. 인정이 많고 감동을 잘 하는 사람은 상황 변화에 대한 동화력이나 융화력이 강한 편이다. 혹자는 한국에는 논리나 수

학이 없는 대신 감정이 살아 숨쉬고, 직관이 흐느끼는 영혼이 살아 있다고 말한다.

한국인의 감성적인 특질은 우리가 사용하는 언어상에서도 표출된다. 우리말에는 자극을 나타내는 감각적 표현과 소리·동작·형태를 흉내 내어 이를 구체적으로 표현하는 상징어에서 더욱 현저하다. 언어의 감각성이나 상징성으로 말하면 한국어의 감성은 단연 타 언어의 추종을 불허한다. 한국인의 감성이 우리의 언어 속에 어떻게 반영되고 있는지를 찾아보고자 한다.

끼 있는 민족

바람난 여인보다 '바람기' 있는 여인이 더 매력적이다. 매력이 있고 없고는 '기>끼'라는 접미사의 첨가 여부에 달려 있다. 바람에 '-기' 한 자를 덧붙였을 뿐인데 바람기가 풍기는 뉘앙스는 사뭇 달라지는 것이다. 바람이 들어 이미 김이 새어 버린 사람과, 장차 바람을 피워 끼(?)를 발산할 가능성이 있는 사람과의 차이라 하겠다.

"누구는 끼가 있다, 끼를 발휘한다, 톡톡 튄다, 뜬다." - 최근 연예가 일각에서 유행하는 말이다. 얼마 전 같으면 부정적인 의미로 받아들였을, 이런 식 표현이 지금은 연예계 지망생들에게는 가장 듣고 싶은 말이 되었다. 비단 연예계뿐만은 아니다. 전문성을 요하는 현 사회의 어느 분야든 끼 있는 사람이 대접 받는 세상이 되었다. **바람기**라고 할 때의 '-기'는 어떤 기질이나 낌새를 나타내는 접미어다. 보통은 '끼'로 발음되는 '기'는 어떤 일을 잘 할 수 있는 잠재력, 또는 그 일을 해내는 데 필요한 에너지를 말한다. '끼'에 대하여 우리말 사전에는 "때[時]나 끼니[朝夕飯]를 뜻한다."고 하면서도, 그러나 숨어 있는 무한대의 잠재력에 대해서는 언급하지 않고 있다.

'기/끼'는 기운을 뜻하는 한자어 '氣'에서 온 말로 생각할 수 있다. 그러나 이는 발음상의 우연한 일치일 뿐 한자 氣와는 무관하다. 고유어로서의 **끼**는 '안개가 끼다, 서리가 끼다'에서처럼 퍼져서 서린다는 의미의 동사 '끼-'와, 낌새가 있다고 할 때의 '낌-'에서 그 어원이 찾아진다. 한자어 기미(機微)에 해당하는, **낌새**의 '낌-'은 '끼+ㅁ'의 구조로, 어떤 일이 일어날 수 있는 야릇한 기틀이나 눈치를 의미한다.

겉으로 드러나지 않고 바탕에 깔려 있는, 내재된 잠재력을 '끼'라고 한다면 한자어 기(氣)나 기미(機微)의 의미도 이와 다르지 않다. 그렇다면 의미상·발음상의 유사로 인해 이 말의 어원을 한자어에서 찾게 된 것이 아닐까 한다. 게다가 '바람기'란 말에서는 끼(기)가 통상 '바람'과 함께 쓰이다 보니 단순히 들뜬 마음이나 불순한 행위로만 생각하지 않았나 싶다. 그러나 끼의 본래 의미는 타고난 능력을 계발하여 그것에 몰입하여 끈질기게 추구한다는, 좋은 의미로 수용되어야 한다. 사회 모든 분야에서 철저한 전문인이 요구되는 이 시대에서는 특히 필요한 존재들이기 때문이다.

끼는 접미사만이 아닌 자립 명사로서도 전혀 손색이 없다. 그 범위도 무제한이라 연예계나 예술계 같은 분야만이 아닌, 평범한 개인은 물론 집단이나 민족에 이르기까지 두루 통용되는 말이다. 어려운 환경 하에서도 경제적 기적을 이룬 우리 민족을 두고 '끼 있는 민족'이라 해도 좋다. 끼가 있음으로 해서 세계 10위권의 경제력을 자랑할 수 있게 되었고, 이를 바탕으로 문화·예체능 분야에서도 **빼어난** 능력을 발휘할 수 있다. 다만 쉽사리 뜨거워지고 금방 식어버리는 소위 '냄비 근성'만은 멀리 한다면 우리 민족이 가진 '끼'는 국가 발전에 유용한 에너지로 쓰이게 될 것이다.

놀이와 노래

놀이의 본뜻은 단순히 노는 일만 말하는 게 아니다. 생활 속의 이해관계를 떠나 자발적으로 참여하여 즐거움과 흥겨움을 동반하는 활동이다. 놀이는 재미가 있어야 하고 동시에 다른 사람들을 끌어들이는 공감역이 있어야 한다. 또한 모든 제약으로부터 해방시켜 주는 자유스러움과 놀이 주체의 자발적인 참여가 보장되어야 한다.

한국인은 천부적으로 놀이를 좋아하는 민족이다. 역경과 고난의 세월을 살아오면서도 항상 웃음을 잃지 않은 것은 이런 낙천적 기질 때문이다. 반드시 '흥'이나 '신' 을 동반하는 놀이는 개인적인 것에서부터 마당놀이 같은 집단적 놀이에 이르기까지 그 종류도 다양하다. 우리의 전통놀이에는 씨름이나 활쏘기, 그네뛰기, 널뛰기, 연놀이와 같은 힘과 기를 겨누는 놀이가 있는가 하면, 윷놀이, 꼭두각시놀이, 산디놀이, 강강술래와 같은 절기에 맞춘 민속놀이, 그리고 흔히 잡기(雜技)라 일컫는 갖가지 여흥 놀이도 있다.

놀이는 동사 '놀-'의 명사형으로 이 말뿐 아니라 '노래, 노리개, 놀음, 노름' 등도 여기서 나온 파생어들이다. 중국사서(史書)에서 음주가무(飮酒歌舞)를 즐겼다는 기록을 보아도 예로부터 우리 선조들은 놀이를 얼마나 좋아하고 즐겼는지를 미루어 짐작할 수 있다. 지금도 연간 술 소비량이 세계적이며, 전국 어디서나 노래방이 성업 중인 현상은 이런 전통의 계승이라 생각된다.

한국인의 전통적인 놀이라면 말 그대로 음주가무, 곧 춤과 노래가 중심이 될 것이다. 우리의 가무(歌舞)에는 전통적인 무속(巫俗)이 그 바탕에 깔려 있다. 샤머니즘이 추구하는 황홀경, 곧 엑스터시의 경지에 이르는 수단으로 춤과 노래가 곁들여진다. 오랜 세월 숱한 배척 속에서도 우리의 무속이 없어지지 않은 것은 무당굿을 매체로 종교적 황홀경에 빠지는 이런 행위가 우리의 심성과 일체가 되었기 때문이다.

한국인의 노래 중에서도 판소리는 하나의 정형을 이루어 계승되고 있다. **판소리**는 이야기를 노래로 부르는 전통적인 민속적 연예 양식으로, 국악의 한 장르이면서도 국문학의 한 부분이 되기도 한다. 일반적으로 판소리의 대본을 판소리 사설이라 하고, 소리하는 사람을 판소리 광대(廣大) 또는 소리꾼이라 부른다. 옛 전라도 지방에는 마을 입구마다 일종의 집회소라 할 수 있는 정자가 있었다. 하루 일을 끝낸 동네 사람들이 이 정자에 모여들어 여흥을 즐겼다. 모정(茅亭)이라는, 이 정자의 무대가 곧 '판'이요, 그 판에서 여흥으로 표출되는 '소리'가 바로 판소리다. 판소리 마당에서는 창자(唱者)만이 소리꾼이 아니라 모임이 있고 여흥이 있는 곳이면 어디서나 누구든지 소리꾼이 된다. 오늘도 전국 방방곡곡에 산재한 수많은 노래방에서는 '전 국민의 가수화'를 외치면서 소리꾼들의 노랫가락이 이어지고 있다.

놀이와 신바람

"할 때는 하고 놀 때는 놀아라." - 어릴 적부터 곧잘 들어온 말인데, 그러나 요즘 세상에는 맞지 않은 말인 것 같다. 여기서 말하는 '놀다'는 단순한 놀이[遊戱]만은 아닌, 쉬면서 아무 일도 하지 않는다는 뜻이다. '놀-'의 진정한 의미는 윷놀이 할 때나 무당이 굿할 때 '한판 놀았다'는 말에서 찾아야 한다. 곧 '**놀**-'은 어떤 한 가지 일에 몰입한다는 뜻이다. 다시 말하면 정신줄을 놓은 상태가 아니라 오히려 정신을 한 곳에 집중

하고 있는 상태다.

한참 악기를 연주하는 연주자의 자태에서, 열창하는 가수의 표정에서, 신들린 무당의 푸닥거리하는 모습에서 우리는 진정으로 '노는' 얼굴을 볼 수 있다. 평상시의 몸짓이나 표정은 찾아볼 수 없는, 어떤 경지에 든 사람의 황홀경이다. 눈을 까뒤집기도 하고 때로 일그러진 얼굴로 악기 연주에 몰입하는, 그야말로 '놀고 있는' 사람의 참 모습이다.

신이나 신명이 끼와 가장 유사한 말이다. '신나다, 신바람 나다, 신이 있다, 신 들다'라고 할 때의 '신'이 바로 그런 것이다. 어떤 일에 정신이 쏠리거나 흥이 나서 마음속으로부터 일어나는 재미나 기분을 **신**이라 한다. 그런데 여기서 말하는 '신'과 한자 '神'과는 어떤 관계일까? 사전에서는 무당, 혹은 영(靈)이 통하는 사람에게서 볼 수 있는, '신(이) 내리다'나 '신(이) 지피다'라고 할 때의 신을 따로 구분하여 한자어 神에서 온 것으로 보고 있다.

앞서 말한 끼와 기(氣)의 관계처럼 우리말 신과 한자어 신(神)과의 관계도 결코 예사롭지 않다. 신바람의 신이나 내리는 신은 같은 말로써 본래의 고유어로 봄이 옳을 듯하다. 우리말 신, 또는 신명은 분명 어떤 일에 정신이 팔려 흥이 난 상태를 이른 말이지만 한자말 신(神)은 절대자나 귀신을 가리킨다. 또 **신명**(神明)이란 신바람의 신이 아니라 하늘과 땅에 있는 모든 신령을 통칭하는 말로 보는 것이다.

어떻든 우리가 신이나 끼가 많은 민족이라 그런지 한국인만큼 종교적인 민족도 드물 것 같다. 우리나라를 '다종교 공존사회'의 표본이라고 한다. 한국은 전통적으로 원시 종교인 무속(巫俗)을 기반으로 각종 외래 및 신흥 종교가 사이좋게 공존하는 사회다. 종교란 본시 인간이라면 누구나 피해갈 수 없는 죽음의 공포나 삶의 불안정으로부터 벗어나고

픈 심정에서 비롯된다. 한민족의 경우, 지정학적인 숙명론이나 약소민족이 갖는 안보상의 불안감, 거기다 감성적인 민족성도 가미되어 오늘날과 같은 다종교 공존사회가 되었다.

감성 언어의 현장

연달래·진달래·난달래

하나의 꽃 이름을 예로 들어 우리말의 감각성을 이야기해 보려 한다. 우리말의 감성적 특질은 기존 어휘의 분위기를 살려 또 다른 유사 어휘를 곧잘 만들어 낸다. 물론 공식 어휘로 자리 잡기 위해서는 대중성 확보라는 과제는 남는다. 하지만 방언이나 은어로라도 살아남아 결과적으로 우리말 어휘를 풍부하게 할 것이다. 진달래란 꽃 이름에서 유추된 '연달래, 난달래'란 유사 어휘를 통해 이들 신조어가 만들어지는 과정을 살펴보기로 한다.

봄이 오면 이 산 저 산 다투어 진달래가 피기 시작한다. 진달래는 '달래'('둘위[躑躅]')'에 한자 '진(眞)-'이 얹혀 붙여진 이름이다. 지역에 따라 '참꽃'이라 부르기도 하고, 철쭉을 진달래라 부르는 곳도 있다. 또는 철쭉을 '개꽃'이라 하고 진달래를 참꽃이라 부르는 지역도 있다. 남도 지방에 "참꽃에 볼때기 덴 년"이란 속어가 있다. 꽃 색이 하도 붉어 마치 두 볼에 화상을 입은 것 같다 하여 봄바람에 잔뜩 들떠 있는 처녀를 놀려 대며 하는 말이다. 다소 저속하기는 하나 그런 대로 운치가 있다.

진달래에서 '연달래', '난달래'란 유사어가 생겨난 데는 산촌 처녀들과 진달래꽃으로 물든 봄 풍경이 한데 어울린 소산물이다. 봄이 되면 산촌 소녀들은 막 피기 시작하는 진달래를 한 아름씩 꺾어 허리에 꿰어차고 산 밑으로 내려온다. 이를 본 동네 선머슴 애들이 가만히 있을 리가 없다. 몰래 길목을 지키고 섰다가 갑자기 튀어나오면서 이렇게 외친다. "연달래 진달래 난다아알래!"라고.

여기서 말하는 세 가지 색깔은 다분히 육감적 성격을 띤다. 말하자면 젖꼭지가 연하게 붉은 사춘기 소녀를 '연달래'라 칭하고, 그것이 진하게 붉어지는 성숙기 아가씨를 진달래로, 이후로 난초 빛깔로 검붉은 색을 띠면 '난달래'라 칭하게 된다. 놀림감이 되어버린 소녀들은 잠자코 있을 리가 만무하다. 연달래에 해당하는 어린 소녀가 '난달래'란 칭호를 듣게 되었으니 억울할 수밖에 없다. 바짝 약이 오른 연달래들은 꽃바구니를 내동댕이치고 그만 울음보를 터뜨린다. 이를 본 선머슴 애들은 이번엔 이렇게 외치며 놀린다. "운달래, 떡달래, 정다아알래!"라고. '달래'란 말이 이처럼 상황에 따라 변신하는 형태가 흥미롭다. 참으로 정겨운, 진달래 흐드러진 우리 땅 산촌의 풍경이다.

얼짱과 몸짱

아름답게 보이고 싶은 욕심은 어쩔 수 없는 여성 고유의 본능이다. 여기에 맞춰 여성의 얼굴이나 몸매를 세상 남성들은 아름다움을 기준으로 보고자 한다. 그러니 아름다움에 대한 표현 양상도 자연 다양해질 수밖에 없다. 최근에는 이를 뭉뚱그려 '얼짱'이니 '몸짱'이니 하는 신조어를 만들어 내었다. 아름다운 얼굴과 몸매를 갖고자 하는 욕망은 예나 지금이나 변함이 없다. 지금은 잘 쓰이지 않지만 여성의 생김새를 나타내는 고유어를 찾아보기로 한다.

"그녀는 구멍새가 크다, 그녀는 뗏물이 좋아서 어떤 옷을 입어도 잘 어울린다, 그녀는 선바람으로 나서도 매력적이다."

여성의 용모와 관련된 이상의 표현에서 생소한 어휘가 눈에 뜨인다. 예문에서 언급된 **구멍새**나 **땟물**은 현대어로 몸매에 해당하는 말이다. '구멍새 크다.'거나 '땟물이 좋다.'고 하면 모양새나 몸매가 시원스럽게 잘 빠졌다는 뜻으로 요즘 말로 하면 '몸짱'이 될 것이다. 마지막 예문의 민낯이나 선바람은 옛말이긴 하나 아직도 신선함이 살아 있는 듯하다. 화장하지 않거나 화장기 없는 맨얼굴을 **민낯**, 또는 **선바람**이라고 한다. "그녀는 선바람으로도 매력이 넘친다." 참으로 매력이 넘치는 표현이다.

산드러지고 댕가리지다도 여성 얼굴에 대한 생소한 표현이다. **산드러지다**는 태도가 맵시 있고 경쾌한 모습이며, **댕가리지다**는 종전의 모습과는 전혀 딴판으로 깜찍하게 변모했을 때 이르는 말이다. 이를테면, "그녀는 그 길던 머리를 짧게 커트하고 나와 댕가리진 모습이 깜찍하게 예뻤다."는 식이다.

얼굴형을 묘사하는 **가량가량**이란 시늉말도 눈여겨볼 만하다. 얼굴이 약간 야윈 듯하면서도 탄력성이 있는 모습을 가량가량한 얼굴이라 말한다. 이에 반해 얼굴형이 좀 갸름하면서 살이 적어 좀 못하다 싶을 때는 **초강초강**하다고 한다. 이에 반해 초강초강에 상대되는 얼굴이 **토실토실**이요, 이보다 더 살이 찌면 **부둥부둥**이다. 그리고 건강 상태가 안 좋아 좀 부은 듯하면 **보삭보삭**이요, 상태가 더 안 좋으면 **푸석푸석**이 되고 만다.

미인의 얼굴을 말할 때 흔히 월하미인(月下美人), 또는 화용월태(花容月態)라는 문자를 사용한다. 누에나방의 눈썹을 뜻하는 아미(蛾眉)란 말도 실은 여성의 아름다움을 나타낸다. 이와 반대로 '밀알지다, 만조하다, 매골' 등은 별로 곱지 못할 때 쓰이는 말이다. **밀알지다**는 여성의 얼굴이 빤빤하게 생겨 얄밉게 느껴질 때를, **만조하다**는 얼굴이나 옷차림이 초라하고 채신머리없는 짓을 나타낼 때 쓰는 말이다. 또 사람의 좋지 않은 몸꼴을 총칭하여 **매골**이라 하여 "매골이 말이 아니다."라고 말하기도 한다.

좋지 않은 상태의 표현을 좀 더 찾아보기로 한다. 몹시 지쳐서 눈이 쑥 들어가고 생기가 없으면 **떼꾼**한 얼굴이요, 선이 굵고 시원한 얼굴을 **억실억실**하다고 하며, 특히 노인의 얼굴이 깨끗하고 조촐하게 보이면 **조쌀하다**고 말한다. 젊어서 곱던 얼굴이 나이가 들면 눈시울에 주름이 생기게 되는데 이를 '가선 진 얼굴'이라 한다. **가선**이란 말은 "눈가에 선이 지다"에서 나온 줄임말이다. 지금은 거의 찾아보기 어렵지만, 곱게 얽은 얼굴의 마마 자국을 **손티**라 부르고, 이 손티가 잘고 얕게 드문드문 있으면 **알금삼삼하다**고 말한다.

한국인의 욕설

욕설의 두 얼굴

일반적으로 많이 쓰이는 말을 보통어라 한다면 이보다 품위 있고 수준 높은 말을 '아어(雅語)'라 하고, 특별한 상황에서 쓰이는 말을 '특수어'라 한다. 특수어는 특정한 부류나 분야에서 쓰이는 은어(隱語)나 전문어, 지역적 특성을 가진 방언, 그리고 보통어보다 차원이 낮은 속어(俗語)나 비어(卑語) 등을 말한다. 욕설이라면 맨 후자의 비속어(卑俗語)가 되겠고 그 중에서도 비어(卑語)가 여기에 해당한다.

상소리라 불리는 **욕설**(辱說)은 말 그대로 남에게 욕(辱)을 보이는 말이다. 욕으로 쓰기 위해 만든 말을 '욕어(辱語)'라 할 수 있다. 그런데 우리말에서는 처음부터 욕을 위한 말 [辱語, 혹은 辱言]은 만들지 않았다. 욕어·욕언을 대신하는 말이 욕설(辱說)인데, 이는 어떤 수준의 말이든 대화 현장에서 당시의 상황에 따라 욕으로 변질될 수 있음을 뜻한다.

욕(辱)은 욕설이나 꾸지람, 또는 부끄러움을 지칭하지만 때로 몹시 힘든 일을 그렇게 말하기도 한다. 경상도 방언에 **욕 봤다**라 하면 강간이나 치욕을 당했다는 게 아니라 그저 '수고 많았다'는 정도의 격려하는 인사말이다. 욕설이라 해서 꼭 비어가 아니며, 비어라 해서 반드시 욕은 아니다. 일상의 언어 구사에서 언제나 격조 높은 아어만을 사용할 수는 없고 경우에 따라서는 상소리나 욕설을 섞을 때도 있다. 욕설을 내뱉음으로 해서 긴장감이나 불만, 갈등 따위를 해소시킬 수도 있고, 그래야만 살맛과 함께 말하는 맛(?)도 느낄 수 있다.

꽃과 여인처럼 우리가 사용하는 언어도 가꿀 탓이다. 아무리 좋은 말이라도 가꾸지 않은 채 내버려두면 수준이 낮은 비속어로 타락하고 만다. 이런 예를 "놈[者], 년, 계집, 새끼"와 같은 호칭어에서 본다. 항상 좋지 않는 분위기에서 좋지 않은 의미로만 쓰이다 보니 끝내 욕설로 변질되고 만 것이다.

욕설은 친근감의 표시와 저주의 메시지라는 두 개의 얼굴을 가졌다. '새끼'나 '자식'이 호칭 상에는 욕설이 되지만 친근한 분위기에서는 애칭이 될 수도 있다. "잘 하네, 잘 먹고 잘 살아."라는 인사말이 칭찬과 격려인 동시에 질책이나 저주가 되기도 한다. 아예 간판에서부터 '욕쟁이 할머니집'이라 써 붙인 식당도 있다. 이 집에 들어온 손님들은 음식과 함께 주인 할머니의 걸쭉한 욕까지 덤으로 얻어먹는다. 욕을 얻어먹는 그 맛에 식당을 찾는다는 손님도 있다고 들었다.

'욕설의 미학'을 운위하는 이도 있다. 미학의 관점에서 보면 한국인의 욕설은 감성을 바탕에 둔 인간미의 또 다른 표현이라 해도 좋다. 향토색 짙은 소설, 채만식의 '탁류'에서 욕설이 뒤섞인 대화 장면을 읽으면서 독자는 불쾌감보다는 오히려 시원함을 맛본다. 그런 분위기, 그런 대화 속에 분출되는 욕설은 이미 욕의 범주를 벗어나 있다.

자존심의 훼손

우리말 어휘 중에 그 자체로 악(惡)을 나타내는 말이 있다면 그것은 대개 한자말이다. 악인(惡人)을 고유어로 말하면 '나쁜 놈'이 된다. 그런데 어원적으로 우리말 **나쁘다**는 한자 惡과는 의미상 거리가 멀다. '나쁘다'는 '낮[低]+브다(접미사)'의 구조로, '惡하다'가 아니라 인간 됨됨이나 수준이 낮다는 뜻이다. 나쁜 놈이라면 단순히 '모자란 놈'이란 표현에 불과하다. 덜 된 놈이나 (아직) 못 된 놈도 매한가지다.

앞서 한국인은 인간 본질을 '되어 있는 존재'가 아니라 '되어가는 존재'로 파악한다고 했다. 그런 이유에서 '나쁘다'는 미처 못되고 덜 되어 수준이 낮다는 뜻으로 수용되어야 한다. 이 말은 장차 사람으로서 '됨됨이'를 갖추기만 하면 언제든지 좋은(높은) 사람이 될 수 있다는 뜻이니 우리말의 욕설도 이런 관점에서 보아야 한다.

욕설에 쓰이는 어휘는 대체로 병신, 바보, 얼간이와 같이 상대방의 능력이나 행실을 비하시키는 유형과, 망나니, 덤받이, 개구쟁이, 무녀리, 종갓나와 같이 상대의 조상이나 출신 성분을 비하시키는 유형으로 나누어진다. 이 밖에 오사랄, 육시랄, 난장 맞을, 우라질 같은 형벌에 관련된 욕설과, 씹할, 좆 같이와 같이 성적인 수치심을 유발시키는 욕설, 그리고 염병할, 돼질, 지랄과 같은 질병으로 인한 저주 등으로도 분류될 수 있다.

사람이 욕설을 들으면 기분이 나빠지는 근본 원인은 한 마디로 자존심에 손상을 입히기 때문이다. 자존심의 손상이란 개인적으로 '인간다움'이나 공동체의 일원으로서 구성원의 자격을 박탈하는 일이다. 현재는 비록 그렇지 않고 좋지 않은 상태에 있다 하더라도 사람은 누구나 인권과 인격을 갖춘 존재다. 누군가로부터 "네깐 놈이, 네가 뭔데, 네 주제에 …"라는, 자신을 비하하는 말을 들으면 그만 격분하지 않을 수 없다. 자신의 존재감에 무시당하는 순간 인간은 누구나 인내의 한계를 절감한다. 그래서 욕설이란 말을 다시 정의한다면 상대의 자존심에 상처를 입히는 언사라 할 것이다.

식생활에서의 감성

한민족은 탕 민족

한국인의 밥상에는 밥과 함께 반드시 국이 따라야 한다. 국은 반상기(飯床器)에서 맨 앞 줄 오른 쪽에 놓이는데 미처 국을 끓이지 못했다면 대신 국물 있는 찌개라도 있어야 한다. 고기나 생선, 나물 따위에 물을 붓고 끓인 음식을 **국**이라 한다. 나물과는 달리 재료가 육류인 경우는 국을 달리 말하여 **곰**이라 하고, 한자말로는 탕(湯)이라 한다. 일반적으로 곰에다 국을 덧붙여 **곰국**이라 하고, 한자어 탕(湯)을 덧붙여 **곰탕**이라고도 부른다. 겹침말이 분명한데 어떻든 곰과 국, 그리고 탕은 같은 의미로 통용된다.

국물 있는 국[湯]에다 밥을 말아 먹는 식사법은 우리 민족 고유의 식성이다. 국과 탕반류(湯飯類)의 다양성을 보더라도 우리의 식속(食俗)이 '국물 민족'이란 특성을 대변한다. 우리가 탕(湯) 민족이 된 데는 나름의 요인이 있다. 우선 농경민족이란 전통과 더불어 선농(先農) 사상에서 희생 동물을 나눠 먹는 신앙적 요인에서 찾아진다. 거기다 오랜 세월 자원 부족의 식량난에다 외세의 침탈로 인한 잦은 피난 생활도 한 요인으로 작용한다. 많은 식구를 거느리며 어렵사리 살림을 꾸리다 보면 고기 한두 근으로 전 가족이 다 먹을 수 있도록 국을 끓이는 방법밖에는 없었다. 또한 때때로 쫓기는 상황에서 급하게 후루룩 마셔버리기엔 국물 있는 음식이 제격이었다.

국물 있는 음식을 먹으려면 이를 떠먹을 수 있는 숟가락이 필요하다. 우리 선조들은 삼국 이전부터 숟가락에다 젓가락까지 함께 사용하였다. 지구촌에서 기독교 국가나 한자문화권 이외에는 아직도 손으로 직접 음식을 집어 먹는다. 음식물을 입으로 운반하는 식구(食具) 문화에 관한 한 우리는 분명 선진국이라 자부한다.

수저라면 숟가락과 젓가락을 아우르는 말이다. 여기서 '수-'는 고유어 '술[匙]'과 한자어 '저'(箸)의 합성어다. 숟가락이건 젓가락이건 식사 때마다 늘 상용하다 보면 손목 복판의 굵은 힘줄, 곧 장장근(長掌筋)이 발달하게 된다. 장장근이라는, 근육선은 서양인에게는 진작 퇴화해버렸지만 우리는 상대적으로 발달해 왔다.

벼농사도 그렇지만 우리의 의식주 생활 자체가 사람의 손을 많이 필요로 한다. 이로 인해 한국인은 다른 어떤 외국인보다 뛰어난 손재간을 갖게 되었다. 조상으로부터 물려받은 이런 유전질로 한국 어린이들은 너더댓 살만 되면 젓가락질을 자유자재로 할 수 있다. 젓가락으로 콩자반을 집을 수도 있고, 잘하면 새우젓갈 속의 눈알까지 빼어 먹을 수 있다. 외과 수술의의 손재주가 남다르고, 유전공학 분야의 기술이 타국에 비해 앞선 것도 이 천부적인 손재주 덕분일 것이다.

매운맛의 민족성

양념이란 말은 음식에서 맛을 더하게 하는 각종 재료의 총칭이다. 단맛을 내는 감미료, 신맛을 내는 산미료(酸味料), 향기로운 맛을 내는 향신료(香辛料), 짠 맛을 내는 소금이나 간장, 이 밖에 모든 식용 기름이 양념이란 말에 포함된다. 조미료는 그것이 다분히 인공적 재료임에 반해 양념은 있는 그대로의 자연산 재료라 할 수 있다.

전통적 양념감 중에 **마늘**은 그 유래가 깊고 효능이 탁월하다. 아득한 옛날 단군신화에서 시작되어 삼국 시대에는 마늘 재배를 위한 산원(蒜園)까지 설치했다고 한다. 마늘을 한자말로 두채(頭菜), 종채(宗菜), 또는 상채(上菜)라 한다. 모두 어두에 두(頭)나 종(宗), 상(上)이 놓이는 걸 보면 마늘이 양념 중에 최고의 지위에 있음을 알게 된다. 우리 조상들은 마늘의 신비를 진작부터 알고 약식동원(藥食同源)의 이치를 터득한 것이다.

고추와 후추는 향신료 중에서도 매운 맛을 대표하는 양념이다. 고추와 후추는 공히 한자 '**초(椒)**'형 식품으로 천초(川椒), 산초(山椒), 촉초(蜀椒) 등과 함께 진한 향기를 내는 식용작물이다. **후추**는 '호도(胡桃)>호두'와 마찬가지로 '호초(胡椒)'가 변한 어형이다. 호초는 원산지 인도에서 중국을 거쳐 전래되었기에 서역, 곧 오랑캐 땅에서 왔다 하여 어두에 '胡-'자를 붙이게 되었다.

'호초>후추'란 명칭 외에도 매운 음식이라 하여 **고초(苦椒)**란 이름의 양념이 있다. 고초는 초기에 번초(蕃椒), 약초(若椒), 진초(秦椒), 고려호초(高麗胡椒) 등으로도 불리었다. 고초, 즉 **고추**의 원산지는 열대 남아메리카로 알려져 있다. 우리나라에는 16세기 임진왜란을 전후하여 포르투갈 상선에 의하여 유입되었다고 한다. 그렇다면 지금의 매운 김치는 고추 전래 이후의 일일 것이다.

우리 민족은 풋고추를 고추장에 찍어 먹을 정도로 유달리 매운 음식을 선호한다. 그만큼 정열적이라 그런지 매운 찌개 국물을 들이키면서 "아, 시원하다"면서 땀을 뻘뻘 흘리기도 한다. "작은 고추가 맵다."는 말도 우리 민족성에 부합되는 속담이다. 체구는 비록 작지만 열정과 끈기 면에서는 서구인에 비해 조금도 뒤지지 않는다. 이처럼 화끈하고 끈질긴 힘은 고추의 매운맛에서 비롯된 것이 아닌가 한다. 이왕 내친 김에 고추 먹은 힘으로 우리의 경제도 문화도 계속 세계 속으로 뻗어 나갔으면 한다.

무속과 감성

생활 속의 무속

무속(巫俗)에서 행해지는 모든 언행이나 의식은 그 바탕에 감성이 깔려 있다. 현대를 살아가는 우리들의 삶 저변에는 원시종교라 일컫는 무속(巫俗)의 그림자가 짙게 드리워 있다. 최첨단의 컴퓨터를 들여올 때면 으레 고사(告祀)라는 의식을 치른다. 이사나 여행, 혼사 같은 일상의 가정사에도 '손 없는' 길일(吉日)을 택하려 한다. 뿐인가. 해마다 정초에는 재미삼아 토정비결을 보고, 지금도 **지킴이[靈物]**를 모시는 마을이나 가정이 전국 곳곳에 산재해 있다. 동구(洞口)에는 마을의 수호신인 장승이나 당산나무가 버티고 있으며, 성황당(서낭당)에서는 해마다 마을의 안녕을 비는 제사를 모신다.

요즘은 좀 드물지만, 해산(解産)한 집 대문에 금(禁)줄('인줄'이라고도 함)을 걸어 부정을 막는 가정도 있다. **금줄**은 새 생명을 악귀의 해코지로부터 보호하고자 왼쪽으로 꼰 새끼줄에 붉은 고추와 타버린 숯, 그리고 상록 침엽수인 솔가지 등을 끼워 놓는다. 새끼줄에 달린 것들은 모두 악귀를 막는 주술적인 의미를 가졌다. 최첨단의 시대라 해도 이처럼 우리의 일상에는 무속의 흔적이 배어 있는 것이다.

누구나 사람은 신이 나기도 하고 신이 내릴 수도 있다. 그 중에서도 특별히 신을 맞이한[接神한] 사람을 일러 **무당**(巫堂, Shaman)이라 부른다. 무당은 신과 인간 사이를 이어 주는 중재자로서 한자말로 무(巫), 무격(巫覡), 심방이라 하고, 고유어로는 **단골**이라고 한다. 남자 무당을 일컫는 **박수**는 알타이 제어에서 현명한 사람[智者]을 뜻하는 'baksi'에서 온 말이지만 무당이란 말의 기원에 대해서는 종잡을 수가 없다. 한자어 '巫堂'일 수도 있고, 계통적으로 만주어 mudan(音, 聲, 響)에서 유래했을 수도 있다. 그런가 하면 사람의 일을 신에게 물어본다는, '묻[問, 혹은 語]+앙(접미사)>무당'에서 그 어원을 찾을 수도 있다. 실지로 방언에서 무당을 '물어 보는 자'란 뜻으로 **묻그리**(혹은 '무꾸리')라 부르기도 한다.

고대 사회에서의 통치자는 한 집단을 대표하는 최고의 무당이었음은 주지의 사실이다. 한민족의 시조 단군(檀君) 할아버지는 물론이요 초기 신라의 최고 지도자 [王稱語]인 居西干·麻立干의 '居西-'와 '麻立-', 그리고 次次雄 등도 모두 최고의 무당이자 제사장을 부르는 호칭이었음이 분명하다.

그러나 오늘의 사회에서는 옛날처럼 특정의 사람만이 무당이 되는 건 아니다. 누구든 끼 있고 신명 많은 사람이 그가 전공하는 한 가지 일에 몰입할 때면 언제든 무당이나 박수가 될 수 있다. 우리 민족처럼 타고난 감성을 바탕으로 하여 춤과 노래를 즐기고 절로 흥과 신을 낼 수 있는 민족도 없다. 우리는 오랜 세월 춤과 노래로 가슴속 깊이 숨어 있는 신을 청하고, 그 신명과 끼를 풀어냄으로써 삶의 지평을 넓혀 왔다.

신(神)의 고유어

고대의 원시 종교는 대체로 다음과 같은 기반에서 형성되었다고 한다. 우선 지상에 있는 모든 존재는 살아 있으며, 의식을 가졌다고 믿는 정령관(精靈觀, animism)이다. 또 하나는 특정 동식물을 신성시하여 한 집단의 상징으로 삼는 토테미즘(totemism)과 이와 관련된 금기(禁忌, taboo)에서 비롯되었다고 한다. 이 같은 원시 종교는 선악에 대한 관념이나 내세에 대한 소망도 없으면서 다신론에 기반을 둔다는 점에서 오늘날의 고등 종교와는 비교된다. 우리 민족의 무속신앙(shamanism)도 이 같은 원시 종교의 보편적 범주에서 벗어나지 않는다.

예로부터 우리 선조도 잡다한 여러 신을 모셔 왔다. 그런데 이들을 칭하는 한자어 신(神), 또는 귀신(鬼神)이 들어오기 전에는 우리말로 어떻게 불렀는지에 대해서는 잘 모른다. 다만 추측컨대 대체로 '고마, 고(구)시, 삼' 등의 고유어가 사용되었으리라 짐작된다.

고마는 신(神)만이 아닌 방위상 뒤[後]나 북(北)쪽을 가리키는 말로도 쓰였다. 이는 동음이의어 관계인지, 의미의 분화나 전이(轉移) 현상인지는 미상이다. 어떻든 '고마>곰'은 일본어에서 신을 뜻하는 '가미'와도 관련이 있으며, 아울러 고대 북방 민족의 '곰[熊]토템'과도 관련이 있어 보인다.

'고마>곰' 이외에 **고시/구시**란 말도 신을 지칭하는 말로 쓰였다. 무당이 자신이 믿는 신을 향해 치성 드리는 일련의 행위를 지칭하는 **굿**이란 말이 그 흔적이다. '굿'의 본 어형이 '구시/고시/거시' 정도의 음절 말모음을 보유한 어형이었을 것이다. 초기 신라의 왕 칭호인 居西干의 居西가 이에 해당하며, 가야국의 시조 수로왕을 맞이할 때 불렀다는 龜旨歌(迎神君歌)의 '구지/구시(龜旨)' 역시 이 어형의 차음 표기로 보인다.

중세 문헌에 보이는 '굿거시>굿것'은 귀신이나 도깨비를 지칭하는 말이다. 여기서 말하는 '굿거시'는 동일어의 중복 표기이다. 중국 사서에 보이는 迎鼓나 東盟, 舞天과 같은 제천의식이 바로 굿판의 명칭으로 추정된다. 지금도 야외에서 식사할 때 먼저 귀신에게 음식의 일부를 떼어 주면서 '고수레/고시레/고스레'라는 외침도 굿이나 굿거시의 의식과 관련이 있을 듯하다.

'고마, 구시/거시' 외에 **삼**이란 말도 신의 고유어에 포함시킨다. 예로부터 생명 탄생의 주관자로 믿고 있는 삼신할머니의 '삼-'이 바로 그것이다. 삼신이란 말은 같은 뜻의 고유어와 한자어가 중복되는 말이다. 이는 '역전(驛前)앞'이란 말과 같이 '삼=神'의 관계인 것이다. 삼신의 '삼'은 무당[司祭]을 뜻하는 만주어 saman의 'sam'이나 일본어 sama(神)와도 비교된다. 여러 문헌에서는 삼신을 한자어로 산신(産神), 또는 삼신(三神)으로 적고 있으나 이는 어형의 유사로 인한 부회라 생각된다.

악귀들의 이름

'신'이라 하면 절대자로서의 신(神)과 다신교에서 말하는 잡신(雜神), 그리고 사자(死者)의 혼령을 일컫는 귀신(鬼神)도 여기에 포함한다. 앞서 언급한 '고마, 삼, 거시/구시'는 무속에서 절대자로서의 신을 지칭하는 말이지만 어디까지나 원시 종교의 범주를 벗어나지 않는다. 이는 잡신이나 귀신, 그 중에서도 산 사람에게 해를 끼치는 악귀와는 구별된다.

우리가 익히 알고 있는 악귀의 이름이라면 살이나 액, 또는 손과 같은 것을 들 수 있다. 이들 악귀는 항상 인간 세상을 맴돌고 다니면서 틈만 나면 사람에게 해를 끼치기 때문에 누구나 이를 두려워하게 되었다.

살(煞)은 사람을 해치고 물건을 깨뜨린다는, 귀신의 독기(毒氣)를 지칭한다. 이런 악하고 모진 독기가 사람에게 달라붙는 경우를 일러 '살이 가다, 살이 돋다, 살이 끼다, 살을 맞는다.'고 표현한다. 흔히 '역마살'이 낀다거나 '과부살'이 낀다거나 하는 말이 그런 예인데, 이 같은 살은 한 인간의 운명을 바꿔 놓기도 한다. 게다가 재수 없는 사람은 갑작스러운 살을 맞을 수도 있으니 **급살 맞는다**는 말이 바로 그런 것이다. '급살 맞아 뒈질 놈'이란 지독한 욕에서 보듯 한자어 급살(急煞)은 급사(急死)나 다름없이 돌연한 죽음을 의미한다.

이 같이 무서운 살에 대해 사람들은 항상 두려워하고 가능하면 그 독기의 표적으로부터 벗어나려고 한다. 그러나 사람이 살을 직접 막기는 어렵고 대신 그것을 달래 주는 방법을 찾게 된다. 흔히 말하는 **살풀이** [解寃] 굿이란 그래서 생긴 푸닥거리다. 세상의 모든 악귀는 그 유형에 따라 막는 방법도 가지각색이다. 살은 풀어 주는 게 상책이요, 액과 손은 미리 막거나 회피함이 최선이다. **액**(厄)은 모질고 사나운 운수를 총칭하는 말이다. 액은 **액땜**이나 **액막이**를 통해서 사전에 예방하거나, 약간의 어려움을 미리 겪어봄으로써 그 피해를 완화시킬 수도 있다.

손은 날 수에 따라 네 방위로 돌아다니며 인간의 활동을 방해하는 귀신이다. 손 역시 액과 마찬가지로 미리 손을 쓰거나 회피하는 방법으로 피해를 최소화한다. 이를테면 혼사일이나 이삿날, 또는 장거리 여행일 등에 대해서는 아무쪼록 손 없는 날을 택하여 그것의 해코지로부터 벗어나는 것이다.

현대어 **손님**[客]은 악귀의 이름 '손'에 존칭접미어 '-님'의 연결이다. 서양에서도 먼 곳에서 온 낯선 손님은 악령을 몰고 온다고 믿었다 한다. 그래서 이런 악령의 해코지로부터 벗어나기 위해서 일부러 손님을 환대해주었다는 것이다. 실제로 우리말에서도 손님은 그 자체로 병마(病魔)를 가리킨다. 아이들이 반드시 앓아야 하는 수두(水痘)를 **작은 손님**이라 하고, 이보다 더한 홍역(紅疫)을 **큰 손님**이라고 불러 주었다. 이 밖에도 천연두를 손님마마, 또는 별성마마라 부르면서 이들 병마를 환대해준 적도 있었다.

우리말의 주술성

보이지 않는 것과의 대화

언어 기원에 관한 학설 중에 자연발생설과 신수설(神授說)이란 양설이 있다. 아무리 해도 정설이 나올 것 같지 않으니까 언어는 조물주 하느님이 인간에게 내린 선물이라 규정해 버리는 게 신수설이다. 우리가 신수설을 믿는다면 태초 지구상에는 오직 한 개의 언어(조어(祖語) 내지는 원어(原語))만이 존재했을 것이다. 조물주 하느님의 하사품이기도 한, 이 태초의 언어는 중간에 어떤 중개자(통역)가 없어도 하느님과의 직접 대화가 가능할 것이다. 뿐만 아니라 하느님께서 손수 지으신 말이기에 많이 사용하면 할수록 하느님께서는 당연히 기뻐하실 터이다.

그래서 현대의 여러 종교 의식에서 가능하면 조어, 또는 조어에 가까운 고어(古語)를 사용하려고 한다. 힌두교에서는 힌디(Hindi) 어의 조어인 산스크리트 어[梵語]를 사용하고, 이슬람교의 성전(聖典)인 '코란(Quran)'은 고전 아라비아 어(classic Arabic)로 기술되어 있고, 나아가

다른 어떤 언어에로의 번역도 거부하고 있다. 천주교에서도 얼마 전까지 미사 때 라틴 어를 사용하였으며, 개신교 일부에서도 기도할 때 가능하면 고어를 사용하려고 한다. 또한 새로 번역된 성경 구절의 사용을 꺼리는 것도 다 이런 이유에서다.

우리의 전통 무속(巫俗)인 굿판에서 쓰이는 용어 역시 예외는 아니다. 굿을 주관하는 무당들은 그들만이 통하는 '무속어'를 사용한다. **말문이 터졌다**는 말은 무병(巫病)을 앓던 사람이 '내림굿[入巫式]'을 통해 처음으로 무당이 되었음을 의미한다. 자신의 몸에 들어온 신과의 교신이 비로소 이루어졌음을 뜻하는 일종의 무속어이다. 기독교의 성경에서도 "태초에 말씀이 계셨다."면서 그 말씀이 바로 하느님이시라고 천명한다.

"낮말은 새가 듣고 밤 말은 쥐가 듣는다."는 속담은 사람이 하는 말은 누군가가 듣고 있다는 의미다. 우리 조상은 '그 누구'가 사람이 아닌 귀신이라 여겼다. 이런 이유로 사람의 입에서 나온 말은 반드시 어떤 힘을 발휘한다고 믿게 되었다. 이런 믿음을 두고 '언어 주술관' 또는 '언어 신성관'이라 이른다. 고유의 신화·전설 같은 설화는 이런 바탕 위에서 형성되었다 해도 지나친 말은 아니다.

단군신화에서 곰 처녀[熊女]는 하느님에게 "수리수리 마하수리……." 식의 주문을 외워(願化爲人 呪願有孕……) 그 영검으로 단군 할아버지를 잉태하셨다. 부족국가 때의 제천 의식인 부여의 '마지구시[迎鼓]', 고구려의 '시블[東盟]', 예의 '호블춤[舞天]', 마한의 '하늘고마[天君]' 같은 굿판도 다름 아닌 신과 교통하는 집단의식이었는데 여기서도 분명 이런 주문들이 외워졌을 것이다.

고대의 종교 의식은 정치적 수령을 겸한 사제(司祭)에 의해 주재되고, 신과 사제 간에는 이런 주문이 외워졌다. 보통사람들은 알아들을 수도 없는, 이런 주문은 어떤 특별한 신통력이 있다고 믿은 것이다. 현전하는 우리의 고대 시가(詩歌), 예컨대 구지가(龜旨歌), 해가사(海歌詞), 공무도하가(公無渡河歌) 등은 이 같은 언어의 주술성을 도외시하고는 절대로 해석할 수도 이해할 수도 없다.

신라 때의 노래인 향가(鄕歌)도 매한가지다. 삼국유사는 불제자 일연(一然) 스님의 저술인 만큼 특히 신통력을 주제로 하는 불교 설화가 대종을 이룬다. 이를테면 희명의 아이가 분황사 천수대비전에서 노래를 부른 영검으로 눈을 뜨게 되었다는 맹아 득안(盲兒得眼)의 이야기, 밀본법사가 약사경(藥師經)을 외어 선덕왕 득만의 병을 고쳤으며, 재상 김양도가 어렸을 때 입이 붓고 몸이 굳어지는 병을 경(經)을 읽어 고쳤다는 등등의 이야기는 신통력이나 언어의 주술성을 도외시하고는 이해하기가 어렵다.

덕담과 말의 씨

"새해 복 많이 받으십시오."라면서 정초에 주고받는 인사말을 일러 '덕담(德談)'이라 한다. 일반적으로 덕담이란 상대방을 위한 축복과 기원의 인사로 알고 있다. 그러나 엄밀히 말하여 그 방법에 있어 본래의 덕담과는 거리가 있다. 덕담은 예로부터 언어 신성관 내지 언어 권위관의 계승으로, 그 본뜻은 미구에 이루어지기를 바라는 소망을 마치 과거에 있었던 일처럼 기정사실화하는 화법이다.

이를테면 미혼의 총각에게 "자네 금년에 장가를 갔다지?"라든가, 혼사를 치른 직후의 신혼부부에게 "너희들 새해 떡두꺼비 같은 아들을 낳았다지?"라는 식의, 현실적으로 불가능한 질문을 일부러 던져 주는 것이다. 이런 물음은 실현되지 못한 일을 마치 이루어진 것처럼 말해 줌으로써 이 말을 듣고 있을 귀신을 일깨워 준다는 데 의미가 있다. "새 해 돈 많이 버십시오. 새해엔 부자 되십시오."라는, 돈만 찾는 최근의 인사말과는 분명 차원이 다르다고 하겠다.

호사다마(好事多魔)라고 인간사에는 좋은 일만이 아니라 어떤 일에도 귀신이 관여하고 있다고 믿는다. 이런 까닭으로 어떤 일에 징조가 좋으면 애써 입을 다물었고, 궂은 일이 예상될 때면 이를 널리 알리고자 했다. 경사에는 귀신의 훼방을 모면하려 하고, 흉사에는 귀신의 도움을 받고자 함에서다. 특히 나쁜 병에 걸렸을 시는 이를 자랑삼아 이웃에 알렸다. 그래야만 귀신의 동정심을 유발시킬 수도 있고, 널리 알려야만 그 병에 맞는 처방을 들을 수도 있기 때문이다.

귀신은 인정이 많아 딱한 처지의 사람을 잘 도와주기도 하지만 반면 오기나 시기심도 많아 잘나가는 사람에게는 훼방을 놓기도 한다. "다 된 밥에 코 빠트린다."는 말이 있다. 특히 인사 문제가 그러한데, 틀림없다고 믿었던 일이 막판에 가서 허사가 되는 경우가 허다하다. 이럴 때를 두고 세상 사람들은 '사(詐)가 끼었다'고 하는데 이게 바로 귀신의 장난이자 훼방인 것이다.

'천명위복(賤名爲福)'이란 말도 그런 의식의 발로이다. 귀한 집 자식일수록 어릴 적에 거지 옷을 구해 입히고, 이름마저 일부러 천한 이름을 지어 불렀다. 출생 후 처음 본가에 들를 때도 아이의 얼굴에 검정 칠을 하여 일부러 밉게 보이려 한 것도 좋은 일을 시기하는 귀신의 해코지를 피하기 위함이다. 재미있는 것은 이웃들도 이에 동조하여 남의 아이를 처음 볼 때면 "아이고, 밉상이네."라든지, "왜 이리 못 생겼지."라면서 본심과는 다르게 능청을 떨어준다는 사실이다. 귀신으로 하여금 그렇게 믿게 하려는 은밀한 공모인 셈이다.

이런 공통의 소망에서 나온 말이 바로 **덕담**(德談)이란 형식이다. 시집 못 간 노처녀에게 "금년엔 멋진 총각 만나 가정을 꾸렸다지?"라고 물어 주었다 하자. 이 말을 들은 귀신은 자신의 건망증을 자책하여 서둘러 그 일을 성사시켜 준다고 믿는다. "말이 씨가 된다."든가 "귀신도 제 말 하면 온다."는 우리 속담도 언어의 주술성, 곧 언어의 힘을 두고 나온 말이다.

말이 씨가 된다는 말은 적절한 표현이면서도 무서운 경고도 된다. 여기서 말하는 **씨**는 부정적인 의미의 재앙의 원천이다. 몸에 이상이 생겼을 때 "혹시 암이라도 걸려 죽으면 어쩌지……?"라는, 본심과는 전혀 다른 말을 입 밖에 낼 때가 있다. '혹시나' 하는 부정적 사고나 공연히 내뱉는 언사가 귀신의 장난에 의해 실제 현실화될 수도 있다. 그러므로 이런 망발은 입 밖에 낼 필요도 없고, 아예 그런 생각조차 품어서도 안 된다. 항상 산 사람의 일거수일투족을 주시하고 있는 귀신은 사람의 마음까지 꿰뚫어 보는 신통력이 있어 하는 말이다.

고맙습니다

성경에 "범사에 감사하고 쉬지 말고 기도하라."고 했다. 이 말은 종교의 여부를 떠나 누구든 새겨들어야 할 명언이다. 이 구절에 나오는 감사(感謝)나 기도(祈禱)는 모든 종교에서 애용하는 필수 용어다. 감사나 기도에 해당하는 고유어 동사는 각각 '고맙습니다'와 '비나이다'가 될 것이다. 그러나 이런 고유어가 한자말 우위 풍조에 밀려 뒷전으로 밀려나고 있음이 유감스럽다.

남에게 사의를 표할 때 우리는 '고맙습니다'나 '감사합니다'라는 말을 쓴다. 이 둘은 고유어와 한자어란 차이는 있으나 그 의미는 전혀 다름이 없다. 물론 농담이겠지만, 똑같은 의미의 두 가지 말이 공존하다 보니 어떤 사람은 엉겁결에 "곰사합니다."라고 말해 버렸다고 한다. 그런데 일상에서 두 가지 말 중 어느 말을 더 많이 사용할까? 한 조사에 의하면 젊은 층에서는 '감사합니다'가 더 높은 빈도를 보인다는데 이는 한자말이 더 고상하고 정중해 보인다는 이유에서라 한다. 그러나 한자말 사용자가 우리말 '고맙습니다'의 본뜻을 알게 된다면 아마도 생각이 달라질 것이다.

중세어 표기로 고맙다는 '고맙다'로, 고맙습니다는 '고맙습니다'로 나타난다. '고맙다, 고맙습니다'의 어간 **고마**는 앞서 언급한 대로 신, 또는 신령을 뜻하는 우리말 명사다. 따라서 '고맙습니다'는 신령스럽다, 신령의 은혜를 입었다는 의미로 해석된다. 은혜의 대상이 인간이 아니라 위대한 존재에 대한 외경의 표시, 다시 말하면 사람의 일이 아닌 신이 주관하는 일, 그 신령에 대한 감사의 표시인 것이다.

중세어에서 '고마ᄒᆞ다'는 공경한다는 뜻으로 쓰였다. 자전(字典)에서도 한자 경(敬), 건(虔), 흠(欽) 등을 모두 '고마 경, 고마 건, 고마 흠'이라 하여 다같이 '고마'란 말로 새기고 있다. '고마>곰'은 때로 '검'이나 '금'으로도 발음된다. 출산 때나 장을 담글 때 '금줄'이란 것을 문 앞에 걸었는데, 여기서 말하는 '금-'은 한자 '禁'이 아니라 신령을 뜻하는 '곰/검'의 변형이다. 따라서 정확히 말하면 금줄은 '곰줄'이나 '검줄'이 되어야 맞는다.

신령의 은혜를 입었다는 고유어 '고맙습니다'에 비해 한자말 '감사(感謝)합니다'는 단순한 사의(辭意) 표시에 지나지 않는다. '감사합니다'와 '고맙습니다'의 의미상의 차이를 영어로 옮긴다면 전자가 'Thank you'라면 후자는 'Thanks God!'이나 'God bless you!'쯤이 될 것이다. 우리 고유어의 이 같은 속뜻까지 헤아린다면 평소 사의를 표할 때 '감사'보다는 '고맙다'는 우리말 쓰기를 주저하지 않을 터이다.

비나이다

신앙(信仰)이란 말을 우리말로 하면 **믿음**이 된다. 믿음이란 무엇인가? 성경에서는 믿음을 보이지 않는 것의 실상이라고 했는데, 그 보이지 않는 실상과의 대화가 바로 인간이 드리는 기도요 기원이다. 기도(祈禱)나 기원(祈願)에 해당하는 우리말은 **빌다**와 **바라다**가 된다. 고유어 빌다와 바라다는 기독교 전래 이래 기도와 기원이란 한자말에 밀려 그만 안방을 내주고 말았다. "하느님께 기도합니다."라는 표현을 "하느님께 빕니다."라든가 "하느님께 바랍니다."라고 하면 아무래도 어색하게 느껴진다. 그러고 보면 천지신명께는 빌어야 하고 하느님께는 '기도한다'라고 해야 맞는 표현 같다.

어릴 적 생일날 아침, 우리 집안의 최고령인 할머니께서는 정화수가 놓인 생일상 앞에서 두 손바닥에서 싹싹 소리가 나도록 빌면서 주문을 외셨다.

"비나이다 비나이다, 천지신명께 비나이다. 우리 천씨 장손 수명장수케 해 주시고 ……."

우리네 집안에서는 명절이나 생일 같은 주요 행사가 있을 적마다 이처럼 가족의 건강과 무사태평을 천지신명께 빌곤 했다. 우리말 '빌다, 바라다'는 빌어먹거나 공짜나 바란다는 뜻이 아니라 한자말 기도나 기원 이상의 차원 높은 의미를 담고 있다.

빈다/빌다는 일이 이루어지기를 바라는 소망 말고도 잘못에 대한 절대자로부터의 용서, 또는 빈 것을 채워달라는 구걸, 또는 돌려주기로 하고 잠시 빌려 오는 일 등의 여러 의미를 내포한다. 우리 한국인은 평소 바라는 일이 많았기에 이처럼 '비다(기본형은 빌다)'의 의미 영역이 넓어지게 되었다. '비는 일'은 그 자체로 인간적인 행위이자 종교적 색채가 강한 언어다. 전지전능한 신을 향하여 인간적 한계와 무능을 고백하고, 인간이기에 범할 수 있는 잘못에 대한 용서를 구함이 바로 '비는' 일이기 때문이다.

'빌다'란 말에는 또한 '비다, 비우다[空, 無]'란 의미도 있다. 인간이 절대자를 향하여 외치는 자신의 무능과 무력감의 솔직한 고백이다. 세상 사람들은 다짐의 자리나 절박한 순간에 임하여 곧잘 "마음을 비운다."고 말한다. 세속적 욕심을 버리고 무소유, 무심(無心)의 경지에서 최선을 다하겠다는, 자신을 향한 약속이다. 이런 무심의 경지는 '色卽是空'이라는, 현상계는 모두 '빈 것[空]'이라는 불교의 가르침과도 통한다고 하겠다.

바라다의 의미도 겉보기처럼 그리 단순하지 않다. 바라다는 원하다, 기대하다는 의미 외에도 '바라보다'와 동의어로 쓰인다. 아울러 의지하다, '곁따르다'는 뜻까지도 내포한다. 바라고·바라본다는 건 눈앞에 보이는 대상과 마주하는 일이다. 두 사람이 서로 다른 방향을 바라보거나 아예 등을 돌려버리는 경우를 상정해 보면 '바라다'의 본뜻이 더욱 선명히 드러난다. 누군가가 사랑을 정의하기를 "두 사람이 함께 한 방향을 바라보는 것"이라고 했다. 인간이 한마음으로 어딘가를 바라본다면 그곳은 '저 높은 곳', 곧 전지전능한 신(절대자)일 것이다.

유한적 존재인 인간이 무한적 존재인 신을 바라보고, 바라고, 따르는 것은 지극히 당연한 일이다. 이를 두고 우리말로 **바라 다니다**(중세어로

'바라 돈니다')라 말한다. '바라 다니다'는 '곁따라 다닌다.'와 같은 뜻으로 쓰이는 말로 신에 대한 인간의 태도와 자세를 나타낸다. 그런 이유로 '사랑은 바라 다니는 것'이란 정의도 가능하다. **알음**이란 말도 이와 같은 의미로 쓰인다. 생소하게 들릴지 모르겠으나, '알음'이란 신의 보호나 그 보호로 인한 보람을 나타내는 말이다. 이 말을 인간관계에서 형성되는 친분으로 알기 쉬우나 실은 신령의 은혜를 지칭한다. 정초와 같은 명절에는 주변 이웃들에게 "고맙습니다. 그대에게 알음이 있기를 바라오."라는 인사를 나누었으면 좋겠다.

감성 언어의 뒤안

안개 언어

외국어에 비해 감성이 풍부한 우리말이 피해갈 수 없는 함정이 있다. 개념의 불투명성·모호성이라 지적되는, 우리말이 지닌 단점이 바로 그것이다. 개념의 모호성이란 언어 표현에서 단정과 추측의 구분을 분명히 하지 않는 상태를 말함이다. 이런 식 우리말을 두고 '안개 언어'라 지적 받기도 한다. 요사이 흔하게 들을 수 있는 ' … 같아요.' 식의 말이 대표적인 표현이다.

"기분 좋은 것 같아요." - 자기 기분을 자기가 모른단 말인가? 기분 좋으면 좋은 거지 '좋은 것 같은 것'은 도대체 무엇인가? '-같다'는 식 표현은 "내일은 비가 올 것 같다."는 예처럼 불확실한 미래의 상황을 추정할 때나 쓰인다. 눈앞에 보이는 분명한 사실을 이런 식으로 말한다면 이는 그 발언이 문제 되었을 때를 대비한 일종의 책임회피성 발언이라 하지 않을 수 없다.

안개 언어에서 애매한 표현은 얼마든지 더 찾아볼 수 있다. 식당에서 "나도 자장면이야."라는 주문이라든지, "문 닫고 들어 와!"란 요청도 엄밀히 따져 보면 말이 안 되는 소리다. 이런 예는 어떠한가? "꼼짝 말고 손들어!", "입 다물고 밥이나 먹어.", "더럽게 깨끗하다." 등등. 따져 보면 어불성설(語不成說)의 비논리적 표현이다. 이처럼 말이 안 되는 표현이 많다 보니, "그거 말 되네."라는 역설적인 표현도 생겨나게 된다. 상황 중심 내지는 의존적 표현은 이처럼 분위기에 따라 문장의 부분 성분을 과감히 생략하기도 하고, 또 긴 구절은 아주 짧게 축약시키기도 한다.

안개 언어의 특성은 부정 표현[否定文]에서도 잘 드러난다. '예'라는 동일한 긍정 답변에서도 "거기에 갔었니?"라는 긍정 물음과, "거기에 가지 않았니?"라는 부정 물음의 답이 각기 다르게 나타난다. 긍정 물음에 있어서는 영어에서와 마찬가지로 '갔다'는 뜻이지만 부정 물음의 경우는 가지 않은 게 된다. 부정 물음에 대한 답변이 이처럼 차이가 나는 건 영어에서는 대화 상대자가 어떻게 묻든지 대답하는 사람이 객관적인 입장에서 판단한 사실이다. 그러나 우리말에서는 화자·청자 간의 관계를 중시하다 보니 묻는 이의 질문에 상응하는 답변을 찾는 데서 이 같은 현상이 발생하는 것이다.

우리의 대화가 직설적인 것보다 간접적·우회적 표현을 선호한다고 했다. 그러다 보니 대화에서 또 다른 효과도 덤으로 얻어진다. 안개의 뒤끝에 따라오는 여운의 맛이라 할까, 예컨대 "내일 점심이나 같이 하실까요?"라는 물음에 "전화라도 주세요."라는 답변이라든가, "약속이 있기는 하지만 ……." 하면서 말끝을 흐려도 상대의 의도 파악에는 별 다른 문제가 없다. 이런 화법은 청자에게 또 다른 해석의 가능성을 주면서도 부정적인 인상을 피해 보려는 이점도 있다. 한국인은 자신이 알고 있는 사실에 대해 잘 모르는 것처럼 가급적 애매한 태도를 보이려 한다. 소위 말하는 안개 전치사의 사용이 바로 그것이다. 이를테면 "잘은 모르지만", "아닌 게 아니라", "자신은 없습니다만", "꼭 그렇다는 건 아니지만……", "반드시 옳다고는 생각하지 않습니다만……" 하는 식의 표현이다.

이처럼 자신의 의사나 주장을 나타내고자 할 때는 명확한 표현보다는 마치 숲속의 안개처럼 흐려놓아야 안정을 찾는 듯하다. 자신은 모르고 있다든지 애매하게 알고 있는 편이 또렷하게 알고 있는 것보다 심리적인 안정감을 준다고 믿는다. 단정함으로써 야기되는 불안이나 불화를 어느 정도 해소시켜 주기 때문이다. 이런 식 표현법이 한국사회에서 공동체의 화합을 깨지 않으려는 배려의 소산일 수도 있다.

'-적(的)'과 '-것'

한자 '-적(的)'은 한국어를 안개 언어로 만드는 데 큰 몫을 차지한다. 우리가 쓰는 말에서 어떤 어휘든 '的'이란 접미사만 붙으면 그만 그 의미를 모호하게 만든다. 예컨대 '귀족적'이라 하면 실제 귀족은 아니면서 귀족인 체(척) 행세하는 사람을 이름이다. 인간적이란 말도 마찬가지다. "우리 인간적으로 해결합시다."라고 하면 원칙적으로는 안 되는 일이지만 어떻게 편법으로라도 되게 해달라는 요청이다. 당위적 의미가 아니라 인간의 결점과 약점을 도리어 이용하고 과장해가는 구차스런 말로 전락한 것이다. 이런 식 말투가 유행하는 걸 보면 우리 사회에 그만큼 인간답지 못한 인간이 늘어난 탓인지도 모르겠다.

이처럼 '的'은 우리말에 들어와 다분히 기형적으로 변신하였다. 요즘 사람들은 아무 말에나 이 '的' 자를 붙여 말뜻을 모호하게 만들고 연막을 치듯 자신의 무지나 무식을 은폐하려 한다. 실제가 아닌 거짓 행동을 나타내는 우리말에 '-척하다/체하다'가 있다. 이는 어쩌면 한자어 '-的'이나 영어 접미사 '-tic'에 해당하는 것처럼 여겨진다. 우리말의 '척'과 '체', 영어의 '틱', 한자말의 '적'은 우연의 일치인지는 모르겠으나 의미뿐 아니라 발음까지도 서로 비슷하다.

우리말에서 대표적인 안개 어휘로 **것**이라는 형식명사를 들 수 있다. '것'이란 무엇인가? '것'의 정확한 의미와 쓰임새를 안다면 한국어는 다 안다고 해도 과언은 아니다. 무엇이든 될 수 있고 할 수 있는 그것, 그 자체로는 아무 것도 구체적으로 나타내지 못하면서 그 앞에는 어떤 말이든 거느릴 수 있는 묘한 존재가 바로 '것'이다.

불특정 일반 사물을 지칭하는 '것(중세어 표기에서는 '갓')'은 그 기원적 어형이 말모음을 보유한 '가시/거시'라 추정된다. 지금도 방언에서 들을 수 있는 '거시기'라는 말이 그 흔적으로 보인다. 달리 생각하면, 재료를 뜻하는 '감(옷감, 물감, 반찬감 따위의)'도 '갓/것[物]'과 어원적으로 관련이 있는 것 같다. 본래 일반명사로 쓰였던 '갓/것'은 훗날 관형사나 관형어를 앞세워야 되는 형식(불완전, 의존)명사로 변모하게 되었다.

'것'이 관형사를 앞세울 때는 '이것, 저것, 그것'에서처럼 대명사가 되기도 하고, '이런 것, 좋은 것, 새로 나온 것'에서처럼 관형어를 앞세워 일정한 대상을 구절(句節) 형식으로 만들기도 한다. 하지만 "누구든지 가지고 싶은 것"에서는 '것'이 그 어구 안에서 목적어가 되면서 그 내용을 구절로 만들 수도 있다. 또 "해가 동쪽에서 떠올라 서쪽으로 진다는 것"에서는 하나의 명제를 대상으로 삼는 포용의 기능을 가질 수도 있다.

'것'이란 어휘는 이 세상의 모든 표현을 하나의 사물, 또는 대상으로 만들어 안으로 감싸고 포장하는, 능소능대한 보자기라 할 수 있다. "그것이 그랬던 것이었던 것이었다." 무엇인가를 강조하는 말인 것만은 분명한데 그러나 무슨 뜻인지는 통 감 잡을 수가 없다. 이 말이 구체성만 띨 수 있다면 좋겠는데, 어떻든 복잡한 표현을 단순화할 때 쓰이는 약방의 감초 같은 존재라고나 할까.

한국인의 숫자관

일상에서 공교롭게도 자주 접하게 되는 숫자가 있고, 그런 인연으로 그 숫자를 선호하게 된다. '행운의 숫자'가 그런 것으로, 자주 대하게 되는 특정한 숫자에 대해 나름의 의미를 부여한 결과다. 이 숫자라면 반드시 잘될 것이라는 믿음을 주는, 특별히 좋아하는 숫자를 일러 길수(吉數)라 한다. 사람은 일반적으로 짝수[偶數]보다는 1, 3, 5, 7, 9의 홀수[奇數]를 길수로 여기고 있는데 이런 경향은 동서양이 다르지 않다.

서양, 특히 기독교 문화권에서는 7을 행운의 숫자로 여기고 대신 13일과 금요일을 꺼린다. 주지하는 대로 7은 하나님께서 천지를 창조하시고 안식에 든 날수이며, 13일 금요일은 예수님이 십자가에 매달린 일과 관련되기 때문이다. 일본인은 8을 선호하고, 유태인이나 아메리카 인디언은 4를 선호한다고 한다. 한자문명권에서 숫자 4가 '죽을사(死)' 자와 동음 관계에 있다고 해서 이를 꺼리는 것과는 대조된다고 하겠다.

중국의 명절처럼 우리 명절날도 홀수가 겹치는 날로 정해져 있음은 결코 우연은 아니다. 1. 1의 정초(正初), 3. 3의 삼월삼짇날, 5. 5의 수릿날[端午], 7. 7의 칠월칠석, 9. 9의 중양절(重陽節) 등은 양수(陽數)가 겹치는 날이라 하여 명절로 삼은 것이다. 이집트의 피라미드는 3각형으로 되어 있다. 우리도 3이란 수와 3으로 나누어지는 배수, 곧 6, 9, 12를 역시 좋아한다. 3이란 숫자가 가진 주술적인 의미도 여기에 한몫을 거든다. 사람은 불길한 징조가 감지될 때면 의례적으로 "퉤! 퉤! 퉤!" 하며 세 번 침을 뱉는다. 자신의 몸 어딘가에 붙어 있을지도 모를, 부정한 요소를 침방울과 3이라는 수가 갖는 주술의 힘으로 추방시키고자 함에서다. 세 번 뱉는 침방울이 마(魔)를 비롯한 속물(俗物)을 깨끗하게 씻어 주는 간편한 행위로 간주하는 까닭이다.

경제 지표가 주요 관심사로 등장한 현 사회에서는 유독 숫자에 대한 관심이 고조된다. 한 나라의 예산 규모, 경제 성장률, 주가, 환율, 물가지수, 부도의 액수, 스포츠 스타의 연봉 등등, 어느 것 하나 숫자로 표시되지 않는 분야가 없다. 경제의 발전도는 이 같은 숫자의 단위 상승과 비례한다. 경제 성장에 맞춰 해마다 높아지기만 하는 수 단위는 이제 인간의 계산력을 뛰어넘게 되었다. 불과 얼마 전까지도 억대(億代)를 최고의 단위로 안 적이 있었다. 억조창생(億兆蒼生)이란 사자성어를 허풍센 중국인들이 만들어 낸 과장으로만 알았는데 이제는 그것을 넘어 '경(京)'이나 '해(垓)'라는 단위를 헤아리게 되었다.

수를 세는 일을 '손꼽아 헤아린다'고 말한다. 우리가 세는 숫자는 기원적으로 손가락을 세워 꼽아 나가는 지법(指法)에서 비롯된다. 지구상에는 아직도 8진법이나 12진법을 쓰는 종족이 있다고 한다. 그러나 보편적으로 십진법(十進法)을 채택하게 된 것은 인간의 손가락이 열 개인 까닭에서다. 우리말에서도 바른 손을 쥐고 하나씩 차례로 손가락을 세워나가는 행위를 '센다[算]'고 한다. 우리말 **세다**는 서게 한다, 곧 '서[立]+이(사동접미어)+다'의 구조로, **셈**이나 **셈하다**, 또는 **혜다·혜아리다**도 모두 '세다'에서 파생된 어사들이다.

우리말 수사는 하나, 둘, 셋, …으로 세워나가는 고유어 계열과 일(一), 이(二), 삼(三), …으로 세는 한자어 계열로 나누어진다. 대체로 단위가 큰 숫자는 한자어로 세게 되고, 열 이하의 작은 수는 고유어 수사가 사용된다. 그래서 열[十] 미만의 고유어 수사의 어원은 손가락을 꼽는 방법이나 그 모양새에서 찾을 수 있다. 손가락 다섯 개가 열리고(10 - 열, 開) 닫히고(5 - 다섯, 閉)…, 이런 동작이 반복되면 곱절(또는 갑절)에 이른다. 단위가 큰 수의 셈에 어두웠던 옛 사람들은 다섯 손가락을 꼽은 후 다시 열리는 6(6 - 여섯)에서부터 전부 다 열리는 '열[十]'에 이르면 무척 많다고 생각했다. 지금도 쓰고 있는, '여러분, 여러 가지, 여럿'에서 보듯 '여러>열(10)'은 본래 특정수를 지칭한다기보다는 단순히 많다는 의미로 쓰였다.

열이 다시 열 번 겹치면 더더욱 많다는 뜻에서 **온**[百]이 된다. 현대어 '온 세상, 온종일, 온갖'의 예에서 보듯 '온-'은 이미 숫자의 단위를 초월하여 전부[全]나 영원[永]을 뜻하는 관형사로 쓰인다. 그러나 세상의 변화는 '온'만으로는 온전하도록 내버려 두지 않는다. 그 위에 **즈믄**[千]이 필요하고 다시 **골**[萬]이란 단위가 더 필요하게 된다. 나아가 그조차 양에 차지 않으면 장차 '자, 양, 구' 따위의 한자어 단위나 무진장(無盡藏)·무량수(無量數)나 불가사위(不可思議)와 같은 불교 용어까지 동원되어야 한다. 인류 문명의 발전은 백 번을 다시 백 번 반복하는 **골백번**마저도 숫자로 나타내기에 미흡했던 모양이다.

'셈 치고'의 생리

한국인은 본시 셈하는 일, 따지는 일은 별로 내켜하지 않는다. 대인관계에서 무슨 문제가 생겼을 때 흔히 하는 말, "그래, 지금 나한테 따지자는 거야!"면서 그 자리에서 불쾌한 표정을 짓고 만다. 매사에 꼬치꼬치 따지는 방식은 법치주의를 신봉하는 서양인들의 관습이다. 이런 이유로 서양인들은 법을 믿고 동양인은 사람을 믿는다고 말하는지도 모른다.

옛 어른들은 몇 냥, 몇 푼, 몇 말, 몇 되, 몇 마지기, 몇 홉이라 하여 재물의 분량을 구체적으로 나타내는 일에 익숙하지 않았다. 더구나 선비라면 집안 살림은 도외시한 채 금전상의 문제, 곧 돈을 멀리하는 것을 정도(正道)로 알았다. 요즘 말로 하면 '팁'이라 할 수 있는, **젓가락 돈**이란 말이 있다. 기방(妓房) 출입 시에 기생에게 쥐어 주는 꽃값[花代]을 그렇게 말한다. 손님이 직접 손으로 돈을 집어 주지 않고 접시에 돈을 쏟게 하여 젓가락으로 이를 집어 치마폭에 던져 주었기에 생긴 말이다.

우리 선조는 수를 헤아려야 할 경우라도 그저 헤아려본 셈 치고 적당히 넘기려 하였다. '셈 치고'라는 셈법은 여기서 유래한 것이다. 셈 치고의 생리는 대충 헤아리고 마는, 이런 몸에 배인 생활 습관에서 비롯되었다. 금전의 액수만 셈 친 게 아니다. 재물을 잃어도 도둑맞은 셈치고, 쓰지 않아도 될 돈은 술 마신 셈 치고 객쩍은 돈을 쓸 때도 있다. "말한 마디로 천 냥 빚을 가린다."는 말이 있는데, 세상 어디에도 이런 후한 인심을 나타내는 속담은 없을 성싶다.

객관성보다는 주관적·감성적 기분을 앞세우는 '셈 치고'의 생리는 특별히 한국 사회에서나 볼 수 있는 관습일 것이다. 우리의 셈은 이처럼 꼬치꼬치 따지지 않는 **셈 치고**의 방식이다. 굳이 따진다고 하면 **대충**이나 **얼추**라고 하는, 뭉뚱그리는 어림셈이 통용된다. 숫자를 말할 때도 한 개, 두 개가 아니라 한두 개나 서너 개로 대충의 숫자로 나타내는 편이 더 손쉽다.

낯선 지역을 가다 길을 물을 때의 답변 역시 예외 없이 얼추나 대충이다. 시골길에서 목적지까지의 거리를 물으면 으레 '한 십 리쯤' 남았다거나 '한참'을 더 가라고 일러 준다. 그들이 말한 십리 길이나 한 마장, 또는 **한참**의 거리는 그야말로 **단숨**일 수도 있고 빠듯한 하룻길이 될 수도 있다. 전통적인 한국인의 길 어름은 그것이 객관적인 거리라기보다도 묻는 이의 기분을 고려한 주관적·감성적 거리다. 힘겹게 걸어가는 사람의 처지에서는 얼마 안 남았다고 해 주어야 다시 기운을 차려 힘차게 걸어갈 수 있겠기 때문이다.

4장
우리말의 고유 이름

1 아리랑의 강, 한강

하나 되기 원하는 강

전후 독일의 부흥을 일러 '라인 강의 기적'이라 하듯 한국전쟁 이후
의 우리 경제의 경이적인 발전을 일러 '한강(漢江)의 기적'이라 한다.
휴전 이후 1960~70년대 폐허로부터의 복구와 건설, 나아가 한국 경제
의 고도성장을 상징하는 말이다. 한반도의 허리를 감싸고 흐르는 한강
은 그 자체로 한국의 역사이자 스스로 한국의 운명을 대변하는 한민족
의 강이다.

인류 문명은 강가에서 비롯되었다. 한민족의 선조도 먼 옛날부터 이
강변에서 보금자리를 틀고 반만년의 기나긴 역사를 이어 왔다. 고구려,
백제, 신라의 삼국이 정립한 뒤 각축을 벌였던 곳도 이 곳 한강 변이었
으며, 고려왕조와 조선왕조에 이어 오늘날의 대한민국에 이르기까지 이

강변에서 기적에 가까운 성장과 발전을 거듭하였다.

한강은 한반도 동쪽 태백산맥에서 발원하여 강원·충북경기와 서울을 동서로 가르면서 서해로 유입되는, 길이 5백14km에 달하는 장강이다. 한강은 압록강, 두만강, 낙동강에 이은 네 번째의 긴 강이다. 이 강의 젖줄이 미치는 면적은 2만 6천2백19㎢로 압록강 다음으로 넓다. 또한 이 강은 702개의 크고 작은 물줄기가 합쳐서 이루어진, 이름의 의미 그대로 '큰 강 [大河]'이며, 한반도의 심장부를 감싸고 흐르기에 '허리 강', '띠강(중국 문헌에서는 '帶水'라 기록)'이다.

한반도에 살고 있는 한민족은 조국도, 언어도, 문화도, 역사도 하나이듯 한강은 언제나 '하나 되기'를 원하는 강이다. 하나강, 한강은 이름 그대로 흐르는 도중 두 개의 물줄기가 합쳐져 비로소 하나가 된다. 그 한 줄기는 북한 땅 금강산에서 발원하는 북한강이요, 또 하나의 줄기는 남한 땅 금대산(또는 대덕산)에서 발원하는 남한강이다. 남·북 두 한강 은 달리 흐르다가 경기도 양수리에서 만나 비로소 하나가 되는 하나강, 곧 한강[一江]이 된다.

양수리(兩水里)의 '두물머리[二水頭]'에서 남북 두 강이 합치는 모습은 참으로 장관이다. 한민족의 숙원인 남북 통일이 적어도 이 곳에서만은 언제나 진행되고 있다. 양수리에서 하나로 통일된 한강은 서북 방향으로 흘러 한산(漢山)을 두 개의 산, 곧 북한산과 남한산으로 가르고 북쪽 강기슭에 이르러 한양이란 천년 도읍지를 펼쳐 놓는다. **한양(漢陽)**이란 이름은 지형상 '물의 북쪽[水之北]', 다시 말해 큰 강[漢水]의 북쪽 땅이란 뜻이다.

큰 강을 지칭하는 한강을 한자로는 '漢江'이라 적는다. 그러나 '한-'은 '크다많다'란 의미를 가진 우리말이기 때문에 한자로 적을 필요는 없다. '漢'이란 한자는 단순히 중국을 염두에 둔 것으로 편의상 그렇게 표기할 뿐이다. 굳이 한자를 쓴다면 한국 국명에 쓰이는 '韓' 자를 씀이 오히려 마땅하다. 그 옛날 삼한(三韓) 시대의 마한, 진한, 변한을 표기하던, 그리고 현재의 국호 대한민국을 표기하는 그 '나라이름 한(韓)' 자 말이다.

전설이 흐르는 아리수

한수(漢水), 한강(漢江)의 옛 이름은 **아리수**였다. 고구려 광개토 대왕 비문에 나오는 '阿利水'란 기록에 의해서다. 여기서 말하는 '阿利-'는 표기 한자의 뜻[訓]에 구애받지 않는 고유어의 차음(借音) 표기이다. 阿利水는 '아리내'나 '아리가람'으로 읽을 수 있는데, 이는 한강만을 지칭하는 이름은 아니다. 한강 말고도 또 다른 큰 강, 이를테면 낙동강이나 압록강, 송화강과 같은 대하(大河)의 명칭으로 두루 쓰이던 보통명사였음은 또 다른 문헌을 통해서 알 수 있다.

고유어 '아리-'는 '오래고 까마득하다'는 시간적 의미에서 아리수와 같은 하천명에서 '길고도 멀다'는 뜻으로 쓰였다. 그만큼 의미 영역이 넓혀진 셈인데, 시간상으로 볼 때 아리랑의 '아리-'와 메아리의 '아리-'가 동계어라 생각된다. 여기서의 '아리-'는 오래고 멀어서 기억조차 희미하다는 뜻으로 현대어에서 '아리아리하다/아릿하다/아른거리다/아리송하다' 따위의 형용사로 이어진다. 이런 연유로 한강은 우리 민족의 대표적인 민요 '아리랑의 강'이라고 해도 잘못된 말은 아니다.

강은 그 줄기를 따라 강물만 흐르지 않는다. 강물을 젖줄로 삼고 살아가는 주변 사람들의 전설과 삶의 애환도 함께 흐른다. 가느다란 한 줄기의 샛강에도, 작은 나루터 하나에도 물가에 기대 살아가는 주민들의 살아가는 이야기가 숨어 있다. 한민족의 정서를 대변하는 민요 **아리랑**도 한강의 나루터에서 유래한다. 우리나라 3대 아리랑 중 강원도 정선의 '정선아라리'를 낳게 한 '아우라지 나루터'도 한강의 한 지류에 속한다. 정선 고을로 흐르는 두 시내, 곧솔내[松川]와 골지내[骨只川]가 어우러지는 곳이 바로 정선아라리의 발원지다. 홍수로 뱃길이 끊긴 나루터를 사이에 둔 이웃 마을 청춘 남녀의 애틋한 사랑 이야기가 그 애절한 '정선아라리'를 낳게 한 모태인 것이다.

한강은 이처럼 한을 담은 이별의 강만은 아니라 옛 여인의 정절이 흐르는 강이기도 하다. 남·북한강 물이 '두물머리'에서 만나 바다처럼 펑퍼짐한 '바당이/바댕이[八堂]'에 이르면 도미진(都彌津)이란 나루터에 닿는다. 하남시 배알미리(拜謁尾里)가 바로 그 곳인데, 이 곳은 그 옛날 백제왕의 횡포에 목숨을 걸고 저항하여 끝내 남편 곁으로 돌아간 **도미** 부인의 전설이 깃든 곳이다.

전적지로 널리 알려져 있는, 지금의 행주(幸州) 나루터도 아름다운 이야기가 전한다. 임진왜란 때 권율 장군의 행주대첩에서 유래했다는 '행주치마'의 민간어원설은 너무나 유명하다. 행주치마 못지않은 아름다운 전설은 행주 인근에 살던 한씨(韓氏) 처녀의 사랑 이야기, 그리고 형제투금(兄弟投金)이라는 형제애의 이야기를 두고 하는 말이다. 형제 간의 우애를 지키기 위해 황금을 강물에 버렸다는 미담은 옛 교과서에 실린 바도 있고, 이 곳에 살던 한씨 처녀와 도피중이던 고구려 왕자와의 연애담은 저 유명한 춘향전의 원전이 되었다는 설까지 있다.

삼천갑자 수(壽)를 누린 동방삭(東方朔)은 한강의 지류 '숯내[炭川]'에서 저승사자에게 끌려 영영 이승을 떠나야 했다. 뿐인가, 고구려의 온달 장군도 한강 가에서 최후를 맞고 말았다. 역사적으로 한강에서 생을 마감한 인물이 온달 장군만은 아니다. 임진왜란 때 신립 장군은 탄금대에서 장렬하게 전사했으며, 병자호란 때 인조 임금은 한강 변 '삼밭나루(三田渡)'에서 투항의 치욕을 맛보아야 했다. 이래저래 한강은 이런 전설로 인해 한(恨)까지 담아 흐르게 되었다.

나루터의 풍류

강에 얽힌 전설은 아무래도 나루터를 중심으로 벌어지는 사연들이 대종을 이룬다. 조선조 한강에는 스무 개가 넘는 나루터가 있었고 한 나루터마다 보통 스무 척에 가까운 관선(官船)과 이보다 더 많은 사선(私船)이 운용되었다고 한다. 노량진이나 광진, 양화진 같이 '진(津)' 자가 붙는 지명들은 예로부터 나루가 있던 길목이었다.

춘천에서 충주까지 뱃길로 이어지던 한나루, 광진(廣津)은 한때 술과 여자로 북적이던 큰 나루터였다. 하류로 내려와 한양 주변에 이르면 강심은 더 깊어지고 강폭은 더 넓어져 참으로 멋진 풍경을 연출하였다. '넓은 들(너르들)'이라는 뜻의 '너들>노들나루[露梁津]'와 역시 넓은 벌의 섬이라는 '느르벌섬[汝矣島]'은 그 옛날 뱃사공들의 노랫가락이 구성졌다고 전한다.

풍류의 강이라는 '삼개', 곧 마포강(麻浦江)은 예로부터 강변에 누각과 정자가 즐비해 있었고, 선비와 시인·묵객들이 이 곳으로 몰려들었다. 남으로 용산의 높은 언덕이 강변으로 뻗었고, 북으로는 '누에머리'[蠶頭峰]의 석벽이 '버들고지[楊花津]' 위로 높이 솟아 있었다. 전면에는 명사십리라 일컫던 '밤섬'이 떠 있어 넓은 강폭에 오가는 놀잇배의 모습은 정선의 진경산수화(眞景山水畵)로 재현되었다. 서강(西江)이란 별칭을 가진 마포강은 특히 풍광이 수려하여 마포귀범(麻浦歸帆)이라 하여 삼개나루로 돌아오는 돛단배의 풍경 등을 한데 모아 서호팔경(西湖八景)이라 불리기도 했다.

십년이면 강산도 변한다고 한강도 강줄기나 물가의 풍정도 예전과는 몰라보게 변모하였다. 불과 얼마 전까지 마포나루터에는 목덜미가 까만 왕십리 미나리 장수나 얼굴이 까만 새우젓 장수를 볼 수 있었다. 지금은 이 곳 나루터에 대형 현대식 다리들이 들어서게 되었다. 서빙고 나루가 반포대교로, 삼개나루가 마포대교로 변신하여 그 옛날의 교통수단을 대신하고 있다. 강 건너 언덕에 서 있던 압구정(鴨鷗亭) 정자는 지금은 지명으로나마 옛 풍류만을 전할 뿐이다.

앞서 한강은 남북이 하나 되기를 원하는 하나의 강이라 했다. 남북으로 갈린 우리 민족만의 숙원은 아니다. 인종과 국경을 초월하여 전 세계인이 하나 되는 강이 되어야 한다. 이러한 꿈은 1988년 제24회 서울올림픽 개막축제의 강상제(江上祭)에서 현실화되었다. 그 당시 한강에서 펼쳐진 지구촌의 축제를 우리는 지금도 잊지 못한다. 그런데 이번에는 사상 최초의, 세계 8대 명문사학 초청 조정경기가 이 한강에서 펼쳐진다고 한다. 이 뜻깊은 대회를 마음으로 성원하면서, 경기가 시작되는 날 우리는 경기민요 '한강수타령'을 구성지게 불러 줄 것이다.

> "한강수야 깊고 맑은 물에
> 유람선 타고서 에루와 뱃놀이 가잔다.
> 아, 에헤요 에헤이요, 어허이 여허
> 얼삼마 등게 디여라 내 사랑아."

(조선일보사와 대한조정경기연맹이 주최한 <'95 세계8대 명문 사학 초청 조정경기>의 팜프렛 원고, 여기서 8대 명문 사학이란 영국의 캠브리지와 옥스퍼드, 미국의 하버드와 예일, 일본의 와세다와 케이오, 그리고 한국의 고려대와 연세대를 지칭한다. 그러나 이 세기적 경기는 사정에 의해 열리지 못하는 아쉬움을 남겼다.)

2 지명과 전설

지명의 유래 · 전설 · 어원

한 지명의 생성에는 반드시 그 이름에 부합되는 유래가 있기 마련이다. 또한 그 유래와 더불어 지명의 의미 해석을 둘러싼 이런저런 이야깃거리들, 곧 지명전설이 생기게 된다. 지명유래란 때로 지명어원이나 지명전설(지명설화)과도 같은 개념일 수도 있다. 하지만 엄밀히 따지면 지명의 유래나 어원, 그리고 전설(설화)이 모두 똑같은 성질의 것은 아니다.

지명유래는 지명의 명명 근거가 되는 인근 지역의 자연물이나 역사적 사건, 또는 주요 인물에 얽힌 사연이 전설에 비해 비교적 객관적으로 입증된 사실이다. 반면 지명전설은 한 지명의 지리적 특성과 그 곳에서 벌어진 사건 따위가 생성 과정에서 흥미 위주의 설화적 요소가 가미된 유래담이다. 땅 이름 중에는 이런 유래담이 지명으로 굳어진 경우도 있고, 반대로 지명으로 정착된 후에 그 이름에 맞추어 꾸며진 이야기도 있다. 이를 구분하여 전자를 '전설지명'이라 하고, 후자를 '지명전설'이라 칭하기도 한다. 다만 지명으로 인해 전설이 생겼는지, 아니면 전설에 의해 지명이 생겼는지에 대해서는 그 선후 관계를 밝히기는 어렵다.

지명전설은 설화의 한 유형에 속한다. 이는 인간이 공간과 시간을 역사적으로 결합한 언어 전승물을 만들고자 하는 심리에서 비롯된다. 이런 언어 유산을 통해 다음 세대는 그 지역의 역사적 사실뿐 아니라 그 속에 담긴 윤리적 사건을 통해 교훈을 얻으며, 때로 풍수지리설에 의해 자신이 사는 고장을 합리적으로 미화시키기도 한다.

전설은 때로 실제로 있었던 일이라 주장되기도 하지만 그러나 특성상 그 진실은 끊임없이 의심을 받는다. "전설에 의하면……."이라든지, "…그것은 단지 전설일 뿐이다."라고 하면 그 이야기는 이미 허구를 전제로 한다. 때로 그 전설은 확실한 증거물이 제시되어 전체를 허구라 규정하기엔 애매한 면도 없지 않다. 전설의 일반 유형은 "옛날 옛적 어느 고을에 어떤 사람이 살았는데 …(발단부), 어느 날 (또는 하루는) …(전개부), 지금도 그 흔적이 어디에 남아 있다 (결론부.)"라는 식으로, 실존의 자연물이 그 증거로 제시된다. 그럼에도 후세인들은 그 이야기의 진위를 따지는 일은 무의미하다고 무시해 버린다.

여기에 대해 지명어원은 그것이 유래이든 전설이든 객관적 사실을 따지기에 앞서 그 지명의 언어적 사실에 주목한다. 곧 생성 단계에서의 지명 본래의 의미가 무엇인가를 알아보고, 그 어사의 형태론적인 분석과 함께 어떤 어형 변화를 거쳐 오늘에 이르게 되었는가에 관심을 기울인다. 따라서 지명의 유래나 전설, 어원의 삼자가 때로 동일할 수도 있고, 둘만 같거나 셋 모두 각기 다를 수도 있다. 지명 전설 중에 그 유래에 의해 생성된 예를 한두 가지 소개하려고 한다. 이들 예는 문헌상 기록이 전하기 때문에 비교적 사실에 가깝다고 할 수 있다.

고운담골과 삼년산

서울 한복판에 있는 '**고운담골**'은 비교적 가까운 시기에 생성된 지명이다. 짧은 기간이었지만 그 동안 한두 번의 변화와 지명의 한자화 과정을 거쳐 지금의 **미동**(美洞, 중구)이 되었다. 반면, 충북 보령의 삼년산군(三年山郡)은 예로부터 전해 오는 '삼 년 고개' 전설에서 유래하여 생성 단계부터 한자어로 붙여진 이름이다.

서울의 미동은 조선조 선조 때의 역관 홍순언(洪純彦)의 실화에서 비롯된다. 홍 역관이 중국으로 가는 사신(使臣)을 수행하여 북경에 갔을 때 있었던 일이다. 그가 북경 어느 주사청루에서 소복한 한 여인을 만나고, 그녀의 딱한 처지를 알고 이를 도와준 데서 발단된다. 여인은 얼마 전에 부친과 함께 북경에 오게 되었는데 미처 자리도 잡기 전에 부친이 그만 돌아가셨다고 한다. 고립무원의 객지에서 불의의 사고를 당한 여인은 부친상이라도 치를 양으로 이 같은 청루에 몸을 던졌다는 얘기였다.

지초지종 그녀의 딱한 처지를 들은 홍 역관은 자신이 가진 노자를 털어 부친의 장례를 치르게 하고 그녀를 고향으로 되돌려 보냈다. 훗날 여인은 모 고관의 후실로 들어갔는데, 지난 날 홍 역관이 베푼 은공을 못 잊어 많은 재물을 보내왔다. 재물 중에는 금실로 '報恩'이라 수놓은 비단이 있었는데 이를 특별히 보은단(報恩緞)이라 했다. 훗날 이런 소문이 퍼져 홍 역관의 집 주변을 '보은담골'이라 부르게 되었다. 그리고 또 다른 재화로 홍역관의 집 주변에 꽃무늬를 새긴 담장을 설치하였는데 이를 두고 주변에서 '고운담골'이라 불렀다고도 한다.

보은담골과 고운담골은 의미뿐 아니라 발음도 비슷하여 더러 혼용되었다고 한다. 어떻든 이 속명은 훗날 정식 지명으로 한역되어 '아름다운 담장'이란 뜻의 미장동(美牆洞)이 되고, 이어 중간의 '牆'자를 빼고 지금의 미동(美洞)으로 정착되었다. 속칭으로 시작된 지명은 '보은단/고운담>미장동>미동'으로 변모하였는데 그 과정이 그럴듯하고, 또 이를 뒷받침할 수 있는 기록까지 남아 있다. 게다가 여인의 남편이 당시 명나라 조정의 군역을 담당하는 고관이어서 임진왜란 때 지원군을 파견하는 데 큰 도움을 주었다고 한다. 이런 사실은 지금의 롯데 1번가의 빌딩 한 모퉁이에 놓인 작은 돌 표지판을 통하여 오늘을 사는 우리에게도 알려주고 있다.

충북 보령의 삼년산군(三年山郡)은 추정만으로 끝나는 전설지명이다. 삼년산군에 대한 기록은 「삼국사기 지리지」(지리 1)에 "三年郡 本三年山郡 今 保齡郡"에 나온다. 이 기록을 통하여 본래의 이름 삼년산과 보령(寶齡)이란 두 지명 사이의 상관성에 대해서 짐작할 수 있다. **삼 년 고개** 전설은 얼마 전까지 교과서에도 실린 바 있는데, 지나친 욕심을 부리지 말라는 교훈을 담고 있다. 이 고개를 넘다가 한 번 넘어지면 삼 년밖에 못 살지만 두 번 넘어지면 6년을 더 살 수 있다는, 그야말로 전설의 고개이다. 그런데 이 말을 들은 어느 욕심쟁이가 일부러 여러 번 넘어져 그만 갓난아기가 되고 말았다는 이야기다.

이런 전설에 기대어 이 지역을 '삼년산'이라 불렀는데 그 이름이 지명으로는 불완전하다고 느꼈음인지 고려 시대에 와서 보령으로 개칭되었다. 삼년산과 보령은 무관한 듯 보이지만 자세히 들여다보면 전설의 내용과 통하는 면이 있다. 보령(保齡)이 '나이를 보존한다'는 뜻이어서

이 산고개의 전설과 관련되기 때문이다. 나이를 보존한다는, 보령이란 좋은 이름도 그 생명이 오래지는 못했다. 이번에는 인근 충남의 보령(保寧)과 발음상 혼돈이 우려된다 하여 조선 태종 때 다시 보은(報恩)으로 재개칭하기에 이르렀다.

이상의 두 실례에서 보듯 전설지명은 사적인 면에서 신빙성이 있는 지명도 있으나 표기된 한자의 뜻에 이끌려 꾸며낸 이야기가 대부분이다. 이처럼 부회된 전설지명의 예로 강화도의 '손돌목' 전설을 들 수 있다. 이 곳에는 뱃사공 '손돌(孫乭로 표기)'의 죽음과 관련하여 '손돌목(孫乭項으로 표기)'이란 지명이 생기고, 여기에 부가하여 '손돌 추위, 손돌 바람'이란 관용어까지 생겨났다고 말한다.

그러나 **손돌**은 전설의 내용처럼 사람 이름이 아니라 지명에 자주 쓰이는 일반어에 지나지 않는다. 곧 '손-'은 형용사 '솔다(狹)'의 관형어이며, '-돌'은 해변 가에 위치한 마을을 일컫는 지명어인 것이다. '손돌'이 바닷가의 좁은 물목[狹梁]을 지칭함은「용비어천가(龍飛御天歌)」註(6장 59)의 "窄側佰切狹也"의 기록으로 분명해진다. 손돌과 관련된 사건이 실제 있었는지에 대해서는 미상이지만, 아무튼 이 전설은 지명과 인명의 유사성에 의하여 후대에 꾸며진 이야기에 불과하다.

손돌목 전설뿐만 아니라 섬진강의 섬진과 관련된 두꺼비 전설, 경북 영일의 연오랑·세오녀의 전설, 영암[月出山]과 달래골 전설, 북한산[三角山]의 부아악(負兒岳) 전설 등은 지명 표기에 쓰인 한자의 뜻에 맞추어 후대에 꾸며낸 설화로 보아야 한다. 지명어원의 탐구에서 정확한 지명유래가 밝혀져야 하며, 동시에 차자 표기법에 대한 해독이 선행되어야 할 이유가 여기에 있다.

달래골과 월출산

우리 땅 이름 중에 달래골을 위시하여 달래강, 달래내, 달래벌, 달래 못 같은 '**달래**'형 지명을 흔하게 볼 수 있다. 어두에 놓이는 '달-'은 산이나 언덕같이 높은 지대[高, 山]를 나타내는 우리말이다. 산이나 높은 지대에 서식하는 쥐를 '다람쥐'라고, 높이 매달린 누(樓)를 '다락'이라고 한다. 또한 높은 곳에 무엇을 걸거나 고정시킨다는 '달다(매달다)'란 동사도 명사 '달-'에서 파생되었다.

'달-'(중세어로 '달'로 표기)이 옛 지명 표기에서 '達'자가 주로 차음되었다. 대표적인 예로 조선(朝鮮)이란 국호의 본명인 '아사달(阿斯達)'을 들 수 있다. 아사달의 '아사'는 작은 것, 이제 막 생겨난 것을 뜻하는 고유어로서 아사달은 작은 산, 작은 언덕을 지칭한다. '달'은 차음 자 '-達' 말고도 月, 珍, 蟾, 靈, 梁 등과 같은 차훈 자(借訓字)도 쓰였다.

현대어에서도 산비탈에 형성된 주거지를 '달동네'라 부른다. 달동네의 '달-'은 하늘에 뜬 달(月)이 아니라 그 자체로 산을 지칭하는 말이다. 달동네나 산동네를 전통적인 지명어로 말한다면 '달래골'이나 '달래말'이 될 것이다. 여기서의 달래는 '달/달[高/山]+누리>니[壤, 地]'의 구조로 분석된다. 달래형 지명은 주거지뿐 아니라 고개를 비롯하여 강이나 시내 어디든 붙을 수 있다. '달래내 고개'라면 경부고속도로를 통해 서울로 진입하기 직전에 만나는, 그리 높지 않은 고갯길이다. 청주를 비롯한 전국 곳곳에 달래강이나 달래내[山川]란 강 이름도 산재한다.

'달래'란 이름은 발음상의 유사로 엉뚱한 민간어원설(民間語源說)을 만들어 낸다. 입에 올리기가 꺼려지지만 대충 이런 식 이야기다. 옛날

한 젊은 남매가 산길을 오르고 있었다. 도중에 소나기를 만나 이들의 옷이 흠뻑 젖게 되었고, 그 젖은 옷 위로 내비친 누이의 몸매에 오라비는 그만 성적 충동을 느낀다. 그러나 순간적인 충동에 부끄러움을 느낀 오라비는 자신의 남성을 돌로 학대하여 목숨을 끊고 만다. 뒤늦게 이 사실을 안 누이가 오라비의 시신을 끌어안고 이렇게 울부짖었다고 한다. "그렇다면 한 번 말이나 해 보지, 한 번 달래나 보지."라고. 그래서 '달래'란 말이 생겨났다는, 참으로 황당한 얘기 말이다.

전설도 아닌 이런 식 전설은 두말할 나위 없이 호사가들이 지어낸 말장난에 지나지 않는다. 그럼에도 이런 말장난이 전설처럼 뭇사람들의 입에 오르내리게 된 것은 성과 관련되기 때문이다. 아무튼 이런 전설에서는 등장인물이 반드시 남매가 아니어도 좋고, 그 장소가 굳이 산이나 고개가 아니어도 좋다. 강가라면 달래강 전설이 되겠고, 고개라면 달래내고개 전설이, 숲속이라면 달래숲 전설이 될 것이다.

섬진강과 월출산, 박달재도 이 '달'형 지명에 포함된다. 섬진강은 전북 진안에서 발원하여 지리산을 거쳐 남해 광양만으로 흘러드는 강이다. '섬진(蟾津)'이란 강 이름이 뜻하는 바가 무엇일까? 결론적으로 말하여 섬진의 본 이름이 '달래강'이었고, 이는 산골짜기로 흐르는 강이기에 붙여진 이름이다. 섬진강은 무진장(茂珍長), 곧 무주, 진안, 장수의 고원지대에서 발원하여 지리산을 감싸고 흐르기에 말 그대로 산골강이다. 지금도 진안 고을 일부에서는 본 이름 그대로 '달래내[山谷川]'라 불린다. 진안이란 지명도 무진장의 가운데란 의미로 '달안(달래+안[內]>달안'의 구조)'이었는데 훗날 한자말로 옮기는 과정에서 진안(珍安)으로 변신하였다.

우리가 차자 표기법을 감안하지 않는다면, 강 이름에 왜 이처럼 어려운 '두꺼비· 섬(蟾)' 자를 썼는지를 이해하지 못한다. '蟾'은 본음이 '첨'으로, '섬'으로 읽힐 시는 일반적으로 달이나 달그림자[月影]를 뜻한다. 달에는 예로부터 두꺼비와 토끼가 살고 있다는 전설이 전해 온다. 따라서 달을 한자말로 섬백(蟾魄), 섬토(蟾兎), 섬여(蟾蜍)라 하고, 달빛을 섬광(蟾光)이라 한다. 그러나 섬진강의 '蟾'은 하늘에 떠 있는 달[月]이 아니라 산골을 지칭하는 '달/둘'의 표기로 보아야 한다. 蟾에 이어지는 '津'은 '나루(중세어는 'ᄂᆞᄅᆞ')'로서 이를 연결하면 '둘ᄂᆞᄅᆞ>달리>달래'의 변화를 거치고, 이는 다시 섬진(蟾津)으로 한역된 것이다.

일반인이 알고 있는, 두꺼비 전설은 蟾津이라는 한자 표기에 이끌려 후대에 꾸며진 것이다. 고려 우왕(1385) 때 왜구가 섬진강 하구로 거슬러 침범했을 때의 일이다. 이제 막 왜구의 노략질이 시작되려는 순간, 느닷없이 수십만 마리의 두꺼비 떼가 나타나 한꺼번에 울었다고 한다. 갑작스런 복병의 출현에 기겁을 한 왜구들은 혼비백산 도망을 치게 되고, 이를 계기로 강 이름을 두꺼비 나루의 강, 곧 섬진강이라 부르게 되었다는 것이다.

천하 명산 월출산(月出山)이 솟아 있는 전남 영암도 이전에는 '달래골'이라 불렀다. 월출산은 대중가요의 가사 그대로 달이 뜨는 산이 아니다. 월출(月出)을 월생(月生), 월나(月奈) 등으로 달리 적기도 했는데, 이는 산골 마을을 뜻하는 고유어 '둘ㄴ>달나/달내>달래'의 차자 표기다. 신령스러운 바위라는, 영암(靈巖)이란 지명도 이와 다름이 없다. 영암은 월출산의 정상 구정봉(九井峰) 아래 움직이는 큰 바위가 있어 한 사람이 밀거나 열 사람이 밀거나 똑같이 흔들린다 하여 얻은 이름으로 알려져 있다. 그러나 '신령 령 靈' 자도 '달-'의 차훈 표기로 영암이란 고을 이름 역시 '달래'의 또 다른 차자 표기로 보아야 한다.

영암 주변 넓은 벌 한가운데 솟아 있는 월출산, 이 산의 산세가 워낙 빼어나다 보니 이런 전설까지 따라붙게 되었다. 실제로도 달래골 영암은 두 역사적 인물을 배출시킨 곳이다. 곧 풍수지리의 비조(鼻祖) 도선(道詵) 국사와 함께 한자와 유교를 일본에 전한 왕인(王仁) 박사의 탄생지가 그것이다. 물론 이설이 있긴 하나, 이런 연유로 월출산을 둘러싼 영암 일대에 두 분 성인과 관련된 전설이 남아 있고, 또한 이런 전설은 그대로 지명에 반영되어 나타난다.

충북 제천의 '**박달재**(朴達嶺이라 표기)'도 '달-'형 지명 전설과 관련된다. 박달의 첫 음절 '박(중세어 표기로 '붉>북')'은 밝음[白, 明]을 뜻하는 고유어로서 말 그대로 '밝은 산[白山]'을 뜻한다. 우리나라를 대표하는 산 이름 백산(白山), 백두산(白頭山), 태백(太白), 소백(小白) 등도 여기서 나온 산명이요, 신라 시조 '박혁거세'(이름의 의미를 光明理世라 풀이함.)의 이름 역시 이 밝음에 기원을 두고 있다.

근자에 이르러 박달이란 이름에 또 다른 전설이 추가되었다. 새로운 전설이란 다름 아닌 '울고 넘는 박달재'란 대중가요의 노래 가사에서다. 이 노래에는 '박달'이 지명이 아닌 사람 이름으로 변신되어 주목된다. 전하는 바에 의하면 이 노래의 작사사가 박달재 아래 주막에서 떠도는 이야기를 노랫말로 삼았다고 한다. 내용인즉 한양으로 과거시험을 보러 가던 박달(朴達)이란 선비와 고개 밑 마을('평동'이라 함.)의 금봉(金鳳)이란 처녀와의 사랑 이야기가 주제로 되어 있다.

대체로 전설상의 사랑 이야기는 짤막하면서도 그 결말은 비극으로 끝나게 되어 있다. 박달 선비와 처녀 금봉이의 러브스토리도 예외는 아니다. 급제한 박달은 금봉을 외면하여 스토리는 결국 배신당한 처녀의 죽음으로 끝난다. 그리고 그 한은 노래로 남아 후세 사람들이 향수라도 느끼듯 그 구성된 노랫가락에 매료된다. 특히 이 노래의 가사에서 인상적인 것은, "천둥산 박달재, 왕거미 집을 짓는, 물항라 저고리"와 같은 향토색 짙은 어휘들이다. 이런 고풍스런 어휘에 이끌려 대중은 이 가요를 더 좋아하지 않나 생각된다.

울산바위와 울릉도

'돼지우리'와 같이 짐승 따위를 가두어 기르는 공간을 '우리'라 한다. '우리'란 말의 말모음 탈락형 '울'은 울타리[籬]에서 보듯 일정한 지역을 표시하는 경계다. 경계를 나타내는 '우리>울'과 관련하여 1인칭 대명사 '나'의 복수형인 '우리' 역시 같은 어원이라 생각된다. 옛날 씨족 부족사회에서 한 집단의 관할구역 내에 거주하는 공동운명체를 일컬어 '우리'라 했다. 그러나 '우리/울'이 지명으로 쓰일 때는 사방이 울타리처럼 둘러쳐진 일정한 공간을 나타낸다. 우리나라 지명 가운데 울진, 울주, 울릉도, 설악산의 울산바위 등이 '우리/울'형에 속하는 대표적인 지명 예가 될 것이다.

'울산바위'라면 설악산에 있는 거대한 바위벽으로 문헌에서는 명산(鳴山), 또는 천후산(天吼山)이라 적었다. 이 바위벽은 마치 병풍처럼 둘러쳐져 있어 설악산 풍경 중에서도 최고의 절경으로 친다. 명산이니 천후산이니 하는 이름은 공히 '울림산'의 한자말 번역이다. 설악산에 뇌성벽력이라도 치는 날이면 울타리처럼 쳐진 바위산이 요란스럽게 울린다 하여 이런 이름을 얻었다. 경계의 뜻을 가진 '울[籬]'을 '명(鳴)'자로 차자(借字)한 것은 鳴의 훈(訓) '울다, 울리다'의 '울-'과 동음어 관계에 있기 때문이다.

설악산의 얼굴인 울산바위에도 그 기원과 관련된 전설이 있다. 옛날 태백(太白)의 산신령이 금강산(金剛山)을 조성할 당시의 일이다. 산신령은 전국 방방곡곡에 흩어져 있는 기암괴석을 한 곳에 모아 천하 절경을 만들고자 하였다. 이런 소문을 들은, 울산(蔚山)에 있던 바위도 금강산 조성에 동참코자 북행길에 올랐다. 그러나 큰 덩치로 하여 걸음이 느린 나머지 기한 내에 금강산에 입주하지 못하고 설악산에서 그만 주저앉고 말았다. 이 거암이 울산이 아닌 설악산에 눌러앉다 보니 바위의 소유권을 둘러싸고 분쟁이 일게 되었다.

울산바위가 설악산에서 유명세를 떨치다 보니 울산의 유생들이 바위의 연고권을 주장하여 지세(地稅)를 요구하게 된다. 이 때 신흥사에서 수행중이던 한 동자승이 나서 지세는 내겠지만 대신 그 바위가 차지하고 있는 땅의 사용료를 내라고 되받아친다. 이에 유생들은 재[灰]로 새끼를 꼬아 바위를 묶어 주면 도로 가져가겠다고 억지를 부린다. 동자승은 다시 기지를 발휘하여 바닷물에 적신 새끼줄로 바위를 동여맨 다음 불을 붙여 태운 뒤 이를 되가져가라고 응수한다. 동자승의 재치에 유생들은 결국 두 손을 들게 되고 이후로는 절대 시비를 걸지 않게 되었다고 한다.

앞서 명산(鳴山)이라고 할 때의 '鳴-'은 울림의 '울-'을 차훈(借訓)한 표기라 했는데 이를 차음(借音)으로 표기할 때는 蔚이나 鬱 자가 사용된다. 울산(蔚山)을 위시하여 인근의 울주(蔚州)나 울진(蔚珍), 그리고 동해에 떠 있는 섬 울릉도(鬱陵島)의 '울- (蔚, 鬱)'이 바로 그 실례가 된다. 일정 지역의 경계를 뜻하는 이들은 모두 '우리>울'형 지명으로 '울'은 때로 '위'로도 발음된다. 지명 표기에 쓰인 '蔚'자를 지금은 '울'로 읽고 있으나 본래의 음(本音)은 '위'였다. '울'이나 '위'는 모두 '우리'에서 파생한 변형들이다. 기원형 '우리'에서 말모음이 탈락하면 '울'이 되고, 모음 간 'ㄹ'이 탈락하면 '위'가 된다. 그러고 보면 차음(借音)한 '蔚' 자는 희한하게도 '울'과 '위'의 두 어형을 모두 수용하는 차자(借字)라 할 수 있다.

'울릉'이란 도명(島名)은 한자의 뜻에 구애되어 숲이 울창한 섬으로 알기 쉽다. 그러나 울릉도의 울릉을 鬱陵이 아닌 羽陵으로 적은 문헌도 있다. 이는 또한 우산국(于山國)이란 고대의 명칭과도 관련된다. 이런 점으로 미루어 섬 이름으로 쓰인 '울릉'은 '우리>울'형 지명으로 특별히 접미어가 첨가된 어형으로 보인다.

울릉도에는 해발 1000m에 육박하는 성인봉(聖人峰)이 섬 한 가운데 우뚝 솟아 있고, 그 아래로 '나리' 분지라 일컫는 아늑한 평원이 펼쳐져 있다. 나리분지 주변으로는 성인봉을 위시한 미륵산, 발봉, 송곳산 등의 연봉들이 병풍처럼 둘러쳐져 있다. 나리분지 한가운데 서서 주위를 둘러보면 섬 이름을 왜 '울릉/우릉'이라 했는지를 비로소 알게 된다.

나리는 한자로 羅里로 적고 있으나 실은 '누리/나라[世]'와 동계어로 넓은 땅을 뜻하는 우리말이다. '나리'의 어원을 꽃 이름에서 찾는 이도 있다. 초기 이 섬의 개척민들이 나리[百合] 뿌리를 캐먹으며 연명한 데서 연유했다는 것이다. 그러나 험준한 봉우리가 병풍처럼 둘린 '우리>울' 속에 펼쳐진 뜻밖의 넓은 공간, 이 '누리'가 바로 '나리'(羅里)인 것이다.

금정산과 '새울이'

항도 부산의 역사는 동래(東萊)에서 시작되었고, 그 동래는 진산(鎭

山)인 금정산(金井山) 산자락에 안겨 있다. 이 산에는 우리나라 최대의 산성인 금정산성이 남아 있으며, 정상 부근에는 산 이름의 기원이 된 '금샘'(한자말로 金井)이 있다. 주봉인 고당봉 아래 있는 금샘은 특이하게도 넓은 바위 위에 있는 작은 우물이다. 이 우물은 저녁 무렵이면 물빛이 황금색으로 빛난다 하여 **금샘**이란 이름을 얻었다. 산 중턱에는 그 유명한 고찰 범어사(梵魚寺)가 있어 금정산을 더욱 돋보이게 한다. 금정산의 금샘과 범어사에 관하여 「세종실록 지리지」나 「동국여지승람」 등의 문헌에서 다음과 같이 적고 있다.

> "동래현(東萊縣) 북쪽 20여 리에 금정산(金井山)이 있고, 그 정상에 우물이 파여 있다. 우물은 둘레가 10여 척이며 깊이는 일곱 치 정도인데 항시 물이 마르지 않으며 물빛은 황금색으로 빛난다. 전설에 의하면 금빛 물고기 한 마리가 오색 구름을 타고 하늘에서 내려와 이 우물에서 놀았다 하여 산 이름을 금정(金井)이라 하고, 또 이로 인해 절을 짓고 이름을 범어사(梵魚寺)라 하였다."

금정산에는 최고봉인 고당봉보다는 범어사 동편 산록에 솟아 있는 계명봉(鷄鳴峰)이 더 유명하다. 계명봉은 삼각형의 가파른 산봉우리로서 그 봉우리가 암수 한 쌍이 닭 형상을 하고 있어 문헌에는 자웅석계(雌雄石鷄)라 적고 있다. 정상 부근에는 계명암이란 암자가 있는데 여기서 대마도(對馬島)를 내려다보면 섬이 마치 지네처럼 보이고, 대마도에서 이곳을 보면 봉우리가 닭의 벼슬처럼 보인다. 주지하는 대로 닭과 지네는 천적관계, 지금 보면 암탉바위에 해당하는 봉우리가 심하게 훼손되어 있는데 이는 일제 때 대마도 왜인들이 와서 손을 댄 것이란 소문이 있다.

계명(鷄鳴)이라면 닭 울음소리란 뜻이다. 계명암의 연기설화(緣起說話)에 의하면, 신라 때 의상조사(義湘祖師)가 절터를 물색하던 중 한 밤중에 봉우리 부근에서 닭 울음소리를 들었다고 한다. 스님은 닭 울음을 어떤 계시로 받아들이고 그 자리에 절을 짓고 계명을 암자 이름으로 삼았다. 범어사 측의 기록으로는 이 암자에서 정진하던 납자(衲子)들이 새벽 예불마다 하늘에서 들려오는 닭 울음소리를 들었고, 이 소리를 통하여 하루 일과의 기준으로 삼았다고 전한다.

그런데 계명산의 본래 이름은 '새울이뫼'였다. 범어사 스님과 현지에서 만난 주민의 증언에 의한 것인데 당시 주민들은 이 이름을 '새가 우는 산' 정도로 알아들었다고 한다. 그러나 지명학의 입장에서 보면 이들 명칭에 대해 다른 해석이 가능하다. 말하자면 고유어 '새울이/새우리'를 한자어 계명(鷄鳴)과 동일시하여 단순히 새나 닭이 우는 산이란 뜻으로 보지 않는 것이다.

새울이나 명산의 본뜻은 진산(鎭山)의 이름으로 삼은 금샘[金井]에서 찾아야 한다. **새우리/새울이**는 동쪽에 있는 샘, 또는 새로 발견한 샘이란 뜻이다. '새'는 새롭다[新]와 방위상 동쪽[東]을 뜻하는 말이며, 이에 연결되는 '울-'은 우물이나 샘[泉]을 뜻하는 말이다. 현대어 우물[井]이란 말은 '울'에 물[水]이 연결된 복합어이다. 그러고 보면 지금까지 언급된 계명봉의 鷄鳴, 금샘의 金井, 지명의 東萊는 공히 '새울이'란 고유어의 또 다른 차자(借字) 표기였음을 알게 된다.

흰 새와 백령도

서해 5도 가운데 최북단에 위치한 백령도는 풍광이 빼어날 뿐 아니라 섬 이름과 관련된 전설 또한 아름답다. 다만 백령도가 한국전쟁 이후 남북의 대치선상에 놓이다 보니 분단의 아픔을 한몸에 짊어진 비운의 섬으로 인식되고 있다. 최근 몇 차례 벌어진 남북 해군의 교전과 함께 '천안함' 격침이나 연평도 포격 사고가 이 섬 주변에서 발생했기 때문이다. 그 옛날 심청이가 몸을 던졌다는 임(인)당수의 전설과 함께 통일이 성사되는 그날이면 이런 일련의 사고들은 다시금 아픈 전설로 남게 될 것이다.

백령도와 관련된 전설은 황해도 어느 고을에 살던 가난한 선비와 그 고을 원님의 딸과의 사랑이야기다. 우연한 기회에 선비는 고을 원님의 딸을 알게 되고 두 사람은 이내 정분을 맺게 되었다. 그러나 가난 탓인지는 몰라도 이들의 연분은 평탄하지 않았다. 두 사람 사이를 눈치 챈 원님은 두 사람을 떼어 놓을 참으로 딸을 먼 외딴 섬으로 피신시키고 만다.

남녀 간의 연분이란 억지로 떼어 놓을수록 더 열렬해지는 법이다. 애타게 연인을 찾아 헤매던 선비는 하루는 꿈속에서 결정적 단서를 얻는다. 한 마리의 흰 새가 날개 깃 사이에서 흰 종이를 떨어뜨리고 가는 꿈을 꾼 것이다. 학인지 갈매기인지는 분명하지 않으나 어떻든 그 새의 깃에서 떨어진 흰 종이가 결정적인 단서가 된 것이다.

흰 새의 날개를 한자말로 옮기면 바로 백령(白翎)이 된다. 선비는 그 길로 백령도로 달려가 꿈에도 그리던 연인을 만나게 되었다. 무인도에서 재회한 이들은 그 섬에서 평생을 해로하게 된다. 그렇다면 백령도는 비운의 섬이 아니라 태초로부터 사랑의 섬이었다고 할 수 있다. 이 섬 주변의 바다에서 심청이가 몸을 던졌다고 하나 이내 환생하여 왕비가 되었고, 다시 부친과 상봉하여 영화를 누리게 되는, 그런 해피엔딩의 섬 말이다.

섬 이름마저 새에서 연유할 만큼 예로부터 백령도는 바다 새들의 낙원이었다. 실제로 고구려 때는 곡도(鵠島)라 했는데 여기서의 '곡(鵠)' 자는 고니나 따오기를 가리킨다. 곡(鵠)이란 한자는 곡도(鵠島) 이외에도 곡령(鵠嶺), 곡림(鵠林), 곡포현(鵠浦縣) 등의 예처럼 지명에도 곧잘 쓰인다. 고구려 때의 곡도(鵠島)는 고려조에 와서 백학도(白鶴島)로 개칭되고, 조선조에 이르러 백령도(白翎島)가 되었다. 예로부터 흰 새와 인연이 있는 이 섬에 하루 바삐 그 흰 새가 상징하는 평화가 찾아올 날을 기대해마지 않는다.

탄천과 고마내

예로부터 '숯내'라 불리던, 탄천(炭川)은 경기도 용인시 구성에서 발원하여 판교·분당을 거쳐 한강으로 흘러드는 제1지류이다. 그런데 시냇물 이름에 '숯 탄(炭)' 자가 들어가다 보니 여기에 좀 허황된 전설이 생기게 되었다. 장수(長壽)의 대명사로 누구에게나 부러움을 사고 있는, 삼천갑자 동방삭의 전설이 바로 그것이다.

동방삭(東方朔) 전설을 모르는 사람은 없지만, 그러나 그 구체적인 내용을 알고 있는 사람은 드물다. 전설의 무대가 중국인지 한국인지도 대해서도 불분명하고, 전설의 줄거리 역시 다양하기 이를 데 없다. 그럼에도 누구나 동방삭을 그토록 부러워함은 이름자 앞에 붙는 삼천갑자(三千甲子)란 수식어 때문일 것이다. 삼천갑자라면 햇수로 얼마인가? 한 갑자(甲子)가 60년이니 여기에 3000을 곱하면 자그마치 18만 년이나 된다. 세상 사람들이 꿈도 꾸어보지 못할, 이토록 긴 수명을 동방삭이

누렸다고 하니 선망의 대상이 되는 건 오히려 당연하다고 하겠다.

이승에 사는 인간이라면 누구나 명계(冥界)를 지배하는 염라대왕의 명부에 신경을 쓰지 않을 수 없다. 18명의 장관(將官)과 8만 명의 옥졸을 거느리는 염라대왕도 어쩌다 실수할 적도 있었던 모양이다. 어느 한 순간에 단 한 사람의 이름을 명부에서 빠뜨리고 말았다. 이를 두고 염라대왕의 리스트에는 빠졌지만 대신 '쉰들러 리스트'엔 올랐다고 할 수도 있겠다. 저승 세계에서는 절대로 있을 수 없는 일대 사건, 아무튼 이 억세게 재주 좋은 사나이를 우리는 동방삭이라 부른다.

저승 세계의 내부 감사에서 밝혀진 사실인지는 모르겠으나, 어떻든 뒤늦게 실수를 알아차린 염라대왕은 노발대발, 당장 그놈을 잡아오라는 엄명을 내린다. 저승사자들은 강력한 체포 조를 편성하여 곧바로 이승으로 파견된다. 사자들이 내려온 곳은 동방(東邦)의 한산주로 지금의 경기도 광주인데, 그러나 광주 땅 어디에 산다는 정보는 가지고 왔으나 막상 놈을 찾아내기가 쉽지는 않았다.

그렇지만 저승사자가 누구인가, 그들이 짜낸 계책은 묘하게도 맞아떨어진다. 사자들은 보통 사람으로 변장하여 광주 땅 북쪽에 있는 '숯골[炭里]'에서 숯을 얻어다가 이를 마을 앞 시냇물에 씻는 시늉을 해 보인다. 숯골이라면 지금의 성남시 태평동과 수진동 일대, 예전에는 숯을 굽던 숯막이 있었던 곳이다. 사자들은 검은 숯을 희게 하기 위한다는 핑계를 대면서 숯을 물에 빠는 시늉을 해 보인다. 이런 엽기적 행동에 행인들은 "웬 미친놈 다 보겠네."라며 코웃음을 치면서 지나친다.

이러기를 여러 날째, 하루는 "내가 삼천갑자를 살았어도 숯을 물에 빠는 미친놈은 처음 보겠네."라며 끌끌 혀를 차는 노인이 있었다. 순간 저승사자들은 잽싸게 노인을 덮쳤고, 그 날로 동방삭은 저승으로 끌려

가고 말았다. 그 날이 바로 제삿날이 된 셈인데, 이 일이 있고부터 숯을 물에 빨던 그 시내를 숯내, 한자말로는 탄천이라 부르게 되었다.

어떤 이는 말하기를, 큰 비가 올 적마다 이 지역에 홍수 피해가 극심했으므로 한탄의 강, 곧 탄천(嘆川)이 되었다고 한다. 혹은 공해로 찌든 폐수가 한강으로 흘러들기에 탄천(炭川)이런 이름을 얻었다고도 말한다. 그러나 탄천의 물이 원래부터 검었던 건 아니다. 오히려 맑고 푸른 물이 흐르던 시내였음은 발원지의 지명이 수청동(水淸洞, 본 이름은 '물푸레골')임을 상기해 보면 알 만하다.

맑은 시내가 엉뚱하게도 '검은 내'라는 이름을 얻게 된 원인은 고유 지명의 한역화(漢譯化) 과정에서 찾아야 한다. 옛 문헌이나 지도상에서 탄천을 험천(險川, '검내')이라고도 적었다. 險은 臉과도 통하는 한자로 통상 '험'으로 읽히지만 '검'이 그 본음이다. 여기서 '검'은 다시 '거마' 또는 '고마'의 말모음을 보유한 어형으로 소급된다. 따라서 험천(險川)은 고유어 '고마내>곰내'의 차자 표기임을 알 수 있다.

'고마>곰'은 방위상 북(北)이나 뒤[後]를 뜻하는 고유어다. 이 지명어는 일반적으로 마을 뒤쪽으로 흐르는 강이나 시내에 붙게 된다. '고마나루>곰나루'가 바로 그 예인데, 이는 공주 뒤쪽(북쪽)으로 흐르는 강나루에 붙여진 이름이다. 금강(錦江)이란 강 이름도 '고마강>곰강>금강'의 변화이며, 공주(公州)란 지명도 여기서 나온 변음이다. 마찬가지로 탄천이란 이름도 지금의 광주(廣州, 옛 이름은 한산주>한주)의 뒤편, 곧 북쪽으로 흐르는 시내라는 뜻에서 붙여진 이름이다. 곧 고마내>곰내>검내란 말의 변형인 것이다. 「신증동국여지승람」에서도 탄천은 광주의 북쪽에 위치하며 한강으로 흘러 삼전도(三田渡)로 들어간다고 적고 있다.

마을의 뒤편, 곧 북으로 흘러 '고마내>곰내/검내[北川, 後川]'라 불리던 시내가 왜 시커먼 물이 흐른다는 탄천(炭川)으로 둔갑하였을까? 이는 속칭 지명을 문자로 차자(借字) 표기하는 과정에서 '검은 내'로 오인한 까닭이다. 어쩌면 흑천(黑川)이 아닌 것만으로도 다행으로 여겨야 할 판이다.

이제 동방삭이 저승으로 끌려 간 지도 또 다시 삼천갑자나 지났고, 저승사자가 숯을 구했던 숯골도 사라진 지 이미 오래다. 탄천 주변은 이제 분당이란 새로운 도시가 들어서 말끔히 단장되었을 뿐 아니라 수질도 맑아졌으니 발원지의 지명 수청(水淸)처럼 밝고 맑은 이름으로 다시 지어주었으면 어떨까 한다.

3 행정지명의 작명

작명에서의 지역 이기주의

한국인에 있어 인명·지명 같은 고유 이름에 대한 권위 부여나 그 이름에 대한 집착은 유별난 데가 있다. 이름(명칭)에 의해 그 인물이나 지역의 운세가 결정될 뿐 아니라 때로 소유 개념까지 작용하는 줄 아는 모양이다. 지명인 경우, 마침 그 지역에 주요 시설물이나 기관이 들어설 때면 이런 인식은 가중된다. 새로 들어서는 기관이나 시설이 혐오 시설이라면 되도록 기피하려 하고, 반면 유용한 것이라면 자기 고장 이름을 붙이려고 안간힘을 다한다. 흔히 말하는 '지역 이기주의'가 지명의 작명 과정에서도 기승을 부리는 것이다.

오래 전에, 김포공항을 대신할 수도권 국제공항이 경기도 옹진군 영종도에 들어설 즈음 그 명칭을 두고 벌인 소동은 참으로 대단한 것이었다. 영종도에 들어서는 공항이기에 그 명칭은 당연히 **영종공항**이어야 했다. 그런데 1989년에 영종도가 인천시에 편입되면서 신공항의 이름은 행정상의 상위 지명인 '인천'에 빼앗기는 결과를 가져왔다.

영종(永宗)이란 섬 이름을 우리말로 풀면 '긴 마루'가 된다. 긴 마루라면 비행기 활주로를 상징한다고 볼 수도 있다. 우연의 일치인지 아니면 선견지명인지는 모르겠다. 우리나라 땅 이름을 다루다 보면 간혹 이런 선견지명의 지명(?) 예를 만나 속으로 감탄하는 경우가 있다. 영종도의 예도 마찬가지, 이 섬에 활주로와 같은 긴 마루가 들어 설 것을 미리 예측하고 이런 이름을 붙이지 않았나 싶다. 어떻든 발음하기도 좋고 의미도 좋은 이런 고유 이름을 인천 시민 다수의 힘(?)으로 무산시켰음은 유감스럽다 하지 않을 수 없다.

또 다른 예, 충남 아산과 천안 두 행정 구역이 맞물린 경부고속 철도상의 역명을 두고 벌인 소동도 아쉬움을 남겼다. 결과는 어떠했던가? 두 지역민 간의 불만을 무마시키려는 행정 편의주의가 역명 작명에서도 재현되었다. 한 치 양보 없는 두 지역민 간의 다툼은 아산역도 천안역도 아닌, 그렇다고 머리글자를 딴 '아천역'도 '천아역'도 아닌, 그야말로 기형적인 **천안아산역**이란 복합 지명을 낳고 말았다.

터무니없다고 할 수밖에 없는, 이런 작명 과정은 부산 가덕도와 경남 진해 앞바다에 들어서는 새 항구의 명칭에서도 그대로 되풀이되었다. 앞서 말한 '천안아산'의 경우와는 달리 이곳에서는 해당되는 두 지명을 배제하고 단순히 '신항'이라는 애매한 이름을 낳았다. '신항'(新港)이란 명칭이 왜 부적절한가? 어디든 새로 개항하는 공항은 신항·신공항이요,

항만은 신항·신항만이 된다. 말하자면 **신항**이란 이름은 보통(일반)명사일 뿐이지 특정 항구를 지칭하는 고유명사는 될 수가 없다. 더욱 가관인 것은 '신항'의 영문 표기가 'Busan New Port'로 되어 있다는 점이다. 눈 가리고 아웅하는 격이라면 이를 두고 말함이다. 아무튼 면적상 80%의 지분을 가진 경남 진해가 부산이란 거대 도시의 위세에 눌려 말 그대로 낙동강 오리알 신세가 되고 말았다.

고유 이름의 작명 과정에서의 지역 이기주의는 이제 자제되어야 한다. 인명에서는 작명에 의해 그 사람의 운세가 결정되는 게 아니고, 지명에서는 자기 고장의 이름으로 불러 주어야만 그들 자신의 소유가 되는 건 아니다. 지명을 대하는 선진국의 예를 참고할 수도 있겠다. 미국의 많은 주명(州名)과 도시명이 인디언을 비롯한 원주민이 명명한 이름을 그대로 계승하고 있음을 눈여겨보아야 한다.

행정구역 통합이 활발히 진행되고 있는 현금에 이르러 새로운 통합명이 다시 주요 관심사로 등장하였다. 향후 이런 작명 싸움을 계속해서 지켜보아야만 할 것 같아 안타깝기만 하다. 땅 이름은 한 번 지어지면 훗날 다시 고쳐 부르기는 어려워진다. 그런 이유로 작명 과정에서 보다 신중한 연구와 충분한 논의를 필요로 한다. 최근 통합이 거론되고 있는 몇몇 통합 도시의 새 이름에 대하여 나름의 의견을 제시하고자 한다.

금강시(錦江市)와 세종시

현재 건설되고 있는 '행정중심 복합도시' 역시 신항만의 명칭 못지않게 많은 진통을 겪었다. 정치적 산물이기도 한, 행정도시의 예정지가 공교롭게도 두 지역에 걸쳐 있기 때문이다. 소위 '행복도시'라고도 일컬어지는 신도시는 충남 연기군의 3개 면(面)과 공주시의 2개 면(面)에 걸쳐 있다. 그런 이유로 연기(燕岐)와 공주(公州) 두 지명 중 어느 한 곳을 택할 것인지, 아니면 그 중요성을 감안하여 제3의 이름을 구상해 볼 것인지에 대해서도 아직 정해지지 않았다.

지명의 유래나 변천 과정도 그 지역 문화유산임엔 틀림이 없다. 새로운 지명의 작명 과정에는 해당 지역민은 물론 지명 전문가들도 여기 참여시켜야 하며, 여기서 조사·검토된 결과는 이후 새 명칭 결정에 적극 반영되어야 한다. 지명 연구자들에 의한 철저한 조사 위에서 작명이 이루어질 때 그 명칭은 비로소 역사성은 물론 합리성과 객관성을 담보할 수 있다.

공주, 연기 두 지역의 땅 이름은 대체로 금강(錦江)의 물줄기와 관련되어 있다. 공주(公州)는 금강의 한 나루터 이름인 '고마마루>곰나루[熊津]'에서 유래한다. '고마>곰'은 방위상 뒤쪽, 또는 북쪽을 지칭하는 고유어로 '고마강>곰강/금강'의 변천이다. 백제의 도읍지명 공주의 '공-'이나 공주를 감싸고 흐르는 금강의 '금-'은 公이나 錦으로 표기되는 한자의 의미와는 상관없이 '고마/곰'이란 고유어의 차자 표기에 지나지 않는다.

연기(燕岐)는 미호천(美湖川)을 위시하여 연기천, 종촌천 등의 여러 물줄기가 금강으로 유입되는 지점에 위치함으로 합류지라는 뜻을 나타낸다. 기록에 의하면 연기의 백제 때 이름을 '두잉지(豆仍只)'라 하였는데 이는 '두느리지/두늣지'로 해독된다. '두느리'란 말은 두 물줄기가 한 곳에 합쳐진다는 뜻을 가졌다.

새로운 도시가 생겨난다고 하여 반드시 새로운 이름으로 불러 줄 필요는 없다. 예로부터 불리어 오던 고유 명칭으로도 얼마든지 새 도시명으로 수용될 수 있다. 지명의 전통성과 보수성을 존중하는 의미에서 필자는 새로 건설되는 행정도시의 명칭을 '금강(錦江)'으로 택할 것을 제안한다. 공주든 연기든 이 지역은 금강의 물줄기에 기대고 있는 만큼 어느 지역에 사는 주민이든 자신이 사는 곳의 지명이 채택되지 않은 아쉬움을 달래줄 수 있다.

금강(錦江)이란 이름은 한자로 쓰더라도 의미가 좋을 뿐더러 발음하기도 좋다. 서울의 옛 이름 한양이 한수(漢水)란 강 이름에서 유래했듯이 이곳 행정도시도 강 이름에 기대는 편이 무난하다고 생각된다. 공주 장기(長岐)면 석장리는 한강 이남에서 처음으로 구석기 유물이 발견된 곳이다. 석장리뿐 아니라 금강을 끼고 생성된 유역은 그 역사가 선사시대로 거슬러 올라갈 만큼 유서 깊은 지역이다. 이런 점을 고려하여 그 명칭도 이런 전통과 역사성이 그대로 반영되기를 기대한다.

(이후 신설 도시의 이름은 세종시(世宗市)로 확정되었다. 애초부터 수도나 행정도시를 표방했다는 점을 염두에 둔 듯하다. 그러나 이 지역이 세종대왕과 어떤 관계가 있는지는 잘 모르겠다. 후문에 의하면 지명 선정위원회의 표결 결과 '금강시(錦江市)'는 근소한 차이로 2위로 밀렸다고 들었다.)

-조선일보, 2006년 1월 9일자, 오피니언 시론 A 29면

성남 · 광주 · 하남의 한산시(漢山市)

"내 고향 남쪽 바다 그 파란 물 눈에 보이네……."로 시작되는 '가고파'는 이은상 작시 · 김동진 작곡의 우리 가곡이다. 내 고향 남쪽 바다는 노산 선생의 고향인 마산 앞 바다를 말하고, 노래 제목 '가고파'는 말

그대로 본말 '가고 싶어'에 향토색이 가미된 준말이다. 최근 이 준말이 가명(歌名)을 넘어 뜻밖에도 지명으로까지 거론되고 있어 화제다.

지난 해 12월에 확정된 바 있는, 마산·창원·진해의 통합도시 명칭을 '가고파시'로 정하자는 제안이 나왔다. '가고파시'는 최근 간척지 '새만금'을 대신할 '아리울'과 같이 석 자의 순수한 우리말 지명이라는 점에 관심이 모아진다. '가고파시', 그 발상이 기발하고 재미있어 보이나 지명으로서는 너무 파격적이라는 느낌이다. 이 명칭이 통합시의 새 이름으로 채택된다고 해도 두 자의 한자말로 형성되는, 우리나라 지명에 대한 전통적 통념을 깨트릴 수 있을지가 의문시된다.

경상남도의 마산·창원·진주에 이어 경기도 성남·광주·하남의 통합 작업이 전국 두 번째로 성사될 전망이다. 작년 12월, 광주와 하남에 이어 지난 달 22일 세 도시 행정구역 통합안이 성남시의회를 통과하였다. 이로서 수도 서울보다 면적이 넓고, 인구수(135만)로는 광역시 울산을 능가하는, 전국 최대 규모의 기초자치단체의 출현을 보게 되었다. 수도권이면서 전국 7대 도시로 비약하려는, 이 거대 신도시도 이제 그 어려운 작명 과정을 남겨두게 되었다.

새로 생겨나는 행정지명은 대개 통합되는 두 지역명의 첫머리 자를 따는 방법이 통용된다. 이 같은 방식은 지명의 속성인 보수성이나 전통성은 외면한 채 단순히 양 지역민의 불만을 손쉽게 잠재울 수 있는 방식이다. 그런데 성·광·하는 앞서의 마·창·진과 마찬가지로 세 도시가 합하는 경우여서 이런 방법을 취하기도 어렵게 되어 있다. 그렇다면 세 도시 중 역사적인 연고로 보아 가장 중심이 되는 도시명을 따를 수밖에 없게 되었다.

성남과 광주, 하남의 세 도시명은 공히 이곳 지역의 지형상의 특성을 반영한다. 한강의 남쪽에 있어 하남(河南)이요, 남한산 산성의 남쪽에 있어 성남(城南)이 되었다. 광주(廣州)는 큰 산으로 둘러싸인 넓은 벌판이어서 **한산**이라 불리던 것이 후에 한역된 이름이다. 기원적으로 말하면 백제 초기 도읍지인 하남위례성(河南慰禮省)의 '위례'가 가장 오랜 전통지명이다. 그러나 아쉽게도 위례란 고대지명은 얼마 전 송파 신도시(서울 송파 및 성남시와 하남시에 걸침.)의 새 명칭으로 선점되어 이를 택할 수도 없게 되었다.

이번에 통합되는 세 도시의 뿌리는 역시 광주에 있다. 인구는 현재 성남이 많다고 하나 면적이나 역사성으로 보면 어디까지나 광주가 그 중심이 되어야 한다. 따라서 통합시명도 광주(廣州)란 지명의 계승이란 점에서 고려되어야 한다. 다만, 광주(廣州)는 호남의 광주(光州)와 동음이라는 변별상의 문제가 있다. 물론 표기 한자가 다르고 발음상(성조에서)의 차이가 있다 하더라도 일반인에게 그런 세세한 면까지 구분해 달라고 요구할 수는 없다. 어쩔 수 없이 그 이전의 옛 지명을 되살려 쓰는 방법을 택하지 않을 수 없다.

광주의 고구려 때의 이름은 '한산군(漢山郡)'이었다. 한산군은 신라가 삼국을 통일한 후 **한주**(漢州)로 개칭되고, 다시 고려 초(태조 23년)에 지금의 광주(廣州)로 정착되었다.

漢州, 本高句麗 漢山郡 新羅取之 景德王改爲 漢州 今 廣州 (三國史記 券 35, 地理 二)

기록에 나와 있는 대로 '한산>한>광(廣)'의 변화는 비록 음은 변화하였으나 '크고 넓다'는 지명의 본뜻만은 그대로 유지된다. 필자는 새로 형성되는 수도권의 도시 이름을 고구려 때의 본이름 한산주의 계승인 '**한산시**'나 '**한주시**'로 택할 것을 제안한다. 한산의 '한-'은 한글, 한밭(大田의 본이름), 한양(漢陽), 한강(漢江)에서와 같이 '크고 넓고 많다'는 뜻을 지닌 순수한 우리말이다. 한산이라면 큰 산, 곧 넓고 큰 도시를 이름이니 그 면적이 수도 서울보다 더 넓다는 실제와도 부합되는 이름이다. 문자 표기로는 한자로 '漢山市', 또는 '漢州市'라 써도 좋고, 서울의 예처럼 그냥 한글로 '한산시', '한주시'라 써도 무방하다.

한산이나 한주는 다른 어떤 지명과도 중복되지 않는다. 혹시 '한산모시'로 유명한 충남 서천의 면(面) 지명과 혼동된다 할지 모르겠으나 그 한산(韓山)은 이미 1914년 서천군에 병합된 바 있다. 새로 생겨나는 고유명의 작명은 보다 신중하고 객관적이어야 한다. 지명일 경우 현지민의 의견은 물론 주변 제삼자의 의견 및 역사적 전통성도 아울러 존중되어야 한다.

(성남, 광주, 하남 세 도시의 통합안은 정치적 사정으로 미루어지고 있다. 명칭에 대한 여론 조사에서는 '한성시'와 '광주시' '광남시'가 '한산시'나 '한주시'보다 더 많은 표를 얻었다. 필자는 공청회에서 한성(漢城)은 서울의 옛 이름이라 불가함을 강조하였다. 그리고 이후 마산, 창원, 진해의 통합명은 '창원시'로 확정되었다)

-조선일보, 2010년 2월 4일자, 오피니언 '편집자에게' A 33면-

4 전철역 이름

바른 말 바른 표기

대도시 교통에서 전철(지하철)만큼 편리한 교통수단도 없을 것이다. 만약 서울이나 부산 같은 대도시에 이런 전철이 건설되지 않았다면 어떻게 되었을까? 쾌적하면서도 대량 수송이 가능한 전철은 참으로 현대 도시 교통의 총아라 할 만하다. 전철이 시민의 발이 되면서부터 전철문화, 지하철문화라는 새로운 형태의 교통문화도 생겨나게 되었다. 우리말을 전공하는 사람으로서 전철문화에 쓰이는 각종 용어, 이를테면 역 이름이나 역 구내의 각종 안내문, 또는 안내 방송의 문안 등에 이르기까지 관심을 기울이게 된다.

이미 지적된 바 있지만, 우리는 얼마 전까지만 해도 전철역사에서 이런 안내 방송을 들을 수 있었다.

"지금 열차가 도착되고 있습니다. 승객 여러분은 안전선 밖으로 한 걸음씩 물러나 주시기 바랍니다."

무심코 듣다 보면 이 안내말에 별다른 하자가 없어 보인다. 그러나 곰곰이 따져 보면 한두 가지 중대한 실수가 발견된다. 문안에 쓰인 '도착(到着)'이란 한자말은 어떤 동작이 이미 완료한 상태를 나타낸다. 시제(時制)에 맞게 하려면 '도착하고 있다.'는 진행상이 아니라 '도착했다.'는 완료상이 되어야 한다. 그러나 정작 문제가 되는 것은 '안전선 밖'이라는, 그 다음에 이어지는 구절이다. 안전선 밖이라면 안전하지 못한 위험 지역이 아닌가? 승객의 안전을 위한다면 안전선 안으로 들어

오게 해야 한다. 이렇게 고쳐 주면 어떨까?

"지금 열차가 (역 구내로)들어오고(진입하고) 있습니다. 승객 여러분은 안전선 안으로 한 걸음씩 들어 와 주시기 바랍니다."라고.

안내 방송에서 부적절한 문안으로 사고야 나지 않았겠지만, 아무튼 그 표현은 정확해야만 한다. 다행히도 그 이후로 이와 비슷한 문안으로 바뀐 것으로 알고 있다. **환승역**이란 용어도 재고해 볼 여지가 있다. 열차를 바꾸어 타는 역이라 하여 '바꿀·환(換)' 자에 '탈 승(乘)'자를 연결하였으니 별반 문제가 없어 보인다. 그러나 우리말 사전에도 오르지 못한 '환승'이란 용어는 필시 '승환(乘換)'이란 일본식 한자말의 모방인 듯하다.

우리말로도 얼마든지 좋은 용어를 찾을 수 있을 텐데 굳이 일본어를 모방할 필요는 없을 것 같다. 인터체인지를 '나들목'으로 교체하여 성공한 사례를 우리는 알고 있다. 두 개 이상의 노선이 만나서 교차하는 역이니까 '교차역'이라 해도 좋을 테고, 좀 멋을 부려 '만남역'이라 해도 좋을 것이다. 누군가 '인생은 만남'이라 했으니 '만남'은 그 자체만으로도 좋은 말이기 때문이다.

전철역에서만이 아니라 고속도로 톨게이트의 표지판에서도 적절치 않은 안내문이 눈에 뜨인다. '표 파는 곳'이나 '표 받는 곳'이란 표지판이 그것이다. 이런 경우라면 '표 사는 곳'이나 '표 내는 곳'이란 안내가 맞는 표현이다. 전자의 '파는 곳, 받는 곳'이라면 그 주체가 역무원이 될 것이고, 후자의 '사는 곳, 내는 곳'이라면 톨게이트를 이용하는 일반 승객이 될 것이다. 대중을 위한 교통수단이자 일반 승객을 위한 서비스 차원이라면 그 주체는 당연히 일반 승객이 되어야 하며, 아울러 그 표현 역시 정확해야 한다.

전철역 이름과 대학

전철이 현대 도시인의 생활에 미치는 영향만큼이나 열차를 타고 내리는 역 이름 또한 중요한 요소가 된다. 개개의 역 이름이 해당 지역의 지명유래와 특성을 어느 정도나 반영하고 있으며, 작명 과정에서 지역 주민들의 의사나 전문가들의 고증이 어느 정도나 수렴되었는지 따져 보아야 한다. 우려하는 대로 행정 편의주의에 흐르지 않았는지, 혹은 지나친 상업주의에 휘둘리지 않았는지 한번쯤 생각해 볼 때다.

1호선 전철에서 수원역 못미처 '율전(栗田)'이란 역명이 있었다. 지금은 없어졌으나 전에는 있었기에 여기서 '있었다'고 표현한 것이다. 율전은 마을 주변에 밤나무 숲이 우거져 예로부터 '밤밭/밤갓'이라 불리던 곳이다. 1호선 전철이 개통되면서 이곳에 율전역이 생기게 되었다. 그런데 언제부턴가 역명 표지판에 '율전' 대신에 대학명이 새겨지게 되었다. 출근길에 본 표지판은 분명 '율전'이었는데 퇴근길에 본 그것은 '○대 앞'이어서 나는 자신의 눈을 의심하지 않을 수 없었다.

뒤에 안 일이지만, 율전이란 역명을 두고 인근에 들어선 대학 측과 역사(驛舍) 당국 간에 실랑이가 벌어졌다고 한다. 그 자세한 내용은 모 신문 지상의 독자 투고란을 통하여 알게 되었다. 그 투고 기사는 율전에 사는 한 주민이 그들 조상으로부터 이어 받은 마을 이름을 빼앗긴 데 대한 항의의 글이었다. 그러나 주민의 항의는 미미한 메아리로 그쳤을 뿐 다시는 그 역명을 되찾지 못했다.

우리나라에는 외국의 유수한 대학처럼 오로지 학교로 인해 형성된 도시가 없는 것으로 알고 있다. 그럼에도 불구하고 서울은 대학도시라도 되는 양 역 이름에서 대학명이 차지하는 비중이 너무나 크다. 여기서 전철역명에서 대학명이 차지하는 비중을 축소하고 싶은 의도는 없다. 대학이 있음으로 해서 그 일대가 발전하고 유동 인구가 늘어남도 사실이다. 그러나 정작 노리는 바는 역명을 통하여 그 대학 이름을 불러 주는 홍보 효과를 노린다는 점이다.

분명한 사실은 서울의 특성은 대학도시가 아니라 빼어난 자연 경관과 고궁이 잘 보존되어 있는 역사와 전통의 도시라는 점이다. 따라서 역명에서도 이런 도시 특성이 우선적으로 반영되어야 한다. 서울의 역명 중에서 서울대학이 대학 역명의 효시가 아닌가 한다. 언젠가 서울대학교에 갈 일이 있어서 전철을 타고 '서울대입구' 역에서 내렸다. 당시의 예상으로는 역사를 빠져 나오기만 하면 곧 바로 학교를 찾을 수 있을 줄로 알았다. 그러나 웬걸, 역전에서 다시 버스를 갈아타고 몇 정거장을 더 가야만 했다. 대한민국 국립서울대가 그렇게까지 홍보하지 않아도 충분할 터인데 이건 참 너무한다 싶었다.

서울지하철 노선 중에 대학 역명은 주로 3·4호선에 집중되어 있다. 동대입구, 한성대입구, 성신여대, 총신대, 홍대, 이대, 교대 등. 3·4호선이 개통될 당시의 사회 분위기는 한창 대학생들의 목소리가 높던 때라 그런가 보다 짐작하였다. 그러나 실제로는 대학명을 역명으로 붙여 주는 대가로 지하철 건설비를 충당했다는 말을 그 뒤에 들은 바 있다.

위에서 예로 든 대학 역명을 고유 지명으로 환원시킨다면 대략 다음과 같을 것이다. 동대입구는 '장춘단역'이나 '국립극장역'으로, 한성대입구는 '삼선교역'으로, 성신여대는 '돈암역'으로, 총신대는 '이수교역'이 될 것이다. 서울 토박이로서 삼선교나 돈암동 같은 유서 깊은 동네 이름을 모르는 사람은 없다. 지하철 삼선교 역사(驛舍)에는 그래도 신선(神仙) 그림이 모자이크 되어 있다. 그러나 그 이름만은 인근 대학에 빼앗기고 구차스럽게 '○○대학 입구(삼선교)'라 하여 괄호 속에 갇힌 신세가 되었다.

고유지명의 역 이름

역 이름의 작명에는 두말할 나위 없이 전통적 고유지명이 우선되어야 마땅하다. 현실적으로는 관공서나 학교, 또는 유명 건축물의 명칭이 주류를 이룬다. 이용자가 많은 탓이긴 하지만, 그러나 이들 유명 건축물명이 결코 고유지명에 우선하지는 않는다. 앞서 예를 든 '○○대학 입구(삼선교)'와는 반대로 본 역명은 고유지명으로 하되 기관 명칭은 부수적으로 괄호 속으로 들어가야 한다.

역명은 또한 지명과 마찬가지로 그 도시의 특성(개성)을 드러낼 수 있어야 한다. 특히 특징적인 자연 경관을 자랑하는 이름이 많으면 많을수록 좋을 것이다.

서울이라면 대학이나 관공서보다는 4대문과 5대 고궁을 비롯한 조선조의 문화재를 온전히 보존하고 있는, 역사의 고도임을 부각시켜야 한다. 위치나 지형 특성으로 말하면 서울은 북한산과 관악산, 남산 등의 산줄기와 한강이 어우러지는 천혜의 경승 도시다. 그런데도 서울의 5대 고궁을 비롯하여 남산이나 한강에 기댄 고유지명이 역명에 그렇게 많이 반영되어 있는 것 같지는 않다.

뒤늦은 감은 있으나 중앙청역을 '경복궁역'으로 바꾼 것은 참 잘한 일이다. 종로 2가를 '종각역'으로 개칭한 것도 매한가지다. 더 욕심을 부린다면 종로 3가역을 '종묘역'이나 '돈화문역'으로 고쳐 부른다면 금상첨화가 되겠다. 이참에 '시청역'을 '덕수궁역'으로 불러 주면 어떨까 한다. 전부터 서울시청의 이전설이 심심찮게 거론되었다. 만약 시청이 용산이나 다른 어떤 곳으로 옮겨 간다면 지금의 시청역은 '구시청역'으로 바꿔 불러야 할까? 누가 보아도 시청은 이전 가능성이 있어도 덕수궁은 전혀 그런 가능성이 없겠기에 하는 말이다.

고유지명의 역명에서도 이왕이면 순수한 우리말 이름이면 더욱 좋겠다. 5호선에 강서로와 곰달래길 교차지점에 '까치산역'이란 역명이 있어 산뜻한 느낌을 준다. 출근길 이 역을 지나칠 때면 까치 울음을 들을 수 있을 것만 같다. 기존의 역명 중에서 대야미, 상록수, 도봉산, 망월사, 연신내, 무악재, 구파발, 뚝섬, 강변 등도 정겹고 포근한 이름들이다. 콘크리트 빌딩 숲에 갇힌 현대인에게 이런 향토색 짙은 역 이름만으로도 도회의 답답함에서 벗어날 수 있을 듯하다.

67호선 역명에는 이런 낯익은 고유지명이 유독 많다. 신수동의 '서강역', 용산동의 '삼각지역'과 '녹사평역', 한남동의 '한강진역' 등이 그러하다. 그 중에서도 불광동의 '독바위역', 갈현동의 '연신내역', 신당동의 '버티고개역', 석관동의 '돌고지역', 상도동의 '살피재역', 신길동의 '보라매역', 상도동의 '장승배기역' 등은 특히 인상적이다. 보기에 따라서는 촌스러운 이름이라 무시해버릴 수도 있겠으나 그래서 더욱 정겨운 이름으로 다가온다.

지명이란 단순히 지표상의 한 지점을 나타내는 표지만은 아니다. 그 이름 속에는 조상이 사용하던 언어뿐 아니라 살아 온 역사를 담고 있다. 고유지명은 또한 하루 아침에 생겨난 것도 아니며, 지명이 가진 보수성으로 인하여 쉬 사라지는 것도 아니다. 고유지명의 지명유래는 오늘을 사는 우리들에게 더없이 소중한 무형의 문화유산이 된다. 전철역 이름 하나 짓는 데도, 우리가 그 이름을 불러주는 데도 조상이 물려준 유산을 소중히 여기는 정신이 깃들어야 한다.

　-「한국인」41호(1985년 12월)의 내용과「서울지하철」(1995년 6월호)의 내용을 정리하였음.

5장
언어생활의 반성

1. 우리말 순화를 위하여
2. 우리말 성경을 위하여

1 우리말 순화를 위하여

우리말의 피폐 요인

꽃과 여인은 가꿀 탓이라는데 우리가 쓰는 언어도 이와 다를 바 없다. 아무리 좋은 말이라도 그 주체가 쓰기 나름이요 가꾸고 다듬어나가기 나름이다. 앞 장에서 우리말의 아름다움에 대해서 말한 바 있다. 아름다운 우리말을 지켜나가기 위해서는 오늘을 사는 우리 세대가 모국어를 얼마나 아끼고 어떻게 쓰느냐에 달려 있다. 이런 과제에 대한 오늘날 우리의 언어생활은 어떠한가? 최근 모 일간지(문화일보, 2006, 7, 12)에서 현재 한국인들이 가장 많이 사용하는 어휘를 조사한 바 있다. 참고로 그 내용을 간략히 소개한다.

사용하는 어휘의 빈도에서;

"1. 진짜 2. 솔직히 3. 인간적으로 4. 까놓고 말해서 5. 막말로 6. 너 이러는 거 아니다." 등이 제일 많이 쓰는 어휘로 나타난다. 한 마디로 요약하면 진실을 말하라는 요청이 주류를 이룬다. 우리가 평소에 얼마나 솔직하지 못하고 거짓으로 일관하였는가를 단적으로 말해 준다.

이를 다시 성별, 세대별, 직업별로 세분해 본다.

학생의 경우;

1. 있잖아요. 2. 저요! 3. 빌려 줘. 4. 나 시험 망했어. 5. 다음 교시 뭐냐? 6. 아, 저 선생 졸려 싫어.

학생 어머니의 경우;

1. 밥 먹어! 2. 너 공부 안 해? 3. 그만하고 빨리 자. 4. 아이구, 잘 했네! 5. 돈 이거면 안 부족하겠어? 6. 빨리 이빨 닦고 세수하고 자!

학교 선생님의 경우;

1. 조용히 안 해! 2. 번호? 3. 몇 쪽 할 차례야? 4. 숙제한 것 꺼내 봐! 5. 너 뒤로 가서 업드려 뻗쳐! 6. 손 쫙 펴!

연예인들의 경우;

1. 젖살이 빠져서 그래요. 2. 어릴 때부터 남달랐어요. 3. 아는 오빠 동생 사이에요. 4. 전혀 아니구요! 5. 팬 여러분, 사랑합니다! 6. 앞으로도 노력하는 모습 보여드릴게요.

정치인들의 경우;

1. 우리 마을의 일꾼! 2. 우리 마을 달라집니다! 3. 열심히 일하겠습니다! 4. 국민을 위한 정치! 5. 뽑아만 주십시오! 6. 기호 0번!

말은 곧 현 생활을 반영하는 거울이다. 위에서 언급한 어휘를 보더라도 어떤 것도 생활의 여유나 화자의 진정성은 찾아보기 어렵다. 제시된 어휘가 하나같이 산문적이라 할 만큼 부드럽고 우아한 것보다는 한 마디로 '까칠한' 어휘 일색이다.

'국어 순화(醇化)'라 하면 참으로 오래간만에 들어보는 표어다. '국어 사랑 나라사랑'도 그 옛날 시골 학교 담벼락에서나 보았던, 빛바랜 표어가 되고 말았다. 국제화 시대를 맞은 요즘은 오로지 영어 교육에만 매달리는 바람에 이런 표어의 시효가 지나고 만 것이다. 얼마 전까지 가끔 우리말 다듬기나 고유어 애용, 또는 바른 말 고운 말 쓰기와 같은 국어 순화 운동이 심심찮게 전개되었다. 그러나 그나마도 지금은 자취를 감춘 지 오래다.

이와 같은 분위기 속에서 우리말의 무질서와 혼탁은 날로 가중되고 있다. 더 이상 방치했다가는 어디까지 타락할 수 있을지 모를 지경이다. 오늘의 국어 현실을 두고 '국어의 위기'를 지적하는 이도 있다. 다만 위기라 진단하면서도 이를 바로 잡으려 나서는 인사나 단체가 없다는 사실이 정작 문제다.

오늘날 우리말의 황폐화는 일본의 식민통치와 한국전쟁을 겪는 과정에서 우리의 심성이 조급해지고 피폐해진 데 그 원인이 있다. 원래 느긋하게 기다릴 줄 알던 우리 민족의 심성이 언제부턴가 '빨리 빨리, 급하다 급해.'라는 집단 조급증 증세가 일상의 언어생활에 영향을 끼친 결과이다. 여기에 빠른 경제 성장으로 인한 경쟁의식까지 가세하여 우리말은 한층 더 삭막해지고 거칠어지게 되었다. 국어를 위기로 몰아넣은 요인을 다음과 같은 몇 가지 현상으로 지적하고자 한다.

첫째로, 국제화·세계화 시대를 맞아 **우리말 경시 풍조**가 만연되었다는 사실이다. 영어를 비롯한 여타의 외국어 습득은 당면한 시대적 요청이다. 여기에 부응하여 우리의 어린이들은 한국어에 익숙하기도 전에 외국어 학습에 내몰린다. 그러나 모국어의 체계가 뿌리내리기도 전에 또 다른 언어를 주입시킴이 불가능한 일임은 상식에 속한다. 영어 능력이 지금의 사회에서 중요하다 해도 우리의 모국어까지 버려둔 채로 영어 학습에만 내몰릴 수는 없다. 모국어 학습이 확고히 자리한 뒤에야 비로소 외국어 학습이 가능하다.

향후 한 세기 안에 전 세계 언어의 90%가 사라진다는 설이 제기되었다. 스페인의 '카밀로 호세셀라'는 향후 세계 언어는 영어, 스페인 어, 중국어, 아랍어만 존속되고 나머지는 모두 없어지거나 지역 방언으로 남을 것이라고 하였다. 이런 주장이 전혀 타당성이 없다 하더라도 우리는 모국어의 보존과 학습에 한 치라도 틈을 보여서는 안 된다. 우리가 속한 아시아 지역에서도 '언어 전쟁'이라 할 만큼 중국이나 일본이 자국어 해외 보급에 심혈을 기울이고 있음을 눈여겨보아야 한다.

둘째로, 방송이나 신문을 비롯한 **언론매체의 우리말에 대한 무관심**과 무성의를 들 수 있다. 현대 사회에서 방송, 언론매체의 영향력에 대해서는 거론할 필요조차 없다. 이런 매체는 새로운 용어가 소용될 적마다 이에 해당하는 우리말을 찾아보기도 전에 경쟁적으로 외래어부터 끌어쓴다. 무차별적인 외래용어 수용을 이들은 새로운 선진 문화의 수입으로 아는 모양이다. 현재 어떤 언론기관에서도 우리말 순화나 고유어 보존에는 관심이 없을 뿐만 아니라 오히려 외래 전문용어 유입에 앞장서는 듯한 느낌이다.

셋째로, **전자·통신 분야 언어**의 급속한 확산에 따른 부작용을 들수 있다. 컴퓨터 통신, 인터넷 채팅, 휴대폰 메시지 등의 매체에서 과도한 준말의 사용이나 비속어나 은어 따위의 특수어의 남발이 그것이다. 이를 두고 기존 언어의 파괴, 기존 문법 및 표기법 파괴라 말하는 이도 있다. 앞서 지적한 대로 이런 풍조를 개탄은 하면서도 적절한 대응책은 내놓지 못하는 데 문제가 있다. 특히 젊은 세대에 있어 통신언어의 확대는 기존 문법뿐 아니라 언어 질서까지 심각할 정도까지 혼란시키고 있다.

넷째로, 우리의 교육정책이나 언어정책에서 **언어교육이 부실**하다는 점이다. 현재 국가 기관으로 언어생활을 관장하는 부처가 있다고 하나 일반인들은 그 존재나 실효성에 대해서는 인정하지 않는 듯하다. 그 외에도 사회 지도층의 무절제한 언어구사도 문제가 된다. 특히 지도층 인사 중 정치인들의 충동적이고 선동적인 언사가 우리말 오염의 주범이 되고 있다.

된소리의 남용

두말할 나위 없이 한 시대의 언어 현상은 그 시대의 사회상을 있는 그대로 비춰 준다. 최근 우리말 사용 실태를 보면서 심히 우려되는 바가 있다. 그 하나는 소리(음운·음성) 면에서 한국인의 말소리가 필요 이상으로 된소리[硬音]로 굳어져간다는 사실이요, 다른 하나는 어휘·문장면에서 극단적 용어와 문장을 함부로 사용한다는 점이다.

요즘 세간에 회자되는 유행어는 온통 된소리 일색이며, 함부로 내뱉는 막말과 제멋대로 내갈기는 '막글'이 인터넷상의 가상 공간을 어지럽힌다. 이 중에서도 연예가를 중심으로 양산되는 유행어가 특히 심한 편으로, 된소리가 섞이지 않으면 유행어 반열에 오르지도 못할 정도이다. 현대를 사는 우리가 과연 '막가는' 표현을 남발하면서 경음·격음을 무차별 동원해야 할 만큼 한국 사회가 무질서하고 불평·불만으로 가득차 있는 것일까?

먼저 우리말의 된소리화에 대해서 생각해 본다. 최근의 유행어 중에 몇 예를 들어 보기로 한다. 얼굴이 반반한 이를 '얼짱'이라 하고, 몸매가 잘 빠진 이를 '몸짱'이라 한다. 대신 그렇지 못한 이를 일러 '얼꽝' 또는 '몸꽝'이라 하는데, 이들은 이제 사전에 등재되어도 좋을 만큼 대중성을 확보하였다. 여기서 의문시 되는 것은, 이런 유행어가 그 핵심인 **짱, 꽝**이 된소리가 아니었다면 과연 이처럼 인기를 누릴 수 있겠느냐 하는 점이다. '짱'은 한자음 '장(長)'에서 온 말로 최고, 최상임을 뜻하고, 이와 짝하는 '꽝'은 분명하지는 않으나 무엇이 터지거나 갈라질 때 나는 소리를 흉내 낸 의성어라 생각된다.

'꽝'과 유사한 의성어에 '뽕'이나 '뻥'이란 말도 있다. 화투놀이에서 쓰는 '나이롱 뽕'의 뽕이 그것인데, 이는 거짓이 탄로되었을 때 내지르는 '뻥이야!'의 '뻥'과도 통하는 말이다. 이들 의성어가 놀이 명칭으로 쓰임도 그렇지만 한 걸음 더 나아가 그 자체로 거짓이나 허세, 공갈 따위의 의미로 확대·전이되어 쓰인다는 점이 흥미롭다. '뻥(을) 친다.'고 하면 과장되거나 거짓으로 큰소리를 친다는 뜻이요, '뻥이야!' 하면 거짓으로 허풍을 떤다는 뜻이기도 하다.

'뽕' 역시 재미있기로는 결코 '뻥'에 못지않다. 방귀 뀌는 소리에서 출발하여 항문을 지칭하거나 비밀이나 음모를 나타내기도 한다. 비밀이 탄로 났을 때를 '뽕(이)나다.'라 하고, 밑(항문)이 빠질 만큼 고심할 때를 일러 '뽕이 빠진다.'고 한다. '꽝/뻥/뽕' 등 어떤 의성어든 간에 무엇이 무너지고 부서지고 터질 때 나오는 파괴의 소리라는 점에서는 공통된다.

집단 따돌림을 뜻하는 **왕따**란 신조어도 대중성 확보라는 면에서는

'얼짱'에 뒤지지 않는다. 첫 음절 '왕(王)-'은 왕대포, 왕초, 왕고참에서처럼 최고나 최상을 나타내고 후행하는 '-따'는 따돌림이란 말에서, 그야말로 따온 말이다. 왕따란 신조어가 기존의 한자어 소외(疎外)라든가 본래 말 '따돌림'을 따돌리고 만인의 입에 오르내리고 있음은 이 역시 된소리의 효력이라 생각된다.

화투놀이에서 말하는 '짓고땡'(본말은 '지어 땡')이나 끗수를 나타내는 장땅(땡), 광땅, 또는 땡땡구리의 '땅>땡'도 전형적인 된소리 발음이다. **땅/땡**은 본래 한자 '같을 동(同,仝)' 자의 중국식 발음에서 유래한다. 화투놀이 '섰다'에서 같은 동수의 화투짝을 잡거나 골패놀이에서 같은 패(牌)를 잡았을 경우에 쓰는 말이다. '땅/땡'에도 1에서 10까지의 끗수 크기별로 열 가지가 나올 수 있다. 제일 적은 끗수 1땅을 '삥땅', 또는 '콩땅/콩땡'이라 하고, 마지막 수 10땅을 '장땅'이라 하여 최고의 끗수로 대접한다. 때로 3과 8의 광(光)이 나올 때 '38 광땅'이라 그 위에 둘 수도 있으나 원칙적으로 장땅이 말 그대로 장땅(최상)이다.

'땅/땡' 밑으로 **따라지**라 불리는, 가장 작은 끗수가 있다. 따라지는 동사 '따르다'에서 파생된 명사로 한때 6·25를 전후하여 월남한 피난민들을 그렇게 부르기도 했다. 38선을 넘어 왔기에 3+8=11, 곧 끗수가 1이어서 따라지가 된 것이다. 따라지는 그 의미가 확대되어 '따라지 신세, 따라지 목숨'과 같이 저 혼자 독립하지 못하고 누군가를 의지하고 따라야만 하는 처지를 나타내는 용어로도 쓰인다.

요즘 사람, 그 중에서도 젊은이들은 '작다'란 말을 예사롭게 '짝다'로 발음한다. 마찬가지로 좁다를 '쫍다'로, 조금을 '쪼끔/쬐끔'으로, 학과 대표를 '꽈 대표' 또는 그냥 '꽈대'로, 종강 파티를 '쫑파티'로, 옆 자리의 친구를 짝꿍, 면목이 서지 않을 때는 '쪽 팔린다'는 말을 아무렇지도 않게 사용한다. 뿐인가, 성질이 못된 사람을 일러 '싸가지'가 없다고 하고, 낭패를 보았을 때는 '찍썄다'라 내뱉는다. '끼가 있다, 뛴다, 뜬다'란 말은 연예가 일각에서 자주 쓰이는 유행어다. 바람기라고 할 때의 '-기'는 어떤 기질이나 낌새를 나타내는 접미사다. 이 말은 기운을 뜻하는 한자어 기(氣)에서 온 말로 보이지만 대개는 '끼'로 읽힌다. 그리고 '끼가 있다.'란 예에서 보듯 이 말이 자립명사로 설 수 있었던 것도 그것이 된소리였기에 가능했을 것이다.

"꿍따리싸바라 빠빠빠빠" – 온통 된소리만으로 리듬감을 살린 이런 노래가 한때 유행의 물결을 탄 적이 있었다. 이 노래 가사를 듣고 있으면 마치 동남아 지역, 이를테면 태국이나 베트남의 노래를 듣고 있는 듯한 착각을 느낀다. 꿍따리싸바라의 의미는 과연 무엇일까? 이는 흡사 '얼러리 껄러리'라고 하는, 어린이들이 한 아이를 따돌릴 때 놀려 대는 외침과도 유사하다. 혹은 풍각쟁이를 일컫는 '딴따라'라는 말과도 비슷한 데가 있다. 딴따라는 북소리를 흉내 내는 '탄타라타'에서 나온 의성어로 알려져 있다. 그렇다면 이 야릇한 노래 제목은 반주로 나오는 악기 소리 '쿵작풍작, 쿵쾅쿵쾅'을 흉내 내는 말인지도 모르겠다. 어떻든 된소리를 대중이 선호한다는 이유만으로, 이런 국적 불명의 노래가 유행한다는 사실은 결코 바람직하다고 볼 수는 없다.

고대 우리말의 자음체계는 예사소리[平音] 중심의 단선체계였는데 중세 이후에 차츰 경음화·격음화 현상이 생겨나게 되었다. 음운상의 강음화(强音化) 현상은 일반적으로 외침으로 인한 전쟁이나 기아상태의 사회적 혼란기에 생겨나는 현상이다. 국어사의 흐름에서 병자호란이나 임진왜란, 가깝게는 625 한국전쟁과 같은 극한적인 사회적 혼란을 겪으면서 피폐해진 인심은 말소리에도 영향을 미쳐 이처럼 경직되고 격한 소리로 변질되는 것이다.

그런데 지금처럼 절대적 빈곤도 사회적 변란도 겪지 않는 평화의 시대에도 여전히 말소리가 경직되고 있는 현상은 어떻게 설명될 수 있을까? 이는 사회심리학적인 면에서 이해해 줄 수 있겠다. 곧 예전 같은 절대적 빈곤감이 아닌 상대적 빈곤감이나 박탈감, 또는 복잡한 사회생활로 인한 갈등이나 불만의 해소 작용으로 볼 수도 있겠다.

말소리의 경음화·격음화는 분명 음성의 타락으로밖에 볼 수가 없다. 경직된 말소리는 현 사회의 가치 붕괴에 따른 무질서와 과소비, 퇴폐풍조, 폭력사태 등으로 얼룩지는 사회병리 현상과도 밀접하게 관련된다. "아무리 강조해도 지나치지 않다."고 하는, 영어 구문이 생각난다. 이런 식으로 표현한다면 '국어 순화'는 지금도 아무리 강조해도 지나치지 않는다. 정서순화는 물론 고운 심성을 보존하기 위해서라도, 나아가 아름다운 우리말을 되살리기 위해서라도 먼저 된소리의 남용부터 자제해야 하겠다.

극단적 표현법

파괴와 전쟁의 시대

언제부턴가 상거래 용어에서 '가격 파괴'란 말이 얼굴을 내밀더니 이내 '파괴'란 말이 무슨 유행어처럼 퍼져나가게 되었다. 자연 파괴나 질서 파괴란 말은 그런대로 맞는 표현이다. 다만 인사(人事) 파괴, 학력 파괴, 서열 파괴 등에 이르면 문제가 야기된다. 가격을 파괴한다면 종전의 가격을 대폭 낮춘다는 뜻이니 소비자로서는 쌍수를 들어 환영할 만한 일이다. 이런 식 표현이 일본어의 모방이라 하여 시비하려 드는 건 아니다. 굳이 '파괴'라는 극단적인 용어를 택해야 하는지에 대해서 이의를 제기할 따름이다.

파괴(破壞)라면 문자 그대로 무엇을 부수거나 깨뜨려 없앤다는 말이다. 부수는 행위가 새로운 건설을 위한 것이라 해도 파괴에는 반드시 폭력이 수반되고, 또 기존의 것에 대한 부정이 전제되어야 한다. 가격을 낮춘다면 그만한 여건이 충족되었을 터이므로 단순히 '낮춤'이나 '하락' 정도라도 족한 표현이다. 이런 식으로 나간다면 기존의 모든 질서나 관행, 나아가 미풍양속까지도 깡그리 파괴하려 들지 모르겠다. 특히 근자의 전자통신언어에서 기존의 문법 파괴, 표기법 파괴란 말이 등장한 직후라 '파괴'란 말이 두렵기까지 하다.

전쟁(戰爭)이란 말도 전천후 용어가 된 지 오래다. 앞선 정권에서 대통령이 직접 '범죄와의 전쟁'을 공식적으로 선포한 바 있다. 그로부터 입시전쟁, 주차전쟁, 귀가전쟁, 예매전쟁 등등에 이르기까지 무언가 좀 강조할 일이 있다 싶으면 이런 식의 전쟁을 선포하기에 이른다. 출근이나 귀가전쟁도 그렇지만 더 나아가 혼잡하기 이를 데 없는 교통 문제에 이르러서는 전쟁만으로 성에 차지 않았던지 '지옥'이나 '대란(大亂)'이란 용어 사용도 서슴지 않는다.

전쟁, 전투, 투쟁과 같은 극단적인 용어라면 단연 북한의 그것을 따를 수는 없다. 북한에서는 모내기도 전투요 수술도 전투라고 표현한다. 삿대질도 '손가락총질'이요, 몸을 날씬하게 만드는 일도 '몸깐다'라 말한다. 툭하면 까부시고, 떨쳐나서고, 일어나서라고 선동하는 언사가 그들의 상투적인 표현법이다. 언어를 이데올로기의 선전 수단으로 삼는 그들이기에 일상에서도 이런 극한적인 용어가 동원된다. 그런데 이런 북한식 과장 표현법을 이제 우리가 흉볼 수 없게 되었다. 남쪽의 표현법도 그만 못지않게 전투적으로 무장(?)을 해버렸기 때문이다. 근묵자흑(近墨者黑)이라 했던가, 부드럽고 온화하던 우리말이 어느 새 북쪽의 그 폭력적인 말투를 닮고 만 것이다.

막가파 언어

이런 극단적인 표현법은 신세대 화법에서도 똑같이 재현된다. 젊은 세대는 기성세대를 타도의 대상으로 보고 기존의 사고나 정서, 또는 관습까지 모조리 타파하려 든다. 요즘은 어떤 일이든 화끈하게 끝내주는 해결사(?)가 단연 인기다. 돈을 벌어도 한 번에 '싹쓸이'해야 하고, 망해도 일시에 '왕창' 망한다. 요는 '온통, 왕창, 몽땅, 깡그리, 싹쓸이, …….'와 같은 부사어는 현대인들이 즐겨 쓰는 단골 수식어가 되었다는 사실이다.

화법에서 이처럼 극단적 용어로 시작되다 보니 여기에 호응하기 위해 이어지는 말이 궁색해지지 않을 수 없다. 좋은 일을 당해도 '좋아 죽겠다.'라 하고, 기분이 좋아도 '기분 째진다.'라 해야 직성이 풀린다. 좋은 기분을 나타내는 '기(氣)가 막히게 좋다.'는 말도 '기똥차다'를 거쳐 '죽여준다.'거나 '끝내준다.'에 이르면 그 표현법은 더 이상 갈 길을 잃는다. 말하자면 막 가는 말, 곧 언어도단(言語道斷)이 되고 마는 것이다.

"이쯤 되면 막가자는 거지요?" - 전 국민이 지켜보는 가운데 국정을 논하는 자리에서, 다른 사람도 아닌 대통령이 내뱉은 이 한 마디가 시중의 유행어가 되었다. '막가다'의 '막-'은 부사나 접두사로 쓰이며, '마구'의 준말이자 '마지막'이란 의미를 나타낸다. 함부로 내뱉는 말을 '막말'이라 하니까 함부로 휘갈겨 쓴 글을 '막글'이라 해도 무방할 것 같다.

보통은 낙서(落書)라는 일본식 한자어를 빌려 쓰지만 고유어 막말과의 형평을 고려한다면 순 우리말 '막글'이 더 어울린다.

'마구>막'은 막국수, 막걸리, 막두부, 막과자, 막일, 막노동에서 보듯 아직 길들이지 않은 원시 상태의 표현이다. 뿐만 아니라 '마구 운다, 마구 쏘다'에서처럼 앞뒤를 가리지 않고 함부로 날뛴다는 의미도 포함된다. 대책 없이 마구 낳아 놓은 이를 '망나니', 또는 '막바우'라 한다. 망나니는 기원적으로 아무렇게 짜서 품질이 좋지 않은 무명을 일컫던 말인데, 이 '막낳이'가 사람에게로 옮겨가 행실이 좋지 않은 이를 지칭하게 되었다.

'마구>막'은 또한 더 이상 나갈 수 없는 극단적 상황, 더 이상 나빠질 수 없는 최악의 '막판'을 '막가'라 이를 수도 있다. 언어에서 이런 식 표현법을 '막가파 언어'라 불러도 좋을 것이다. 순리(順理)를 따른다는 말이 있다. 세상의 이치가 흐트러지면 언어도 함께 문란해진다. 공자님도 "명분이 바르지 않으면 언어가 불순해지고, 언어가 불손해지면 일이 잘 이루어지지 않는다(名不正 則言不順 言不順 則事不成)."고 말씀하셨다.

사람의 말소리에서 경음화, 격음화가 음운의 타락이라고 한다면 이상과 같은 극단적 표현법은 전체 언어의 타락이라 할 수 있다. 우리는 이제 국어순화, 언어순화의 차원에서 먼저 된소리 발음과 함께 극단적 표현법을 자제해야겠다. 그래서 좀 더 부드러운 말소리로 좀 더 우아하고 여유 있는 말씨를 쓰도록 노력해야겠다.

전·통언어상의 막글

최근 인터넷이나 휴대전화에서의 사랑 고백을 '사랑해여'라 적어 보낸다. '사랑합니다'도 '사랑해요'도 아니다. '사랑합니다'는 너무 정중한 말투여서 요즘 젊은이들의 취향에는 맞지 않는다. 대신 끝말에 '~요' 대신 '~여'를 붙이는 게 유행이다. 이유인즉슨 '사랑해요'는 어딘가 모르게 거리감이 느껴지고, 그냥 '사랑해'라면 친근감은 있으나 너무 가볍게 대하는 듯하여 그 중간 단계인 '사랑해여'를 쓴다는 얘기다.

전자통신상의 언어는 젊은이들의 언어라 해도 좋다. 그래서 이 전·통언어를 통하여 신세대의 언어세계를 엿볼 수 있다. 그 동안 전자통신어는 '한글 파괴'라는 비난을 받아 왔다. 그럼에도 불구하고 전·통어는 왕성하게 생성되고 있으며, 그 가운데 일부는 세대와 매체를 뛰어 넘어 사회적으로도 수용되는 현실이다. '비호감, 열공, 강추, 남친, 악플' 따위의 낱말은 이제 방송이나 신문 지상에서도 쉽게 쓰인다. 이런 어휘를 두고 표준어냐 아니냐를 따지는 건 무의미하게 되었다. 최근에는 '대박, 빡세나, 쏘다, 짱이다, 당근, 꾸벅, 넘, 횔' 등이 설문에서 가장 많이 쓰이는 통신언어로 조사되기까지 하였다.

전·통어는 형태상 글을 매개로 하기 때문에 문어(文語)임에는 틀림없다. 그러나 내용상으로 두 사람 이상이 주고받는 대화여서 구어(口語)적 특성도 갖추어야 한다. 때문에 구어와 문어의 성격을 함께 가진다고 할 수 있다. 말하자면 말을 하는 느낌으로 글을 쓰는 것이다. 그런 점에서 '안녕히 가세요.' 대신 '꾸벅'이란 인사말도 그런대로 어울린다. 전·통어는 글을 말로 바꾸려는 동기나 욕망에서 존재하고 발전하는 것이다. 사회적으로 수용된 전·통어는 표준어 체계를 교란시키기도 하지만, 반대로 기존 한국어의 어휘와 표현 경계를 확장시키기도 한다. 전·통어를 한국어의 한 방언으로 취급하자는 의견이 대두되는 이유이기도 하다.

앞서 말을 함부로 하면 막말이요, 글을 함부로 쓰면 '막글'이라고 했다. 막글이란 말은 막말보다 전·통어 상의 용어로는 더 적절한 것 같다. 예전 같으면 화장실이나 길거리 담벼락에서나 볼 수 있었던, 그런 막글이 지금 세상에서는 인터넷상의 화면을 마구 어지럽힌다. 인터넷이나 휴대폰이 제공하는 '막글마당'은 그 어떤 공간에서보다도 더 빠르게, 더 많은 사람들에게 일시에 제공된다는 점에서 낙서꾼들의 구미를 당기게 한다. 대부분 익명으로 자신의 신분이 드러나지 않음을 빌미로 욕설로서 불평, 불만을 쏟아낸다. 흔히 '악풀'이나 '댓글'로도 통하는, 이런 고약한 막글이 이제는 사회 문제로 등장하였다.

1980년대 후반, 전·통어의 시발은 텔넷(telnet)의 상용화로 PC통신이 등장하면서부터다. 특히 휴대전화, 대화방 등의 게시판 글이나 채팅용어를 누구나 쉽사리 접하게 됨이 그 계기가 되었다. 음성언어와 문자언어라는, 전통적 언어 체계에서 지금은 새롭게 통신언어, 전자언어라는 또 하나의 언어체계의 출범을 보게 된 것이다.

90년대에 이르러 인터넷 익스플로러와 넷스케이프 등의 웹브라우저가 등장하면서 인터넷 게시판, 이동통신의 문자 메시지, 전자메일 등이 문자생활의 중요한 부분을 차지한다. 흔히 제1세대라 일컫는 초기의 통신언어는 생략법을 이용한 표음주의식 표기가 주로 유행하였다. "방가방가, 안냐세여, 어솨요, 2929(에구에구), 10002(많이), 10c미(열심히), CU(see you), 아햏햏' 등에서 보듯 표음식 표기의 한글뿐 아니라 영어나 아라비아 숫자까지 동원된다. 초기의 이런 식 표현은 재치가 있어 그런대로 애교로 보아줄 수도 있었다. 또한 표기의 생략법은 통신비를 줄이며 자신의 의사를 신속히 전달하려는 언어경제학적인 측면에서도 유용한 것이었다.

그러나 전·통어의 급격한 확장은 급기야 우려의 단계를 넘어서고 말았다. '羅RG孝(나 알지요?), G卄시P乚(게시판)' 등의 예에서 보면 단순한 재치라기보다는 일종의 오락이나 언어유희에 가깝다. 특히 2002년 서울월드컵 이후로 10대를 중심으로 한 일부 네티즌들의 행태는 기존 언어 질서 파괴의 주범으로 부상하게 되었다. 이런 사태는 제2세대 통신언어로 분류되는 소위 '외계어'에 이르면 정말 '막가'에 다다른 인상이다. 외계어라면 용어 자체는 한자말이지만 여기에 통원되는 문자는 한글 이외에도 한자, 영어, 러시아어, 일본어 등의 알파벳과 아라비아 숫자 및 온갖 특수 기호를 망라한다. 단순한 언어나 문자 유희를 벗어나 참으로 언어 및 문자의 파괴라 할 만하다.

정보화 시대를 맞아 통신언어의 출현은 어쩌면 당연한 귀결이며, 그 흐름은 누구도 막지 못한다. 다만 흐름이 너무나 빠르고 거대하여 이에 대처할 효과적인 방안을 마련하지 못함이 문제다. 동굴벽화나 암각화에서나 볼 수 있는, 이런 상형문자를 보고 혹자는 '원시로의 회귀'라 규정하는가 하면, 혹자는 '새로운 문화의 출현'이라 반기기도 한다. 어떤 시각으로 보든 작금의 전·통어는 과거 수천 년에 걸쳐 인류가 발전시켜 온 말과 글의 질서를 송두리째 뒤흔들고 있다. 실제로 최근(2010년) KBS 방송문화연구소에서 한글에 대한 시청자 인식을 인터넷 설문 방식으로 조사한 바 있다 그 결과, 인터넷에서의 한글 오염과 훼손을 묻는 질문에 '매우 심각하다(79.4%)', '어느 정도 심각한 편이다(17.7%)' 등 거의 모두(97.1%)가 우려하고 있는 것으로 나타났다.

얼마 전 대통령에 대한 탄핵 정국에서 정작 탄핵되어야 할 것은 탄핵의 가부가 아니라 순화되지 못한 막글의 난무였다. 인터넷상의 화면을 비난과 욕설로 더럽혀지는 행위는 자제되고 어떤 방법으로든 제지되어야 한다. 타인의 입장과 의견을 존중하지 않는 한 진정한 의미의 토론의 장, 여론 형성은 기대할 수가 없다. 가상 공간에서 개개인의 의사가 개진되고 이런 민의가 수합되어 사회적 여론이 형성되고, 이것이 국가 정책에 반영되어야 함은 지극히 당연하다. 사회정화나 국어순화의 차원에서라도 이런 막글은 결단코 저지되어야 한다.

-2004년 3월 19일자 중앙일보, 시론, '인터넷 막글을 탄핵한다'

2 우리말 성경을 위하여

한국어 번역 한 세기

만약에 하느님이 세상에 오셔서 한국인들에게 어떤 가르침을 주신다면 과연 어떤 언어를 사용하실까? 하나의 가정에 불과하다 해도 진실로 그런 상황이 벌어진다면 하느님, 혹은 예수님께서는 어느 누구의 통역이나 도움 없이 가장 바르고 정확한 우리말을 구사하실 것이다. 하느님의 말씀, 성경의 언어에 관한 한 나에게는 분명한 믿음이 있다. 하느님이 사용하실 그 언어는 고대의 히브리 어도, 라틴 어도, 산스크리트 어도, 그렇다고 영어도 아니고 분명 가장 아름다운 현대 한국어일 거라는 믿음이다.

어떤 종교든 교리 설명과 전도를 위해서는 언어라는 도구가 사용된다. 기독교의 개혁을 부르짖었던 '마틴 루터'는 '교회는 입[口]의 집'이라고 규정한 바 있다. 하느님의 '로고스(진리)'를 널리 인간 세상에 전하기 위해서는 오로지 언어라는 수단밖에 없고, 그 역할은 당연히 교회가 담당해야 한다는 말이다. 스스로의 깨달음을 강조하는 불교에서는, 때로 이심전심(以心傳心)의 설법을 이용하기도 하지만, 그러나 "도(道)를 도라고 말하면 이미 도가 아니다(道可道 非可道)."라던 노자(老子)도 결국은 도로써 도(道)를 설명하지 않을 수 없었다.

개화기 전후 한국 땅에 들어온 '그리스도교'는 통상 가톨릭과 기독교를 통칭하는 용어다. 이 중 먼저 들어 온 가톨릭은 서학(西學), 천주학을 거쳐 천주교(天主教)라 하고, 프로테스탄트 기독교는 개신교(改新教)라 달리 칭하기도 한다. 가톨릭은 18세기에, 기독교는 19세기에 각각 우리나라에 전해지고 전래 이후 오늘날까지 그 교세가 날로 확장되어 왔다.

기독(基督)이란 한자어는 본래의 뜻에 맞추어 한역(漢譯)된 용어가 아니다. 이는 '그리스도'란 원어를 단지 한자로 음역(音譯)한 것으로, 그리스도와 기독은 어원적으로 같은 말이다. 원어 '그리스도(Christ)'의 어원적 의미는 "기름을 부어 성화(聖化)하다."에서 기원하여 '하느님이 머리에 기름을 부어 준 자(the Lord's Anointed)'를 의미한다. 한어(漢語)에서는 이를 基督教(ji-du-jiao)라 이르고, 일본어로는 基利斯督라 적고 읽는다. 그러나 한국어에서의 그리스도, 곧 기독이란 용어는 한어나 그리스어, 또는 포루투갈 어 등 어느 말을 통해 전해진 것인지는 확실하지 않다.

한 종교의 교리는 언어를 통해서 선포되는 것이므로 선교를 위한 언어는 그 무엇보다 정확한 표현과 전달이 생명이다. 표현된 메시지의 해석에 따라 교리 내용이 달라지고 그로 인해 종파가 갈라질 수 있기 때문이다. 언어는 유전(流轉)하는 생명체여서 어느 시대, 어느 곳에서나 똑같은 의미로 사용되지 않는다. 시대에 따라, 지역에 따라 변천·변화하기 마련이어서 그 변화에 맞추어 당시의 언어로 정확하게 표현되고 전달되어야 한다. 그러나 종교 언어 전문가가 있어 생성 당시의 의미를 제대로 설명해 준다고 해도 언제, 어디서나 모든 사람들을 다 만족시킬 수는 없다. 또 누구에게나 똑같은 내용을 전달해줄 수 없을 뿐더러 설명하는 내용이 정확하다고 담보할 수도 없다. 하느님의 말씀인 성경의 번역이 어려운 이유가 바로 이런 데 있다.

주지하는 대로 **성경**(The holy Bible)은 모세를 비롯한 40여에 이르는 선지자들에 의해 1600여 년에 걸쳐 기록된, 총 66권(구약 39, 신약 27)의 방대한 분량의 서책이다. 인류 최대의 걸작이라는 평판에 걸맞게, 성경은 현재까지 586개(1884년 기준)에 달하는, 지구상의 개별 언어로 번역되어 17억 교인의 경전이 되고 있다. 하느님의 복음이 한국 땅에도 전해지면서 이 경전의 번역은 최우선 과제가 되었다. 성경의 한국어판 번역역사는 이제 130여 년을 헤아리게 되었다.

한국어판 성경은 전래 초기 만주에서 전도하던 영국인 '존 로스(John Ross)'와 동료 선교사 '존 멕켄타이어(John Mc-Intyre)'와 함께 펴낸 게 효시가 된다. 1882년 목판본으로 찍어낸, 이 번역본은 평안도 출신의 신도 이응찬, 백홍준, 서상륜, 김진기 등 여러 사람의 도움을 받았다. 여기서 이분들의 이름과 출신지를 밝히는 까닭은 초창기 한글 성경의 성격을 규명하는데 도움이 되기 때문이다.

최초의 한글본 성경은 「예수셩교 누가복음젼서」라 하여 신약 일부가 번역되고, 1887년 「예수셩교 전서」란 표제로 신약 전문이 번역·간행되었다. 다시 1910년에 이르러 신·구약 전문의 번역본이 전주(全州)에서 간행되었으며, 1954년에는 당시의 맞춤법에 맞게 개역된 바 있다. 이후로도 한 세기에 걸쳐 천주교와 기독교의 교파별로 수차례 손질이 가해져 오늘에 이른다. 이처럼 오랜 세월에 걸친 각고의 번역과 개역 작업에도 불구하고 신학자들과는 달리 일반인이나 언어 전공자의 눈으로 볼 때는 여전히 미진한 부분이 남아 있어 아쉬움을 느끼게 한다.

한글로 표기한 한자말

성경의 초창기 우리말 번역은 중국어판을 그 모태로 삼았다. 중국어판 성경이 모델이 되었기 때문에 자연 한자 용어, 특히 중국어식 한자어가 많이 사용될 수밖에 없었다. 1880년대라면 국어 문장에서 처음으로 국한문혼용체가 시도되던 때였다. 어휘의 대부분을 한자어가 차지할 뿐 아니라 문장도 한문투의 문어체가 주류를 이루었다. 이런 시기에 순 한글판 번역 성경은 우리 국어 문장에 큰 영향을 끼치게 되었다. 성경의 번역에서는 처음부터 한글 전용을 원칙으로 하였기 때문에 자연 한글의 위상 제고와 문자 보급에도 지대한 공을 세우게 되었다. 다만 우리말 우리글에 능통하지 못한 비전문가들에 의해, 그것도 조급하게 번역이 이루어진 탓으로 완전한 우리말 성경이 되지 못한 아쉬움은 있다.

한국어와 중국어는 어휘 면에서만이 아니라 문장상에서도 현격한 구조적 차이가 있다. 우선 지적하고 싶은 것은, 한자말을 무리하게 한글로 표기함으로서 의미 전달이나 해석에 어려움을 준다는 사실이다. 한 예로, 초창기 번역본 기도문에 나오는 "천주의 고양, 세상의 죄를 없애시는 주여"라는 구절을 들어본다. 고양(羔羊)이라면 '어린 양'을 뜻하는 난해한 한자말이다. 이를 한글로 적어 놓았으니 당시 사람들이 그 말뜻을 알아차릴 수가 없다. 이 대목을 읽던 어떤 할머니는 "천주님의 고양이가 세상의 쥐를 없애주시는구나."로 해석하여 주위의 웃음을 산 일도 있었다고 한다.

신도들이라면 누구나 필히 암송해야 하는 '주기도문(마태복음 6:9~13)'도 지금까지 40여 차례나 되풀이 번역되었으나 지금도 완전하지는 않다. 그나마도 신·구교도들이 서로 다른 기도문을 암송하고 있다. 얼마 전까지만 해도 천주교인들은 "하늘에 계신 우리 아비신 자(者)여, 일홈이 거룩히 빛나시며 그 나라이 임하옵시며……."란 기도문을 외웠다. 여기서 '아비, 일홈, 거룩히, 나라이' 등의 어휘는 개화기 우리말의 형태 그대로다. 이 중에서도 '나라이'는 얼마 전까지 통용되었다. 여기서 나라[國]란 말은 본래 '나라히'로서 'ㅎ'을 말음에 보유하는 낱말로, '나라이'는 나라가 주격으로 쓰이면서 'ㅎ'이 탈락된 흔적을 보여 준다.

다음에 이어지는 "하느님의 이름이 거룩히 여김을 받으시오며……."라는 대목은 번역상의 문제로 지금도 어색하게만 느껴진다. 이 구절이 매끄럽게 읽히지 않는 이유는 원문과 우리말의 언어 구조상의 차이 (hall owed be your name)에 기인한다. 말하자면 문맥상에서 '누가', '누구를'에 해당하는 주어와 목적어가 분명하게 드러나지 않고, 우리 전통 문장에는 생소한 피동 표현 때문이기도 하다.

두말할 나위 없이 성경은 만인의 것이 되어야 한다. 성경을 접하는 사람들 중에는 불신자도 있을 수 있고, 또 고전을 읽는 자세로 대하는 일반인도 있다. 믿지 않는 이들을 포함하여 만민이 손쉽게 읽을 수 있고 바로 이해할 수 있는 어휘나 문장으로 번역되어야 한다. 성경은 결코 일부 성직자나 교인들만의 전유물이 아니다. 일부 성직자들은 자신에게 익숙해진 용어나 문구만을 고집하거나, 그런 용어를 사용해야만 설교용 어로 접합하다고 믿는 듯하다. 천하 만민을 위해서 성경의 내용은 당연히 개방되어야 한다. 여기서 개방이라면 종래의 생경한 번역이나 특수 용어 투성이의 한글 성경에서 누구나 쉽게 접근하고 이해할 수 있는, 보편적인 우리말 성경이 되어야 한다는 말이다.

다듬어져야 할 어휘

"인자는 머리 둘 곳이 없도다." — 필자가 처음 성경을 읽을 때 이 **인자**란 주어를 대하고 한참 어리둥절해한 적이 있다. 한자말인 '인자'를 한글로 적어 놓았으니 그 뜻을 몰랐던 것은 어쩌면 당연하다. 상식적으로 인자라면 어진 사람[仁者]이나 인자(仁慈)함, 또는 유전 인자(因子) 정도로 생각하기 쉽다. 하지만 여기서 말하는 인자는 예수님이 자신을 칭하는 1인칭 대명사로 쓰였다. 곧 "인간(의 몸으로)으로 태어난 내가"라는 뜻에서 '사람의 아들(人子, son of man)'을 지칭하는 말이다. 이 말은 한자 조어(造語)보다는 그냥 '인간의 아들' (작가 이문열의 동명의 소설 제목도 있다.)이란 우리말을 사용하는 편이 훨씬 나았을 터이다.

값없이란 부사어가 지금도 성경에서 중요하게 쓰인다. 성경 문구도 문구려니와 목사의 설교에서도 이 말은 너무나 당당하게(?) 강조되고 있음을 보고 놀란다. '값이 없다'는 말의 의미를 곰곰이 따져 보기로 하자. '값이 없다'면 무가치하거나 저렴하다는 뜻에 다름 아니다. 그래서 "값없이 죄 사함을 받았다."고 하면 무가치하게, 또는 그저 공짜로 죄를 용서 받았다는 말이니 이 얼마나 망발인가.

영어 성경에 의하면 "아무런 대가를 치름이 없이(without paying

anything)"로 제대로 번역되어 있다. 굳이 한자말로 한다면 대신 속죄한다는 의미의 **대속**(代贖)이란 말이 적절하다. 인간은 아무 대가를 치르지 않고 무임 승차, 그야말로 무상으로 십자가의 구원 역사를 입었다는 뜻이다. 이와 유사한 **구속**(救贖)이란 말도 오해받기 십상이다. 여기서 말하는 구속은 '대속하여 구원한다.'는 뜻이지 누구를 잡아 가두거나 언행을 제한한다는 그런 구속(拘束)이 절대로 아니기에 하는 말이다.

성경 번역에는 이 같은 부적절한 부사어의 사용이 많아 눈에 거슬린다. 이를테면 "저희가 사도의 가르침을 받아 서로 교제하며 떡을 떼며 기도하기를 **전혀** 힘쓰니라."에서 '전혀'가 그런 예가 된다. 우리말에는 긍정문과 부정문에 따른 부사어가 구분되어 쓰인다. '전혀'의 경우, 전혀 없다거나 전혀 아니다와 같이 부정(否定) 표현에 한정되는 부사어다. 따라서 여기서는 '전혀'가 아니라 '오로지'나 '오직'을 써야 문맥의 호응에 맞는다. 이 밖에도 "**도무지** 예수의 이름으로 말하지도 말고 ……." (사:4:18)에서도 도무지 대신 '절대로'란 부사어가 들어가야 적절하다.

"**범사**에 감사하라."는 너무나 유명한 구절이 있다. 범사(凡事)란 무엇인가? 굳이 한자말을 쓴다면 생소하기 이를 데 없는 범사보다는 일반적인 매사(每事)가 더 보편적이고, 그보다는 순수한 우리말로 '모든 일'이라 하면 더더욱 무난할 것이다. "**열심**(熱心)을 품고……."라는 구절도 적절한 표현이 못 된다. '열심'이란 말은 무엇에 온 정성을 다한다는 뜻으로, 명사로 쓰일 때도 있지만 통상 "열심히 … 하고 있었다."에서 보듯 부사어로 쓰임이 일반적이다.

외식(外飾)이란 한자말도 오해 받기 십상이다. 일반적으로 외식이라면 집안에서가 아닌 밖에 나가 사먹는 음식[外食]으로 알기 쉽다. 성경에 쓰인 외식은 우리말에 '겉치레'나 '면치레'라는 적절한 고유어가 있으므로 교체하는 편이 마땅하다. 발효제 없이 만드는 떡을 **무교병(無酵餠)**이라 하고, 법식에 맞춰 제사상을 차린다는 **진설병(陳設餠)**이란 말도 여전히 생소하다. **유월절(逾越節)**이란 행사 이름도 달수를 가리키는 유월(六月)과도 혼동될 우려가 있다. 뿐만 아니라 '유월'에 대한 구체적인 설명을 듣지 않으면 이해하기도 어렵다. 올리브(Olive)산이란 지명은 원어 그대로 '올리브산'이라고 불러 주는 편이 나을 성싶다. 굳이 발음하기도 힘든 '**감람산(橄欖山)**'이란 한자말을 쓸 필요가 없는 것이다.

한자말의 우리말화

성경이 많은 사람으로 하여금 널리 읽히고 사랑 받으려면 번역에 사용되는 용어가 구어체의 현실 용어가 되어야 한다. 초기 번역본이 중국어 본에 기반을 두다 보니 지금은 잘 통용되지 않는 한자 및 한자 용어가 그대로 잔존해 있다. 언어는 보수성이란 속성이 있어 한번 익숙해지면 그것이 잘못된 표현이라 해도 언제까지나 이에 집착하고 고수하려고 든다. 현실 언어에서 시대 변화에 맞지 않는 한자어들을 골라 이를 현대어에 맞도록 고쳐 보려고 한다. 교파의 판본에 따라 이대로, 아니면 이와 유사하게 고쳐진 부분도 있을 수 있다. 다만, 아래 예문은 주로 구약을 중심으로 하되 '아가페'에서 펴낸 「오픈Ⅱ 주석성경」과 「NIV 한영해설 성경」, 「큰글 쉬운 성경」 등을 대본으로 삼았다.

> "노아의 방주의 제도(製圖)가 이러하니 장(長)이 300 규빗이요, 광(廣)이 50 규빗, 고(高)가 30 규빗……." (창:7:15) ― 규모가, 길이가, 너비가, 높이가 "야곱이 발행(發行)하여 동방 사람의 땅에 이르니……."(창:29:1)

— 길을 떠나 "그에게 복을 주어 생육이 중다(衆多)하니……." (창:17:20)
— 많으니/풍성하니
"이삭이 젖을 떼는 날에 아브라함이 대연(大宴)을 배설(排設)하였더라."
(창:21:8) — 큰 잔치를 베풀었다.
"여호아께서 레아에게 총(寵)이 없음을 보시고 그의 태(胎)를 여셨으나
라헬은 무자(無子)하였더라." (창:29:31) — 은혜가/사랑이, 자식이 없었더
라.
"거리에서 경야(經夜)하리라." (창:19:2) — 밤을 지샜다/노숙하였다.
"해 질 때에 아브라함이 깊이 잠든 중에 캄캄함이 임하므로 심히 두려워
하더니……." (창:15:12) — 캄캄해져서
"네가 좌(左)하면 나는 우(右)하고, 네가 우(右)하면 나는 좌(左)하리라."
(창:13:9) — 왼쪽으로 가면, 오른쪽으로 가고
"무론(毋論)하고……." (창:17:12) — 말할 나위도 없이
"무론(毋論) 대소(大小) 무론(毋論) 노소(老少)……." (창:19:2) — 크든
작든 늙었든 젊었든
"서원(誓願)하여 가로되……." (창:28:20) — 맹서하여 말하기를
"아무리 족속의 죄악이 아직 관영(貫盈)치 아니함이리라." (창:15:16) —
가득 차 두루 미치지
"살 한 바탕쯤 가서……." (창:21:16) — 화살이 날아갈 만한 거리쯤
"순적(順適)히 만나게 하사……." (창:24:12) — 거스러지 않고/ 마음에
들도록
"그에게 식물(食物)을 베푸니……." (창:24:33) — 먹을 것(음식)을 내놓
으니
"경홀(輕忽)히 여김이었더라." (창:25:26) — 가볍게/ 대수롭지 않게
"피리 부는 자들과 훤화(喧譁)하는 자들이……." — 시끄럽게/소란스럽
게 떠드는 자
"내 딸이 방장(方將) 죽었사오니……." (마:9:18) — 방금/금방
"그의 첩경(捷徑)을 평탄케 하라 하였느니라." (마:3:3) — 지름길
"노(怒)를 발(發)하여 가로되 그대로 성태(成胎)치 못하게 하시는 이
는……." (창:30:2) — 화를 내어, 임신하게 못하게 하는

"야곱이 그들에게 이르되, 나의 형제여, 어디로서뇨 그들이 가로되 하란에서로라." (창:29:4) － 야곱이 그들에게 '나의 형제여, 어디에서 왔느냐'고 묻자 하란에서 왔다고 답한다.

"백성을 효유(曉喩)한대……." (사:13:21) － 알아듣게 말하다.

"예수께서 나가사 습관(習慣)을 좇아 감람산에 가시니……." － 늘 하시던 대로

"아직도 상거(相距)가 먼데 아버지가 저를 보고……." (누:15:20) － 서로 떨어진 거리

"날마다 호화로이 연락(宴樂)하는데……." － 잔치를 베푸는 데

"사람에게 강포(强暴)하지 말며, 무소(誣訴)하지 말고, 받은 요(料)를 족한 줄로 알라 하시라." － 심하게 굴지 말며, 거짓 고소를 하지 말며, 봉록/봉급

"이때 가이사 아구스도가 영을 내려 천하로 다 호적(戶籍)하라 하였으니……."(누:2:1) － 전국 호구조사를 실시하라 하였으니

"정한 세(稅) 이외에는 늑징(勒徵)치 말라……." (누:3:13) － 강제로 징수하지

"송사(訟事)할 빙거(憑據)……." (누:6:7) － 증거

"결국(結局)을 보려고 들어가 하속(下屬)들과 함께 앉았더니……." (마:26:58) － 결과를, 아래 사람들과

"호리(毫釐)로도 남김이 없이……."(누:10:35) － 조금이라도/ 티끌만치라도/ 한푼이라도

"예수를 궤계(詭計)로 잡아 죽이려고 의논하니……." (마:26:4) － 간사한 꾀/ 속임수/ 계략을 꾸며

"사람의 독처(獨處)하는 것이 좋지 못하니……." － 혼자 사는 것이.

"내가 징치(懲治)할 지며……."(창:15:14) － 징계하여 다스릴 것이며

"안력(眼力)이 부족하고……."(창:29:17) － 눈에 총기가 없고/시력이 부족하고

"대제사장들이 나사로까지 죽이려고 모의하니 나사로 까닭에 유대인이 가서 예수를 믿음이니라." (요:12:10) － 때문에/ 나사로로 인해

"저희가 큰 소리를 지르며 귀를 막고 일심(一心)으로 그에게 달려들

어……."(사:8:57) — 한꺼번에/한마음으로

최근에 나온 성경에는 많이 수정되었지만 아직도 구태를 벗어나지 못한 한자어가 눈에 뜨인다. 성경 번역에 쓰인 난해한 한자어를 일부만 들어 보인다.

전무(專務), 핍절(乏絶), 참람(僭濫), 패괴(敗壞), 늑탈(勒奪), 패괴(悖壞), 편만(遍滿), 번제(燔祭), 기식(寄食), 상고(商賈), 교계(較計), 준가(準價), 비자(婢子), 열조(列祖), 곤비(困憊), 맥추(麥秋), 변역(變易), 공수(空手), 창일(漲溢), 완악(頑惡), 등경(燈檠), 관예(官隸), 백체(百體), 종용(從容), 공궤(供饋), 영벌(永罰), 수직(守直), 민요(民擾), 굴혈(窟穴), 천군(天軍), 사관(舍館), 병인(病人), 빙거(憑據), 부비(浮費), 긍휼(矜恤), 칠과칠서(七過七恕), 연보(捐補), 미석(美石), 출회(黜會), 은휘(隱諱), 우거(寓居) 등.

본래 한 언어를 다른 언어로 옮기는 일은 어렵다. 아예 불가능하다고 말하는 이도 있다. 그것이 종교의 교리를 담은 경전(經典)인 바에야 더 이상 말할 필요도 없다. 그래서 경전의 본뜻을 손상시키지 않기 위해서 아예 처음부터 번역하지 편이 나을지도 모른다. 실제로 이스람의 경전인 '코란'은 다른 어떤 언어로도 번역하지 않는다. 번역 과정에서의 오류나 의미 변질을 막는다는 이유에서다.

원문의 의미뿐 아니라 그 원전이 가진 언어적인 맛을 그대로 느낄 수 없다는 점도 옮기지 않는 이유 가운데 하나다. 성경에서도 구약 '시편'의 모든 구절은 말 그대로 한 편의 멋진 시로 꾸며져 있다. 히브리어를 전공한 어떤 신학자의 '시편' 원문 낭송을 듣고 감탄한 적이 있다. "여호아는 나의 목자시니 내게 부족함이 없으리로라." 내용도 좋지만 히브리 원문이 가진 운율과 리듬도 그만 못지않게 좋고도 아름답다.

그러나 어쩌랴, 성경은 이미 세계 각국어로 번역되었고, 성경의 언어는 이미 번역된 각 민족의 언어가 되었다. 이 성경의 언어를 '한국어화', 우리말 성경이 되기 위해서는 보다 완벽한 번역과 함께 우리말로 다듬는 새로운 작업이 이루어져야 한다. 단순한 의미 전달보다는 원전이 가진 언어적 분위기나 맛을 우리말 성경에서도 맛볼 수 있어야 한다. '시편'에 나오는 시를 한국 고유의 시로 감상할 수 있게 되었으면 그 이상의 바램은 없겠다.

하느님과 하나님

그 옛날 원시 종교에서 막연하게 대자연을 일컫던 일반 호칭어가 오늘날의 고등 종교에서도 이어진다. 우리 조상들은 천지를 창조하고 우주만물을 주관하는 절대자를 **하느님**, 또는 **천지신명**(天地神明)이라 하였다. 이들 호칭어는 무속신앙으로부터 세월의 흐름에 따라 天父, 天帝, 天神, 天主, 上帝, 造物主, 大主帝, 萬有主, 聖主, 神 등의 변화를 거쳐 오늘날의 하느님, 하나님, 주님, 천주님에 이르고 있다. 어떤 칭호든 간에 고대 원시 종교에서는 다신교로서 잡신을 부르는 호칭이라면, 고등 종교에서는 유일신의 고유 호칭이란 점에서는 차이가 있다.

한자어 천지신명을 우리 고유어로 바꾸면 '하늘님>하느님'이 된다. 중세어 '하늟[天]'에 대한 존칭어 '하느님'은 생성 초기는 단순히 하늘에 대한 막연한 지칭이었다. 그러나 점차 종교적 색채가 가미되면서 신앙 대상으로의 범신론적 신을 통칭하게 되었다. '하늘(하늘)'의 어원에 대해서는 아직도 정설이 없다. 하늘을 두 낱말의 결합으로 본다면 선행어 '하-' 또는 '한-'은 큰 것[大]의 의미라는 점에서는 이견이 없다. 다만 후행어의 해석에서는 의견이 엇갈린다. 대체로 '큰 해(날)'를 나타내는 大日, 大光明에서 큰 땅, 또는 덮개나 울타리를 뜻하는 國原, 大圓의 뜻으로 보고 있다.

하느님은 명칭 그대로 하늘에 계시면서 인간을 초월한 절대자로서 우주를 창조하고 주재한다고 믿는, 지극히 추상적이면서 상징적 존재다. 하지만 현재 개신교에서는 하느님을 **하나님**이라 부른다. 하늘에 계신 분으로 오로지 하나뿐인 님, 곧 유일신이란 의미를 강조하는 용어다. 지금처럼 '하나님'이라는 하나의 호칭으로 굳어지기까지는 여러 단계를 거쳤다. 전래 초기의 만유왕(萬有王), 전능왕(全能王), 왕중왕(王中王), 태평왕(太平王)에서, 이후 천주(天主), 주(主), 구세주(救世主), 구주(救主), 기독(基督)에 이르고 있다. 이 밖에도 종교적 색채를 드러내는 독생자(獨生子), 삼위일체(三位一體), 보혜사(保惠師), 여호아, 예수(님), 예수 그리스도, 메시아, 아버지, 임마누엘, 엘로힘, 데우스 등의 호칭도 여기에 포함된다.

절대자에 대한 한국인의 전통적 호칭인 '하늘님>하느님'에 대해 하나님은 특정 종교의 교리에 맞춘 일종의 변형이다. 이런 변형은 하나님뿐 아니라 **한울님**이나 **한얼님**에서도 찾아볼 수 있다. 한울과 한얼에서 첫 음절 '한-'은 공히 '크고[大], 위대하다'는 뜻이지만 두 번째 음절 '-울'과 '-얼'은 해당 종교의 교리에 따라 각기 다른 의미를 부여한다. 해당 종교에서는 후행 음절의 의미를 어떻게 해석하는지 잘 모르겠으나, 어원적인 입장에서 다음과 같은 설명이 가능하다. 한울은 '한[大]+울[籬, 圍]'의 구조, 곧 우주를 하나의 큰 울타리로 보고 그 우주를 다스리는 절대자를 그렇게 부를 수 있다. 한얼에서의 '얼'은 혼이나 정신을 뜻하는 고유어로서 이 땅을 주재하는 신, 곧 한민족의 시조 단군(檀君)을 높여 부르는 칭호일 수도 있다.

기독교가 이 땅에 들어온 지도 2백여 년의 세월이 흘렀다. 기독교 전래는 우리의 문화나 정신세계에 끼친 영향은 참으로 지대하다. 아울러 성경이 가르치는 내용을 떠나 성경이나 찬송가의 번역이 한국어 발달에 끼친 영향 또한 이만 못지않다. 하나님의 말씀을 우리말로 옮기는 작업은 지금도 계속 진행되고 있다. 그러나 앞서 말한 대로 완벽한 우리말 성경을 갖기에는 아직도 요원한 것 같다. 서두에서 말한 대로 하느님은 오늘 한국인에게 말씀하실 때 가장 아름다운 현대 한국어를 사용하신다는 분명한 인식이 필요하다. 그러므로 우리가 하느님의 말씀을 경청하려면 먼저 아름다운 우리말이 어떤 것인가를 우리부터 잘 알아야 한다.

▌참고문헌 ▌

사전 ───────────

김민수 편(1997). 「우리말 語源辭典」. 태학사.
徐廷範(2000). 「國語語源辭典」. 보고사.
편찬위(1992). 「한국문화 상징사전」. 동아출판사.
이훈종(1995). 「민족 생활어 사전」. 한길사.
박영준·최경봉(1996). 「관용어사전」. 태학사.
李基文 編(1991). 「俗談辭典」. 일조각
정태륭(1994). 「우리말 상소리사전(1)」. 프리미엄북스.
金鍾塤 外(1985). 「隱語 卑俗語 職業語」. 집문당.

저서 ───────────

김동소(1999). 「쌈빡한 우리말 이야기」. 정림사.
박갑수(1994). 「우리말 사랑 이야기」. 한샘출판사.
박갑천(1995). 「재미있는 어원이야기」. 을유문화사.
박일환(1994). 「우리말 유래사전」. 우리교육.
백문식(1998). 「우리말 뿌리를 찾아서」. 삼광출판사.
심재기(1985). 「한국 사람의 말과 글」. 志學社.
_____ (1993). 「고요한 아침 눈부신 햇살」. 집문당.
이규태(1992). 「무엇이 우리를 한국인이게 하는가」. 도서출판 이목.
_____ (1998). 「李圭泰 코너」. 朝鮮日報社. 外
_____ (1977). 「韓國人의 意識構造」. 文理社. 外
이기문(1991). 「국어 어휘사연구」. 동아출판사.
이어령(1971). 「흙속에 저 바람 속에」. 同和出版公社.
_____ (1994). 「말」. 문학세계사.
_____ (1995). 「말 속의 말」. 동아출판사. 外
정호완(1991). 「우리말의 상상력」. 정신세계사.
조항범(1997). 「다시 쓴 우리말 어원 이야기」. 한국문원.
최창렬(1986). 「우리말 어원연구」. 일지사.
_____ (1987). 「어원의 오솔길」. 한샘
_____ (1993). 「어원산책」. 한신문화사.
천소영(1994). 「부끄러운 아리랑」. 현암사.

_____ (2000). 「우리말의 속살」. 창해.

_____ (2005). 「한국어와 한국문화」. 우리책.

_____ (2007). 「우리말의 문화찾기」. 한국문화사.

빛깔있는 책들